公共管理论丛

Risk Assessment and
Management of Social Stability

社会稳定风险评估与管理

唐 钧 著

图书在版编目(CIP)数据

社会稳定风险评估与管理/唐钧著. —北京:北京大学出版社,2015.7
(公共管理论丛)
ISBN 978-7-301-25988-7

Ⅰ. ①社… Ⅱ. ①唐… Ⅲ. ①社会稳定—研究—中国 Ⅳ. ①D63

中国版本图书馆 CIP 数据核字(2015)第 130898 号

书　　　名	社会稳定风险评估与管理
著作责任者	唐　钧　著
责 任 编 辑	董郑芳
标 准 书 号	ISBN 978-7-301-25988-7
出 版 发 行	北京大学出版社
地　　　址	北京市海淀区成府路 205 号　100871
网　　　址	http://www.pup.cn
新 浪 微 博	@北京大学出版社　　@未名社科-北大图书
微信公众号	北京大学出版社　　北大出版社社科图书
电 子 邮 箱	编辑部 ss@pup.cn　　总编室 zpup@pup.cn
电　　　话	邮购部 62752015　发行部 62750672　编辑部 62753121
印 刷 者	北京虎彩文化传播有限公司
经 销 者	新华书店
	650 毫米 × 980 毫米　16 开本　20.5 印张　313 千字
	2015 年 7 月第 1 版　2024 年 2 月第 13 次印刷
定　　　价	56.00 元

未经许可,不得以任何方式复制或抄袭本书之部分或全部内容。
版权所有,侵权必究
举报电话: 010-62752024　电子邮箱: fd@pup.cn
图书如有印装质量问题,请与出版部联系,电话: 010-62756370

致　谢

本成果受到中国人民大学"统筹支持一流大学和一流学科建设"经费支持。

本书在长期开展的一系列研究过程中，还获得了以下资助或支持：

- 中央政法委委托课题"社会公共安全风险防控机制研究"（政法研 2016－11 号）
- 教育部哲学社会科学研究重大课题攻关项目"国家公共危机安全管理系统研究"（03JZD0021）
- 国家社会科学基金重大项目"基层政府社会管理体制机制创新研究"（11&ZD032）
- 北京高等学校青年英才计划项目（Beijing Higher Education Young Elite Teacher Project）
- 中国人民大学校内科学研究基金项目"基层社会管理创新的模式与要素研究"（12XNQ066）
- 中国人民大学国家重点学科行政管理专业资助项目
- 国家社会科学基金重大项目"新型城镇化背景下的社会管理转型升级研究"（13&ZD039）
- 北京市城市管理综合行政执法局"全面深化创新北京城管公共关系"
- 北京市大兴区安全校园"主动防、科学管、立体化"体系建设
- 中国医学科学院"中国医学科学院北区建设工程社会稳定风险评估咨询"项目等

目 录

绪 论 ... 1
  一、社会稳定风险源及其要求决定了稳评和稳管的内涵和外延 ... 2
  二、社会稳定风险评估与管理的粗放现状亟待规范和精细 ... 4
  三、社会稳定风险评估与管理应从形式要件明确为善治的先决条件 ... 6

第一章 社会稳定风险评估与管理的模型和流程 ... 9
  第一节 社会稳定风险评估的界定与模型 ... 9
    一、稳评的必要性 ... 9
    二、稳评的界定与目标：反对最小化和满意最大化 ... 15
    三、稳评的五要素菱形模型 ... 21
  第二节 社会稳定风险管理的模型与流程 ... 35
    一、稳管的重要性 ... 35
    二、稳管的界定与实操问题 ... 37
    三、稳管的五要素菱形模型 ... 41

第二章 社会稳定风险评估准备与规划 ... 59
  第一节 社会稳定的风险点库 ... 59
    一、狭义的社会稳定风险点库 ... 59
    二、广义的社会稳定风险点库 ... 67

第二节　社会稳定的风险关联库　　　　　　　　　　72
　　一、"木桶短板效应"要求补社会风险"最短板"　　72
　　二、"冰山效应"要求作社会风险细分　　　　　　75

第三节　社会稳定风险评估的指标设置　　　　　　　85
　　一、社会稳定风险评估的综合指标　　　　　　　　85
　　二、社会稳定风险评估的精细指标　　　　　　　　90
　　三、稳评的一票否决设置　　　　　　　　　　　　95

第四节　社会稳定风险管理的规划　　　　　　　　　96
　　一、定位设计：以稳评为核心的社会风险评估　　　96
　　二、全程规划：稳评和稳管的操作运行　　　　　　97
　　三、规范管理：第三方稳评机构的准入和监管　　　103

第三章　社会稳定风险识别　　　　　　　　　　　106

第一节　大数据预识别：过往风险的分类分级　　　　107
　　一、大数据预识别的机理　　　　　　　　　　　　107
　　二、大数据预识别的应用　　　　　　　　　　　　112

第二节　虚拟空间识别：网民意见调查　　　　　　　116
　　一、虚拟空间风险识别的机理　　　　　　　　　　116
　　二、虚拟空间风险识别的应用　　　　　　　　　　117

第三节　现场实地识别：现场告知与态度调查　　　　119
　　一、现场实地风险识别的机理　　　　　　　　　　119
　　二、现场实地的风险告知　　　　　　　　　　　　121
　　三、现场实地的风险调查　　　　　　　　　　　　123

第四节　社会稳定风险全监测：动态的"风险点清单"　125
　　一、社会稳定风险全监测的机理　　　　　　　　　126
　　二、社会稳定风险全监测的应用　　　　　　　　　127

第四章　社会稳定风险分析　　　　　　　　　　　130

第一节　"客观—主观"风险分析　　　　　　　　　130
　　一、"客观—主观"风险分析的机理　　　　　　　130

二、"客观—主观"风险分析的应用:"风险分析清单" 133

三、"客观—主观"风险分析的应用:"最好—最坏可能性分析" 136

四、"客观—主观"风险分析的典型工具:"概率—损失"分析 137

第二节 "内部—外部"风险分析 142
一、"内部—外部"风险分析的机理 142
二、"内部—外部"风险分析的应用:利益相关分析 145
三、"内部—外部"风险分析的应用:网民心态分析 147
四、"内部—外部"风险分析的典型工具:"责任—影响"分析 150

第三节 "静态—动态"风险分析 151
一、"静态—动态"风险分析的机理 151
二、"静态—动态"风险分析的应用:连锁反应分析 154
三、"静态—动态"风险分析的典型工具:风险升级预测 156

第五章 社会稳定风险定级 157

第一节 社会稳定风险定级的机理 157
一、社会稳定风险定级的依据 157
二、社会稳定风险定级的三个等级 158
三、社会稳定风险管理对风险定级的贡献 158

第二节 社会稳定风险定级的主要方法 161
一、对照排查定级法:同类案例分析 162
二、定量计算定级法:精确计量风险 166
三、综合研判定级法:研判民众反对意见和"反对度—承受力"状况 173

第三节 社会稳定风险定级的风险 175
一、愿力干预定级的风险 175
二、确定风险可控性的风险 180
三、特定风险项的加权风险 181

四、风险等级的发布风险　　182

第六章　社会稳定风险内部控制　　185

第一节　坚持民本:阻止风险升级,降反对度　　185
　　一、坚持民本的机理:保障民众正当权益才能保社会稳定　　185
　　二、坚持民本的应用:全面保障权益,根源化解矛盾　　188
第二节　责任落实:源头治理,连带联动,增责任力　　190
　　一、责任落实的机理:责任连带,全程负责　　191
　　二、责任落实的应用:主动防御,科学管理　　193
第三节　工作规范:标准化处置,增强防范力　　206
　　一、规范的机理:标准化处置减少失误,规避责任事故　　206
　　二、规范的应用:科学决策和管理,增防范力　　214
第四节　综合治理:防范风险和减轻损害,增强应急力　　229
　　一、综治的机理:防范综合风险　　229
　　二、综治的应用:全面增强综合风险应对力　　232

第七章　社会稳定风险外部合作　　239

第一节　公共关系:加强风险沟通,减阻力增助力　　239
　　一、公共关系的机理:加强沟通,降低稳定风险　　239
　　二、公共关系的应用:创新公关机制,减阻力增助力　　249
第二节　群防群治:责任共担,风险自治　　253
　　一、群防群治的机理:责任共担,优势互补　　253
　　二、群防群治的应用:风险自治　　259
第三节　矛盾化解:构建社会秩序,降低民众损失　　264
　　一、矛盾化解的机理:多措并举,降低民众损失　　264
　　二、矛盾化解的应用:疏堵结合,构建"风险秩序"　　269
第四节　舆论引导:保持公信力,弘扬正能量　　275
　　一、舆论引导的机理:用"责任模型",保持公信力　　275
　　二、舆论引导的应用:遵循规律,弘扬正能量　　276

第八章　社会稳定风险评估机制与范本　281

第一节　社会稳定风险评估与管理机制的顶层设计　281

第二节　社会稳定风险评估和管理机制的创新　283
  一、健全组织，落实责任　283
  二、科学规划，明确重点　285
  三、设定流程，精细管理　286
  四、维护民众，保障发展　289

第三节　社会稳定风险评估方案的范本　291
  一、指导思想　291
  二、评估原则　291
  三、评估范围和评估重点　292
  四、评估内容　293
  五、评估责任主体　294
  六、评估程序　295
  七、工作要求　297
  八、领导机构和责任人　298
  九、其他重要事项　298

第四节　社会稳定风险评估报告的范本　298
  一、管理方对稳评的要求　298
  二、待评事项的概况　299
  三、"风险点清单"　299
  四、现场的风险告知　300
  五、现场的问卷调查　301
  六、"风险分析清单"　303
  七、升级预测分析　303
  八、联席会议的部门意见　304
  九、周边群众反对意见研判　304
  十、风险定级综合研判　305
  十一、追踪评估与管理　307
  十二、督察考核　307

后　记　311

实例目录

实例1：上海松江电池厂项目因民众反对最终取消　　11
实例2："争高铁"的意愿度分析　　22
实例3："村村通"项目的支持度分析　　26
实例4：民航乘客的"容忍临界点"　　30
实例5：PX项目的反对度分析　　32
实例6：高压线的风险度分析　　34
实例7：北京朝阳原副区长贪腐案开审，疑挪用两亿拆迁款　　39
实例8：北京市民质疑环评造假，集会抗议高铁拟建方案　　39
实例9：《信访条例》的6项"不得有"考验着应急力　　42
实例10：社会稳定风险评估和预防化解机制　　43
实例11：北京望京高压变电站的僵局应对　　48
实例12：四川省社会稳定风险评估责任追究暂行办法　　52
实例13：陕西商南县"广场问政"，民众对面叫板，官员当场被免职　　54
实例14：北京民政信访模式是社会稳定管理的典范　　56
实例15：问题食品的社会恐慌风险　　67
实例16：恶性事件的深层次风险源　　73
实例17：国外社会稳定事件的大数据风险识别　　108
实例18：网民反对意见的表达形式与风险等级　　117
实例19：北京大兴国际机场项目的风险识别部署　　120
实例20：社会稳定风险沟通的"内—外"路径　　120
实例21：社会稳定的全风险"信息网"　　126

实例22：敏感项目的全监测 　　　　　　　　　　　127
实例23：春节期间典型社会风险的客观分析 　　　　135
实例24：利益损失分析 　　　　　　　　　　　　　139
实例25：铁路突发公共事件的"概率—损失"分析 　140
实例26：2008年至今的"闹事"行为动态分析 　　　152
实例27：日本"3·11"核事故的风险连锁反应分析 　155
实例28：社会稳定的风险升级预测 　　　　　　　　156
实例29：利好因素的风险对冲 　　　　　　　　　　159
实例30："弃婴岛"：多地投入使用，广州已暂停试点 　176
实例31：深圳为规避社会不稳定突然限牌，反致公信力风险
　　　　　　　　　　　　　　　　　　　　　　　182
实例32："举证倒置"将降低维权成本，阻止风险升级 　186
实例33：劳资纠纷的民本策略：构建和谐劳动关系 　189
实例34：稳评报告直报"一把手"的责任管理创新 　　192
实例35：校园安全稳定风险的"主动防、科学管、立体化" 　195
实例36：问题官员的社会影响恶劣，廉政风险防控规避官员
　　　犯错 　　　　　　　　　　　　　　　　　　211
实例37：北京朝阳的维稳创新：科学决策和科学管理 　217
实例38：综合治理切实防治社会稳定风险 　　　　　230
实例39：广东某镇的综治成效 　　　　　　　　　　234
实例40：核争议与公共关系 　　　　　　　　　　　241
实例41：北京城管全面深化创新公共关系 　　　　　249
实例42：北京永善社区的"市民劝导队" 　　　　　　254
实例43："村规民约"在基层风险治理中的功能 　　　260
实例44：民间纠纷调解的方法 　　　　　　　　　　266
实例45：既要依法维护信访秩序，还要切实维护群众利益 　271
实例46：网络谣言已成社会高危风险，亟待全方位防治 　277

图表目录

图

图0-1	"应然社会稳定风险评估与管理"的"菱形模型"	7
图1-1	"稳评五要素菱形模型"	21
图1-2	"稳管五要素菱形模型"	41
图1-3	社会稳定风险评估与管理总体流程	58
图2-1	社会风险的"火山效应"	68
图2-2	社会稳定风险的"木桶短板效应"	72
图2-3	社会风险事件的"冰山效应"	75
图2-4	社会风险群体的"冰山效应"	75
图3-1	社会稳定风险识别的定位示意图	106
图3-2	社会稳定风险沟通的"内—外"路径	121
图3-3	社会稳定的全风险"信息网"	126
图4-1	"概率—损失"分析	138
图4-2	"冰山效应"下的利益相关群体示意图	145
图4-3	"责任—影响"分析图(示例)	151
图4-4	风险连锁反应(示例)	154
图5-1	"反对度—承受力"分析图(示例)	174
图6-1	社会稳定风险内部控制及其定位	185
图6-2	内部责任一体化的"立体网格化"示意图	197
图6-3	外部利益一体化的环状体系示意图	197
图6-4	基本情况库的基本情况拓扑图	219
图6-5	社会维稳的动态风险地图机理	220

图 6-6	社会维稳事件案例库运行维护	220
图 6-7	研判预警关的风险分析示例	221
图 6-8	信息机制的运行拓扑图	223
图 6-9	风险机制运行拓扑图	224
图 6-10	"一网"与"两库"的运行机理拓扑图	225
图 7-1	社会稳定风险外部合作及其定位	239
图 8-1	社会稳定风险评估与管理机制的顶层设计示意图	281

表

表 0-1	社会稳定风险评估与管理的广泛适用性	1
表 0-2	社会稳定的风险源分析及其要求	3
表 0-3	社会稳定风险评估与管理的四个阶段	4
表 0-4	社会稳定风险评估与管理的规范要求	5
表 0-5	应然的社会稳定风险评估与管理对善治的贡献	8
表 1-1	近期引发较大争议的部分项目	14
表 1-2	社会稳定风险评估的全程设计	15
表 1-3	稳评的四阶段发展趋势	15
表 1-4	稳评的适用范围	17
表 1-5	稳评的对象	19
表 1-6	稳评对象的两个大类	20
表 1-7	"稳评五要素菱形模型"的评估项	21
表 1-8	近年来部分地区争取高铁落户活动概况	25
表 1-9	官方支持状况分析	26
表 1-10	社会支持状况分析	28
表 1-11	民航乘客的容忍度分析	31
表 1-12	反对的列联分析	31
表 1-13	群众反对PX项目的强度分析	32
表 1-14	2007—2013年民众反对PX项目高危高频形式	33
表 1-15	高压线涉及不同风险项的风险度	34
表 1-16	社会稳定风险管理的相关政策规定	36
表 1-17	稳管的狭义对象	37

表 1-18	社会稳定风险管理的责任划分	38
表 1-19	"稳管五要素菱形模型"因素	41
表 1-20	稳管细分的内部控制和外部合作对应表	42
表 2-1	群死群伤的风险点库(示例)	59
表 2-2	常见矛盾纠纷的风险点库(示例)	61
表 2-3	后果导向的社会稳定问题一览表	62
表 2-4	社会影响恶劣的表述与示例	63
表 2-5	社会恐慌的风险点库(示例)	66
表 2-6	问题食品的社会恐慌风险	67
表 2-7	社会问题的风险点库(示例)	68
表 2-8	社会风险环境指标(示例)	69
表 2-9	中国的清廉指数和排名	71
表 2-10	恶性事件的风险源分析(示例)	73
表 2-11	易导致社会稳定问题的"社会风险地图"	76
表 2-12	公共安全"危"类的社会风险地图	77
表 2-13	社会秩序"乱"的社会风险地图	78
表 2-14	生态环境"脏"的社会风险地图	81
表 2-15	公共服务"难"的社会风险地图	81
表 2-16	官员素质"差"的社会风险地图	84
表 2-17	"四性"评估指标	85
表 2-18	社会稳定风险的九项综合指标	87
表 2-19	重大工程项目的社会稳定风险评估指标(示例)	91
表 2-20	大型公共活动的社会稳定风险评估指标(示例)	93
表 2-21	社会稳定问题导致一票否决的两类情况	95
表 2-22	稳评包含的其他相关风险评估	96
表 2-23	稳评的前置资料要求清单	96
表 2-24	社会稳定风险评估与管理的全程规划	97
表 2-25	第三方稳评机构的管理经验(示例)	104
表 3-1	社会稳定风险识别的方式对比	106
表 3-2	风险识别的功能	107
表 3-3	国外社会稳定事件的大数据风险识别(示例)	108

表 3-4	大数据预识别的信息来源和功能	112
表 3-5	大数据预识别的敏感项目的风险	113
表 3-6	大数据预识别的项目"风险点清单"(示例)	115
表 3-7	网民反对意见的表达形式与风险等级	117
表 3-8	虚拟空间的典型网民意见来源及其特征	117
表 3-9	针对某项目的网民意见分类汇总	119
表 3-10	社会稳定风险告知的"三级圈"创新	122
表 3-11	社会稳定风险调查的"三级圈"创新	123
表 3-12	某项目社会稳定风险调查问卷(示例)	124
表 3-13	周边社区群众态度分布表(示例)	125
表 3-14	社会稳定风险全监测的五要素	127
表 3-15	某敏感项目的"人地物事环"风险全监测(示例)	127
表 3-16	社会稳定风险的动态"风险点清单"(示例)	128
表 4-1	客观分析和主观分析的对比表	130
表 4-2	社会稳定风险的客观和主观分析适用表(示例)	131
表 4-3	社会稳定风险的要素排查分析	132
表 4-4	社会稳定风险的主体排查分析	133
表 4-5	"风险分析清单"的构建	134
表 4-6	风险分析清单(示例)	134
表 4-7	相关利益群体的"最好—最坏可能性分析"(以拆迁为例)	137
表 4-8	损失分析(示例)	138
表 4-9	利益损失分析	140
表 4-10	铁路突发公共事件可能性评估分析表	140
表 4-11	铁路突发公共事件后果评估分析表	141
表 4-12	铁路突发公共事件风险等级表	142
表 4-13	社会稳定风险的"内部—外部"分析适用情况(示例)	142
表 4-14	内部风险分析的责任单位和风险项(示例)	143
表 4-15	社会稳定风险的内部分析方法(示例)	144
表 4-16	利益相关分析	146

表4-17	网民舆论的综合风险分析(示例)	148
表4-18	某项目的网民心态分析(示例)	149
表4-19	某项目的网民支持心态分析(示例)	150
表4-20	"责任—影响"的风险分析表(示例)	151
表4-21	2008年至今的"闹事"行为动态分析(示例)	152
表4-22	社会稳定动态风险的连锁反应分析	155
表4-23	社会稳定的风险升级预测(示例)	156
表5-1	社会稳定风险的定级依据	157
表5-2	社会稳定风险定级的三个等级	158
表5-3	利好因素的风险对冲(示例)	159
表5-4	社会稳定风险的等级改变	160
表5-5	社会稳定风险管理的贡献	160
表5-6	通过风险控制降低风险等级(示例)	161
表5-7	社会稳定风险定级的主要方法比较	161
表5-8	稳评定级方法的适用与误差	162
表5-9	建筑项目类案例社会稳定风险分析	163
表5-10	建筑项目类社会稳定风险点清单	164
表5-11	风险发生概率定级的标准	167
表5-12	风险后果影响程度定级的标准	167
表5-13	单个风险点风险等级的量化计算情况	168
表5-14	风险等级标准表	169
表5-15	单个风险点的风险定级	169
表5-16	重点风险点的分析	170
表5-17	整体风险的计算定级	171
表5-18	待评事项的整体风险等级的参考标准	172
表5-19	周边居民反对意见的研判方法	173
表5-20	周边群众反对意见研判	173
表5-21	"反对度—承受力"状况分析表(示例)	174
表5-22	社会稳定风险管理对定级的贡献	175
表5-23	风险可控性的主要分类	181
表5-24	特定风险项的加权风险	182

表5-25	社会稳定风险等级发布的风险	182
表6-1	坚持民本的机理	186
表6-2	构建和谐劳动关系以防范劳资纠纷矛盾的创新	189
表6-3	责任落实的机理	191
表6-4	责任管理的四个阶段	191
表6-5	中小学学校风险月历（以1月份为例）	199
表6-6	规范的机理	206
表6-7	社会风险归因与责任事故研判（示例）	208
表6-8	官员问题导致的负面社会影响	211
表6-9	以廉政风险防控规避社会稳定风险	212
表6-10	发现苗头的"督察考核关"操作图（示例）	226
表6-11	防范处置的"督察考核关"操作图（示例）	227
表6-12	综治的机理	230
表6-13	以综治防范风险和减轻损失	230
表6-14	以综治工作全面增强综合风险应对力	232
表7-1	公共关系的机理	240
表7-2	核争议中的公共关系失误总结	242
表7-3	核争议中的有效沟通建议	244
表7-4	符合民众接受规律的"十问核电安全性"	246
表7-5	"社会协商"的公共关系方式方法	248
表7-6	群防群治的机理	253
表7-7	风险自治的方式与贡献	259
表7-8	民意视角的矛盾纠纷和化解策略	264
表7-9	纠纷调解和矛盾化解方式（以医疗纠纷为例）	265
表7-10	民间纠纷调解的十种方法	266
表7-11	矛盾化解的疏堵结合	270
表7-12	舆论引导中的公信力状况评估表	275
表7-13	舆论引导的"责任模型"	275
表7-14	遵循舆论规律来弘扬正能量	276
表8-1	社会稳定风险评估与管理机制的顶层设计要素	282
表8-2	社会稳定风险评估与管理的机制整合	282

表8-3	社会稳定风险的科学规划(示例)	285
表8-4	社会稳定风险评估的流程和制度(以四川遂宁为例)	287
表8-5	社会稳定风险评估的制度(以甘肃酒泉为例)	288
表8-6	维护民众和保障发展的经验	290
表8-7	社会稳定风险评估机制的功能	291
表8-8	"风险点清单"	299
表8-9	带风险等级的"风险点清单"	300
表8-10	网民的意见	300
表8-11	现场的"三级圈"风险告知(以某项目为例)	301
表8-12	现场问卷调查的"三级圈"	301
表8-13	周边社区群众态度分布表(示例)	302
表8-14	周边群众反对意见分析表	302
表8-15	"风险分析清单"	303
表8-16	网民反对意见的升级分析	303
表8-17	社会稳定的风险升级预测(示例)	304
表8-18	联席会议的部门意见表	304
表8-19	周边群众反对意见研判	305
表8-20	风险等级的综合研判	305
表8-21	风险点动态更新表(示例)	307
表8-22	风险评估与管理的动态更新表(示例)	307
表8-23	风险识别的督察考核	307
表8-24	防范处置的督察考核	309

绪　论

社会稳定风险评估(简称"稳评")已连续多年被明确写进党中央、国务院的重要文件,连续多次被党和国家领导人反复强调其重要性和必要性。社会稳定风险评估已广泛适用于社会服务管理的诸多方面。

表0-1　社会稳定风险评估与管理的广泛适用性

适用项	内容
适用宗旨	凡是直接关系人民群众切身利益、涉及面广、容易引发社会稳定问题的重大决策事项;应评尽评、全面客观、查防并重、统筹兼顾。
适用领域	1. 政策制定:对涉及群众切身利益的重大决策,要认真进行社会稳定风险评估,充分听取群众意见和建议,充分考虑群众的承受能力,把可能影响群众利益和社会稳定的问题和矛盾解决在决策之前。(习近平:《落实党的十八大精神要抓好六个方面工作》,2012年11月15日)
	2. 公共服务:要清醒认识面临的风险和挑战,把难点和复杂性估计得更充分一些,把各种风险想得更深入一些,把各方面情况考虑得更周全一些,搞好统筹兼顾。要坚持经济发展以保障和改善民生为出发点和落脚点,全面解决好人民群众关心的教育、就业、收入、社保、医疗卫生、食品安全等问题,让改革发展成果更多、更公平、更实在地惠及广大人民群众。(习近平:《要把风险想得更深入些》,2015年5月29日)
	3. 公共安全:落实重大决策社会稳定风险评估制度,切实做到应评尽评,着力完善决策前风险评估、实施中风险管控和实施后效果评价、反馈纠偏、决策过错责任追究等操作性程序规范。落实矛盾纠纷排查调处工作协调会议纪要月报制度,完善人民调解、行政调解、司法调解联动工作体系,建立调处化解矛盾纠纷综合机制,着力防止因决策不当、矛盾纠纷排查化解不及时等引发重大群体性事件。(中办、国办:《关于加强社会治安防控体系建设的意见》,2015年4月13日)

续表

适用项	内容
适用环节	1. 与群众利益密切相关的重大决策、重要政策、重大改革,工程建设项目等重大事项。 (1) 与群众利益密切相关的重大政策、改革改制方案、社会保障、社会管理措施,行业政策调整,建设规划出台。例如:土地规划,国有企业改制,行政性收费调整等。 (2) 可能在较大范围或较长时间内对人民群众生产生活造成影响的有关资源开发利用、环境保护、城乡发展等重点工程建设,包括基础设施项目、公益性项目、工业项目、房地产开发项目等。例如:涉及工程建设,城市改造,征地拆迁,移民搬迁等。 (3) 涉及较多群众切身利益并可能引发集体上访、群体性事件的事项等。 2. 与社会公共秩序相关的重大活动,如重大商贸、文体、庆典活动等。

在我国的转型期,社会稳定风险评估与管理任重而道远。第一,社会稳定风险源的持续变动,要求稳评和稳管的配套和升级;第二,社会稳定风险评估范围的"应评尽评"原则,将从管理方设"重大"标准,转为民众设"利益相关"标准,评估的覆盖范围将大幅度扩大;第三,社会稳定风险评估必须与社会稳定风险管理结合,以评促管、边管边评、先管后评等方式将予实施,稳评将从立项前的一个环节,转变为持续全部过程的管理活动;第四,规范化的社会稳定风险评估,技术上引入了国际上先进的风险管理标准,究其实质是最大范围地识别潜在问题,最大限度地分析社会风险,最为谨慎地确定风险等级,最大力度地防范社会问题,最大诚意地调处矛盾纠纷;第五,社会稳定风险评估与管理,目前虽是"先评估后立项"的形式要件,但却是当前最为符合社会服务管理"民本"要求的管理要件,在抵御"风险社会"的同时也将有力推动"民本善治"的到来。

一、社会稳定风险源及其要求决定了稳评和稳管的内涵和外延

社会稳定的风险源,是指可能引发社会稳定问题的风险点。在转型期的风险社会中,社会稳定风险源主要来自三个方面:一是突发

公共事件,尤其是涉及国家安全层面的问题,可能引发社会动荡;二是社会负面影响,尤其是"社会倒逼"的极端言行,可能破坏社会秩序;三是公信力风险,尤其是政策决策和执行环节的"恶政""庸政""懒政",可能伤害政民关系。具体分析见表0-2。

表0-2 社会稳定的风险源分析及其要求

	第一类风险源: 突发公共事件	第二类风险源: 社会负面影响	第三类风险源: 公信力风险
界定	突发公共事件直接导致或间接引发的社会稳定问题	基于突发公共事件或个体极端言行而造成社会恶劣影响,易引发社会稳定问题	出于利益已经受损或将来可能受损的担忧,民众对公共政策在决策公正性和执行科学性等方面的质疑和抗议
典型示例	1.突发公共事件的人员死伤和财产损失 2.国家安全层面的问题	1.公共事件的恶劣影响及连锁反应 2."社会倒逼"极端言行的恶劣影响及示范效应	1.政策决策的公正性质疑和抗议,针对政策为主 2.政策执行的正当性质疑和抗议,针对作为执行者的官员为主
风险后果	引发社会动荡;具连锁反应等特征	破坏社会秩序;具示范效应等特征	伤害政民关系;具冰山效应等特征
管理要求	围绕"总体国家安全观",事前评估和主动防范	围绕"社会影响",分析责任,评估升级风险	围绕公共政策的决策执行,全程开展政策决策评估和政策执行监管
管理对象	突发公共事件	社会影响	公共政策

由此可见,现阶段的社会稳定风险源决定着当前的稳评和稳管的内涵和外延。而社会稳定风险源同时也在持续发展和变化,其状况、特征、趋势,也必然会对稳评和稳管提出相应的要求。不能与时俱进的稳评和稳管,本身也是高危风险;因此,良好的稳评和稳管,要在持续调整和优化的过程中经得起实践的检验。

二、社会稳定风险评估与管理的粗放现状亟待规范和精细

在目前的实践中,国家发改委、原卫生部、北京等多地省市已陆续制定了《暂定办法》《指导》等文件,遂宁、淮安、酒泉等地的实践总结频有报道,逐步完成了从无到有的过程,开始建立健全相应的制度。

但目前的稳评和稳管处于粗放阶段:形式主义、评而不用、评了没用、通过后民众闹事等问题,频现报端。主要表现在两个方面:一是从静态的视角看,标准模糊、报告粗糙、流程不规范等问题屡见不鲜;二是从动态的视角看,"评""管"脱节,只"评"不"管",联而不动等问题突出。

社会稳定风险评估与管理,将从目前的粗放阶段,逐步升级为规范和精细的管理。见表0-3。

表0-3 社会稳定风险评估与管理的四个阶段

	社会稳定风险评估	社会稳定风险管理
粗放阶段	粗放阶段的社会稳定风险评估,指仅评估项目或政策等待评事项,是否具有可能引发群体事件的风险	粗放阶段的社会稳定风险管理,指做好综治、维稳工作
规范阶段	规范阶段的社会稳定风险评估,指在政策、项目、活动的制定或实施之前,通过全面科学地分析可能影响社会稳定的因素,预测其损害程度,预估责任主体的承受能力,进而综合评定风险等级	规范阶段的社会稳定风险管理,指针对社会稳定风险,综合应用综治维稳等内部手段,开展矛盾调处等方式方法,阻止社会稳定问题的发生,并降低社会稳定问题的损害
精细阶段	精细阶段的社会稳定风险评估,指系统应用风险评估的科学方法,全面评估待评事项可能引发的社会稳定风险,客观预估责任主体和管理部门对社会稳定风险的内部控制和外部合作能力,科学预测相关利益群体的容忍度和社会负面影响,提前预设风险防范和矛盾化解的措施,进而确定该待评事项的当前风险等级,并形成循环	精细阶段的社会稳定风险管理,指针对社会稳定风险,应用内部控制和外部合作等方式,主动阻止发生、减少损失、调解纠纷、化解危机、预防预警等多种方式防治社会稳定风险的活动,尽量降低民众的反对度,努力提升民众的满意度

续表

	社会稳定风险评估	社会稳定风险管理
人性阶段	人性阶段社会稳定风险评估,指同时兼顾两个维度:一是民众抵触和抗议的最小化,也即底线思维的反对最小化;二是民众满意度的最大化,也即人性化导向的满意度最大化	人性阶段社会稳定风险管理,指同时兼顾两个导向:一是底线思维的导向,排查调处民众不能容忍的社会风险要素;二是人性化的导向,主动化解民众不满意的社会风险要素。并且,同时接受两方面绩效考评:一是内部考评,看履职状况、管理效率;二是外部考评,看民众意见、社会影响

社会稳定风险评估与管理的规范化,可参考 ISO 等国际标准并结合我国国情,遵循风险管理的成熟方法,设置科学的管理要求。见表 0-4。

表 0-4 社会稳定风险评估与管理的规范要求

环节	操作	对应的章
准备与规划(RPP)	两库:1.风险点库 2.风险关联库 两设:1.设评估指标 2.设管理规划	第二章
风险识别(RI)	三识别:1.大数据预识别 2.虚拟空间识别 3.现场实地识别 全监测:风险全监测(人地物事环)	第三章
风险分析(RA)	三分析: 1."客观—主观"风险分析,包括:(1)"风险分析清单"(2)"最好—最坏可能性分析"(3)"概率—损失"分析 2."内部—外部"风险分析,包括:(1)利益相关分析(2)网民心态分析(3)"责任—影响"分析 3."静态—动态"风险分析,包括:(1)连锁反应分析(2)风险升级预测	第四章

续表

环节	操作	对应的章
风险定级(RE)	三方法： 1. 对照排查定级法：同类案例分析。包括：(1)收集同类案例、分析涉稳风险(2)提取风险点、形成风险点清单(3)针对评估项目、筛选具体风险 2. 定量计算定级法：精确计量风险。包括：(1)单个风险点的计算定级(2)整体风险的计算定级 3. 综合研判定级法：研判民众反对意见和"反对度—承受力"状况；包括：(1)研判周边民众为主的反对意见(2)研判"反对度—承受力"状况并做出风险等级	第五章
内部风险控制(RC)	以反对最小化为目标，评估并实施四项内控： 1. 疏堵结合 2. 增强承受 3. 科学管理 4. 责任连带	第六章
外部风险合作(RSC)	以满意最大化为目标，评估并实施四项外合： 1. 保障权益 2. 群防群治 3. 公共关系 4. 纠纷调解	第七章

三、社会稳定风险评估与管理应从形式要件明确为善治的先决条件

在现阶段，社会稳定风险评估基本上以立项前置条件、上级或主管部门制度要求等形式要件而被动开展；这也是导致社会稳定风险评估出现粗放、低效等问题的根源之一。实际上，社会稳定风险评估与管理，不仅仅是形式上的要求，更应该明确为在民主法治社会实施善治(Good Government)的先决条件。这要求，稳评和稳管应尽快升级完善，施行"应然的社会稳定风险评估与管理"，见图0-1。

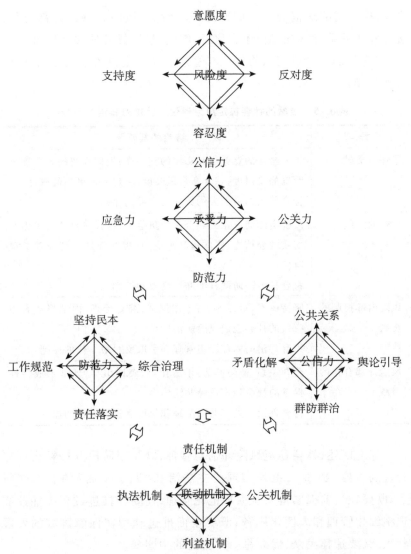

图 0-1 "应然社会稳定风险评估与管理"的"菱形模型"

"应然的社会稳定风险评估与管理"分为四个部分。第一部分,社会稳定风险评估针对基于意愿度、支持度、容忍度、反对度而形成的风险度开展评估。第二部分,社会稳定风险管理针对基于应急力、防范力、公关力、公信力而整合的承受力加强管理。第三部分,社会稳定风险管理的内部控制,通过坚持民本、责任落实、工作规范、综合治理,提升内部防范力。第四部分,社会稳定风险管理的外部合作,通过公共关系、群防群治、矛盾化解、舆论引导,提升外部公信力。

"应然的社会稳定风险评估与管理",实质上是善治的先决条件。见表0-5。

表0-5 应然的社会稳定风险评估与管理对善治的贡献

	善治的契合
稳评的贡献	了解全面的意愿度和真实的支持度;把握现实的容忍度和明确的反对度;综合衡量风险度,决定待评事项的取舍。 符合善治的最大公约数和民意导向原则。
稳管的贡献	改善实际的应急力和全面的防范力;提升有效的公关力和切实的公信力;整体提高承受力,提前降低待评事项的风险度。 符合善治的防微杜渐和社会效益原则。
风险内部控制的贡献	坚持民本,责任落实;工作规范,综合治理;内部形成有力有效的社会稳定风险防治体系。 符合善治的内部严格管理和争取反对最小化的原则。
风险外部合作的贡献	公共关系,群防群治;矛盾化解,舆论引导;外部形成良性促进的社会稳定风险共治体系。 符合善治的外部共同治理和争取满意最大化的原则。

综上所述,社会稳定风险评估与管理,既是现阶段开展社会服务管理的重要"抓手",也是实现民主法治和"四个全面"的关键转折点;既要在当前抓紧落实全面规范化管理,还要在推进过程中加速实现精细化管理和人性化服务;既要全面推进和切实保障国家的发展壮大,又要造福民众、促成每一位公民的中国梦。

第一章　社会稳定风险评估与管理的模型和流程

第一节　社会稳定风险评估的界定与模型

一、稳评的必要性

(一) 中央高度重视和多次强调开展社会稳定风险评估

2011年1月5日,卫生部发布《关于建立卫生系统重大事项社会稳定风险评估机制的指导意见(试行)》(卫办发〔2011〕2号),包括七项:一是充分认识建立卫生系统重大事项社会稳定风险评估机制的重要性、必要性和特殊性;二是评估工作的基本要求;三是评估工作的范围;四是重点评估内容;五是评估工作的责任主体与评估结果审核的责任主体;六是评估工作的基本程序;七是评估工作的考核监督。

2012年,中共中央办公厅、国务院办公厅《关于建立健全重大决策社会稳定风险评估机制的指导意见(试行)》(中办发〔2012〕2号)指出:开展重大决策社会稳定风险评估,对于促进科学决策、民主决策、依法决策,预防和化解社会矛盾,构建社会主义和谐社会,具有重要意义;就党政机关建立健全重大决策社会稳定风险评估机制提出六项指导意见:一是指导思想和基本要求;二是评估范围和内容;三是评估主体和程序;四是评估结果运用和决策实施跟踪;五是责任追究;六是组织领导。

2012年8月16日国家发展改革委为建立和规范重大固定资产

投资项目社会稳定风险评估机制,制定了《国家发展改革委重大固定资产投资项目社会稳定风险评估暂行办法》(发改投资〔2012〕2492号),指出:评估主体作出的社会稳定风险评估报告是国家发展改革委审批、核准或者核报国务院审批、核准项目的重要依据。评估报告认为项目存在高风险或者中风险的,国家发展改革委不予审批、核准和核报;存在低风险但有可靠防控措施的,国家发展改革委可以审批、核准或者核报国务院审批、核准,并应在批复文件中对有关方面提出切实落实防范、化解风险措施的要求。

2012年11月8日,中共中央总书记胡锦涛代表中共第十七届中央委员会向中共第十八次全国代表大会作了题为《坚定不移沿着中国特色社会主义道路前进 为全面建成小康社会而奋斗》的报告,强调建立健全重大决策社会稳定风险评估机制。

2013年11月12日,党的十八届三中全会作出了《中共中央关于全面深化改革若干重大问题的决定》,强调健全重大决策社会稳定风险评估机制。

2015年3月5日,在十二届全国人大三次会议上,国务院总理李克强作政府工作报告,强调落实重大决策社会稳定风险评估机制。

(二) 稳评的实操问题严重

稳评自实施以来,在实际操作中出现了多方面的问题。

第一,稳评要求虽有,仍然存在诸多"形式主义"。

对于必须稳评的要求,早于国家发改委的正式文件,省、市政府已经先行做出了相关的要求。但是在实践过程中,存在着诸多"形式主义"。例如:事先未与民众充分沟通,"稳评"机制失效;有些地方不愿评、不敢评;有些项目评而不用。

第二,稳评的客观性和权威性不足,第三方评估机构的管理不到位。

目前稳评在具体要求方面并未做细化设置,例如:评估流程的设置、评估分析的效度、评估结论的信度等等,这就导致了稳评的客观性和权威性都存在一定程度的欠缺。特别是在第三方评估机构方面,存在着资质不足、能力不够、管理不规范等多项"硬伤"。

第三，目前稳评仅评估民众极端行为的可能性，评估范畴偏小。

国家发展改革委于 2012 年 8 月 16 日发布的《国家发展改革委重大固定资产投资项目社会稳定风险评估暂行办法》（发改投资〔2012〕2492 号），第 5 条指出：由项目所在地人民政府或其有关部门指定的评估主体组织对项目单位做出的社会稳定风险分析开展评估论证，根据实际情况可以采取公示、问卷调查、实地走访和召开座谈会、听证会等多种方式听取各方面意见，分析判断并确定风险等级，提出社会稳定风险评估报告。评估报告的主要内容为项目建设实施的合法性、合理性、可行性、可控性，可能引发的社会稳定风险，各方面意见及其采纳情况，风险评估结论和对策建议，风险防范和化解措施以及应急处置预案等内容。

该暂行办法，从无到有，提出了稳评的"四性"要求，基本成为目前我国通用的稳评报告套用模板。但是这些评估项只是狭义上的"小稳评"，**仅仅评估了民众闹事等极端行为的可能性，评估范畴偏小**，并未以民众为中心、真正追求民众反对最小化和满意最大化的"大稳评"。

☞ 实例 1：上海松江电池厂项目因民众反对最终取消

未与民众充分沟通，项目上马，继而引发民众强烈反对，政府与企业反复"灭火"无效，项目最终戛然而止——上海国轩新能源有限公司新能源项目的结局，在江苏启东造纸排污项目、浙江镇海石油炼化项目之后，再一次诠释了这样的发展脉络。

上海曾在 2009 年率先建立"重大事项社会稳定风险分析和评估机制"，规定与群众利益密切相关的重大决策、重点项目在出台或审批前，将先评估对老百姓的影响，并制定风险应对策略和预案，使决策的稳定性和科学性得到更好的保障。不过，在松江电池厂项目中，这样的机制并未发生作用。

事后：民众反对，项目取消，政府企业双输

近期引发争议的上海国轩新能源有限公司新能源项目迎来最终结局：上海市松江区政府 15 日傍晚正式宣布，该项目全部取消，土地退回政府。

上海国轩新能源项目主要从事磷酸铁锂电池、电池组及电源管理系统的研发、生产和销售。该项目计划落户松江，引起部分民众对其生产的磷酸铁锂电池可能带来环境污染、影响水质的担忧。

松江区政府曾于4月26日回应称，磷酸铁锂电池不含重金属，无毒、无污染。该项目产业类型符合国家相关政策。

此后4月29日松江区政府发布公告，宣布取消该项目的生产环节，对企业需保留的其他环节进一步征求市民意见。

但是事件并未就此平息，仍有民众不满政府仅仅取消其生产环节。

上海国轩新能源公司15日中午发布通告称："决定收回该项目全部投资、土地退回政府，不要求任何赔偿。"

事先：未与民众充分沟通，"稳评"机制失效

松江区政府曾出示环评报告，称在以该项目为中心3公里范围内进行了150份抽样调查。

反对者质疑，项目周边3公里范围内有35个居民区，居住人口约为8万人，150份抽样调查不能代表民意。有人还爆料，抽样调查时，每签一个同意，就可以领到一支牙膏。

质疑者还有一个疑问，该项目占地140亩，投资较大，但是居民并没有接到召开听证会的通知。质疑者还认为，当初松江区政府将项目公示在《松江报》上，而《松江报》受众少导致大部分居民不知情。

此外，这个重大项目是否进行过社会稳定风险评估也不得而知。但从事实效果看，民众一再聚集反对，至少说明稳评落空了。

2009年，上海率先建立了"重大事项社会稳定风险分析和评估机制"，与群众利益密切相关的重大决策、重点项目在出台或审批前，将先评估对老百姓的影响，并制定风险应对策略和预案，使决策的稳定性和科学性得到更好的保障。

怪象：有些地方不愿评，有些地方评而不用

中央维稳办主任、公安部常务副部长杨焕宁介绍说，截至2012年下半年，全国所有省区市和地市州盟以及98.5%的县市区旗都建立了风险评估机制。不过，不愿评、评而不用等现象，折射出稳评工作在一些地方遭遇的尴尬困境。

不愿评、不敢评

"一些基层干部还是片面追求经济增长的速度，忽视社会的全面发展进步。"黑龙江省政法委秘书长、维稳办副主任李力说,有的干部认为搞稳评太麻烦,又要调查研究、充分论证,还要形成报告、申报审批。他们认为商机转瞬即逝,稳评会耽误事。

一些干部消极抵触的心态也催生了许多怪现状。今年国家发改委要求重大项目审批必须提供稳评报告,一些地区对此并不重视,但又迫于程序要求,于是出现了项目报批之前突击评估、"一夜评估"的现象。

评而不用

2012年,江苏南通启东王子造纸排污项目和浙江宁波中石化镇海炼化扩建项目均因环保问题引发民众强烈反对。据了解,这两个项目之前都进行了稳评,但结论均没有引起有关决策者的重视而被束之高阁,项目在强行推进过程中导致矛盾集中爆发,引发了民众的强烈反对,最终项目被终止。

"一些地方的稳评报告出来,对决策有利的,领导就用;对决策不利的,用不用就很难说。"南京市维稳办副主任刘绍南说,"2012年发生涉环保群体性事件的一些地方,项目上马前也做了稳评,得到的结论并不乐观,但到了地方党委常委会上,这有多少作用?"

观点:完善责任倒查机制,让稳评不落空

"稳评要落到实处,必须落实问责制度。没有追责,这项工作就很难正常开展下去。"广州市维稳办主任丁志强说。

稳评责任倒查

面对稳评难问责的困境,不少地区也进行了积极探索,最突出的是建立责任倒查机制。南京市2011年出台《关于健全社会稳定风险评估和决策失误责任追究机制的实施意见》,在国内率先建立倒查机制。

从各地倒查结果看,稳评责任主要涵盖三个层次:一是应评未评或稳评程序不规范,重要参考数据作假引发不稳定状况;二是稳评结论性意见不被采纳和应用;三是执行中不依照决策办事,产生不稳定社会效果。

业内人士指出,排查问题和厘清责任主体是稳评问责的前置条件,同时如果能将稳评纳入地方人大工作范畴,更好地发挥人大监督的效力,必将有助于稳评发挥更大的作用。

推进稳评法制化

2012年初,中办和国办印发《关于建立健全重大决策社会稳定风险评估机制的指导意见(试行)》,为建立完善稳评机制提供了权威性的指导意见,但一些基层干部认为,其性质仍是工作指导类的规章,不具有强制力和法规效力。

业内人士认为,推进稳评还需要从顶层立法的角度加以推进,保障稳评实施的效果。

稳评纳入法制化轨道,明确其作为法律法规的权威性和强制力,基层稳评才更有动力,追责才更有底气。稳评法制化也会进一步推动决策的民主化和公开化。

表1-1 近期引发较大争议的部分项目

项目	是否进行过社会稳定风险评估	结果
(1)上海松江电池厂项目	通过环评,不清楚是否进行社会稳定风险评估	民众强烈反对,项目取消
(2)江苏启东王子造纸排污项目	进行过稳评,但结论未引起相关决策者重视	民众强烈反对,项目终止
(3)浙江宁波镇海炼化项目	进行过稳评,但结论未引起相关决策者重视	民众强烈反对,项目终止
(4)四川什邡钼铜项目	通过环评,不清楚是否进行社会稳定风险评估	民众强烈反对,项目终止
(5)云南安宁石化项目	中石油云南石化有限公司负责人称已编制项目社会稳定风险评估报告	昆明市长李文荣承诺:配套项目上不上、上什么样的产品,将走民主决策的程序
(6)四川彭州石化项目	通过环评,不清楚是否进行社会稳定风险评估	争议中接近完工。成都市政府表示项目在正式验收之前暂不投产,将邀请公众参与验收

来源:《上海松江电池厂项目因为民众反对最终取消》,《潇湘晨报》2013年5月16日,http://epaper.xxcb.cn/xxcba/html/2013-05/16/content_2708182.htm。

(三)稳评的管理价值和社会意义

社会稳定风险评估的管理价值在于三个方面:第一,稳评是正式立项的前置条件;第二,稳评是保障实施的先决条件;第三,稳评是项目取得社会成效的基础条件。

社会稳定风险评估的管理价值,需要全过程的管理,这也是理想的社会稳定风险评估应然的设计,见表1-2。

表1-2 社会稳定风险评估的全程设计

阶段	实质	内容
事前	社会稳定风险预测	项目可能导致的社会稳定风险,相应的风险管理建议
事中	社会稳定风险监测	项目实施过程中的风险全监测,包括人、地、物、事、环等综合风险,及时预警和处置
事后	社会稳定风险管理的绩效评估	项目完工后针对社会稳定管理工作的绩效评估;若发生涉稳问题,实施追责、问责、相应的处置

因此,社会稳定风险评估是保障科学决策与和谐社会的重要基础,是建立健全"四个全面"的重要内容,也是现阶段民主法治建设的重要体现。

二、稳评的界定与目标:反对最小化和满意最大化

(一)稳评的界定

规范化的社会稳定风险评估指在政策、项目、活动的制定或实施之前,通过全面科学地分析可能影响社会稳定的因素,预测其损害程度,预估责任主体的承受能力,进而综合评定风险等级。

狭义上的稳评,实质上仅评估项目或政策是否会引发群体事件的风险。而"大稳评"即人性阶级的稳评则要同时兼顾两个维度:一是民众抵触和抗议的最小化,即底线思维的反对最小化;二是民众满意度的最大化,即人性化导向的满意最大化。稳评的四个阶级及其对应界定,详见绪论。

表1-3 稳评的四阶段发展趋势

社会服务管理的阶段	稳评的主要内容
粗放阶段	参照"最大公约数",评估直接群体事件的风险
规范阶段	参照"最大公约数",评估可能引发群体事件的主要风险,评估反对度风险

续表

社会服务管理的阶段	稳评的主要内容
精细阶段	参照"最大公约数",评估可能引发群体事件的综合风险,评估反对度风险
人性阶段	在精细阶段的基础上,评估最弱势群体和最极端需求的风险,评估满意度风险

注:表中四阶段划分等内容可参见唐钧:《政府风险管理——风险社会中的应急管理升级与社会治理转型》,中国人民大学出版社2015年版。

(二) 稳评的适用范围

中央办公厅、国务院办公厅为了全面贯彻党的十七大和十七届三中、四中、五中、六中全会精神,以邓小平理论和"三个代表"重要思想为指导,深入贯彻落实科学发展观,坚持以人为本、执政为民,把实现好、维护好、发展好最广大人民根本利益作为决策的出发点和落脚点,正确处理改革、发展、稳定的关系,着力从源头上预防和化解社会矛盾,最大限度减少不和谐因素,最大限度增加和谐因素,保障和促进经济社会又好又快发展,于2012年制定了《中央办公厅、国务院办公厅关于建立健全重大决策社会稳定风险评估机制的指导意见(试行)》(中办发〔2012〕2号)。

卫生部在2011年为贯彻落实《中共中央办公厅 国务院办公厅转发〈中央政法委员会、中央维护稳定工作领导小组关于深入推进社会矛盾化解、社会管理创新、公正廉洁执法的意见〉的通知》(中办发〔2009〕46号)精神和中央维稳办关于建立社会稳定风险评估机制的一系列工作部署,制定了《卫生部关于建立卫生系统重大事项社会稳定风险评估机制的指导意见(试行)》(卫办发〔2011〕2号)。

国家发展改革委在2012年为促进科学决策、民主决策、依法决策,预防和化解社会矛盾,建立和规范重大固定资产投资项目社会稳定风险评估机制,制定了《国家发展改革委关于印发〈国家发展改革委重大固定资产投资项目社会稳定风险评估暂行办法〉的通知》(发改投资〔2012〕2492号)。

在这之前,中央纪委1996年第十四届第六次全会制定了"三重一大"制度,中共第十三届中央委员会第六次全体会议制定了《中共中央关于加强党同人民群众联系的决定》。上述这些都涉及了稳评的适用范围,见表1-4。

表1-4 稳评的适用范围

主管单位及规定	要求稳评的范围
中央办公厅、国务院办公厅,2012年,中办发〔2012〕2号	凡是直接关系人民群众切身利益且涉及面广、容易引发社会稳定问题的重大决策事项,包括: (1)涉及征地拆迁; (2)农民负担; (3)国有企业改制; (4)环境影响; (5)社会保障; (6)公益事业等方面的重大工程项目建设; (7)重大政策制定; (8)其他对社会稳定有较大影响的重大决策事项。 应评尽评。凡是按规定应当进行社会稳定风险评估的重大决策事项,未经评估不得作出决策。
卫生部,2011年1月5日卫办发〔2011〕2号	以关系人民群众切身利益的重大工程项目建设、重大政策制定等决策事项为重点,包括: (1)事关广大人民群众健康权益和切身利益的重大决策、重要政策和重大改革。医疗卫生政策的重大调整,关系民生问题的政策性收费和价格调整。 (2)关系人民群众健康权益的重大疾病防控干预措施、食品药品安全和医疗安全管理与干预措施、医疗技术准入和医疗器械产品(装备)应用、药品和血液制品供应。 (3)涉及较大范围群众切身利益的医药卫生工程项目。涉及群众切身利益的医疗卫生服务设施项目建设工程选址等。 (4)医患纠纷多发、医疗安全存在较大隐患的医疗机构的整顿与恢复运营。 (5)关系广大医务人员切身利益的政策制定与改革实施。国有、集体医疗卫生机构改制或改革,职工待遇调整,机构重组中的产权转让、资产处置、人员安置和社会保障等。 (6)其他涉及较多群众切身利益和可能引发群众集体上访、群体性事件的事项和国际社会关注的重大事项。

续表

主管单位及规定	要求稳评的范围
国家发展改革委,2012 年 8 月 16 日 发改投资〔2012〕2492 号	国家发展改革委审批、核准或者核报国务院审批、核准的在中华人民共和国境内建设实施的固定资产投资项目。
中央纪委第十四届第六次全会公报,1996 年 1 月 24 日至 27 日	认真贯彻民主集中制原则,凡属重大决策、重要干部任免、重要项目安排和大额度资金的使用,必须经集体讨论作出决定(简称"三重一大"制度)。
中国共产党第十三届中央委员会第六次全体会议,中共中央关于加强党同人民群众联系的决定,1990 年 3 月 12 日	(1)制定政策措施,拟制工作计划,决定重大事项,务必以马克思主义为指导,走群众路线,充分调查研究,广泛听取各方面意见,反复比较、鉴别和论证。有的重大决策在实施前还需要经过试点。 (2)党委在决策过程中要严格执行民主集中制原则,充分发扬民主,认真倾听不同意见,在民主讨论的基础上实行正确的集中。重大问题的决定,要实行表决。 (3)在决策执行中,要紧紧依靠群众,并不断接受实践的检验,及时总结经验,补充完善,纠正偏差,防止酿成大错误。遇有重大问题,应提出处理意见,及时向上报告。 (4)努力开辟和创造联系群众的新渠道、新形式,以利更加广泛、深入、及时地听取群众的意见、要求和批评。 (5)鼓励群众反映真实情况。对正确的意见要虚心接受和采纳,能解决的问题要及时解决,对不同的意见要认真考虑,做不到的要据实说明,对不正确的意见也要作出解释并加以引导。不允许对群众的意见采取听而不闻、视而不见、文过饰非、敷衍塞责等错误态度,更不允许压制批评、打击报复。 (6)领导干部要在工人、农民、知识分子和其他群众中结交一些敢于反映真实情况的朋友。通过他们,可以听到群众的心里话,听到基层干部的呼声,发现处于萌芽状态的问题。

注:该表为不完全概括,具有相应的误差。

(三) 稳评的对象

稳评的对象，是可能导致社会稳定问题的所有风险。在现行的规定中较为粗放，一般表述为：可能引发社会矛盾的不和谐因素、各种社会矛盾，各种损害人民群众切身利益、影响社会和谐稳定的群体性事件与极端恶性事件等，见表1-5。

表1-5 稳评的对象

主体	稳评的对象（示例）
中央办公厅、国务院办公厅	(1)社会矛盾； (2)不和谐因素；等。
卫生部	(1)各种社会矛盾，各种损害人民群众切身利益和影响社会和谐稳定的群体性事件与极端恶性事件； (2)因医疗卫生和食品药品安全等问题引发的矛盾纠纷； (3)重大疾病防控、食品药品安全和医疗安全措施与技术应用的稳定风险； (4)医患纠纷、医疗安全隐患； (5)规模性集体上访或群体性事件，给改革发展稳定造成严重影响的，等。
国家发展改革委	(1)大部分群众对项目有意见、反应特别强烈，可能引发大规模群体性事件； (2)部分群众对项目有意见、反应强烈，可能引发矛盾冲突； (3)少部分人对项目有意见。
四川省委办公厅、省政府办公厅	(1)情节较重导致发生大规模集体上访或者其他重大不稳定事件； (2)给党、国家和人民利益以及公共财产造成重大损失或者造成重大不良社会影响等严重后果；等。

续表

主体	稳评的对象（示例）
陕西省发展改革委、省委维稳办	（1）项目在规划选址、规划调整时可能引发的社会稳定突出问题。包括项目建设规划选址的科学性、合理性，规划方案调整的必要性及对群众可能带来的不利影响等。 （2）项目实施前涉及土地征收（征用）中可能引发的社会稳定突出问题。包括征地补偿价格、征地政策、征地程序和补偿款发放等。 （3）项目实施前涉及可能引发的社会稳定问题。包括资源转化涉及的资源配置、环境污染、地上建筑物拆除、拆迁安置情况等。 （4）项目开工及建设中可能引发的社会稳定突出问题。包括招投标环节、安全文明施工、工程质量和劳资纠纷等。 （5）项目建设后期可能引发的社会稳定突出问题。包括就业、社会保障、集体资产处置等。 （6）项目其他涉及群众利益可能引发的社会稳定突出问题等。

注：该表为不完全概括，具有相应的误差。

在实际操作中，稳评对象主要包括两大类风险，见表1-6。

第一类是"事"的风险，主要包括：项目的危险性、污染问题等等。

第二类是"人"的风险，主要包括：项目涉及相关利益群体中极端个体的极端行为风险，例如引发抗议行为、群体事件等方面的风险。

表1-6　稳评对象的两个大类

类别	典型示例
"事"的风险	（1）拆迁风险问题； （2）噪音扰民问题； （3）妨碍交通问题； （4）流动人口管理问题； （5）扬尘与大气污染问题； （6）环境污染问题；等等。

续表

类别	典型示例
"人"的风险	(1)到县、市、省集体上访； (2)进京集体访或大规模聚集； (3)堵断国道、省道、城市交通干道； (4)围堵党政机关、打砸抢烧等严重影响社会秩序的； (5)发生罢工、罢课、罢市、非法集会、游行示威或其他严重影响社会稳定事件的;等等。

注：该表为不完全概括,具有相应的误差。

三、稳评的五要素菱形模型

针对现实中的稳评问题,稳评应该遵循"五要素菱形模型",见图1-1。意愿度、支持度、反对度、容忍度、风险度,五要素构成了社会稳定风险评估的菱形模型。

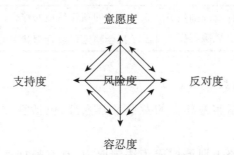

图1-1 "稳评五要素菱形模型"

"稳评五要素菱形模型"在实际操作中,可以细化为具体的评估项,见表1-7。

表1-7 "稳评五要素菱形模型"的评估项

类别	描述	主要评估项
1.意愿度	愿力陈述,述求表达等	1.1 国家意愿(官方战略,政策可行性等) 1.2 民众意愿(社会组织呼吁、个体期待等)

续表

类别	描述	主要评估项
2. 支持度	具体行动,实施保障等	2.1 法律支持度(合法性,合规性等)
		2.2 收益预估(获益的可能性,显性利好的风险对冲等)
		2.3 责任承担状况(责任落实到位、一案三制等可控性)
		2.4 保障状况(配套方案落实等)
		2.5 重建能力(修复危机的可逆性等)
3. 容忍度	不能容忍风险的排查及其程度等	3.1 法律法规的禁忌
		3.2 民众普遍的耐受力状况
		3.3 地区习俗、村规乡约的禁忌等
4. 反对度	利益群体的真实反对程度	4.1 直接反对度(损害损失等)
		4.2 间接反对度(连锁反应,替代方案等)
5. 风险度	待评事项的综合社会风险程度	5.1 上述四项评估项的综合
		5.2 社会稳定风险管理状况的评估

(一)意愿度评估

意愿度是指实施项目的意愿及其强度,包括官方意愿度和社会意愿度。

官方的战略规划等构成了法定愿力,具有长期性和天然的公信力。非官方的社会意愿,则代表着民间的愿望,受多重因素影响,也具有较强的情绪性和变动性。

☞ 实例2:"争高铁"的意愿度分析

近年来,随着高铁的迅速发展,高铁带来的经济效益和社会效益日益凸显,地方围绕高铁走线、设站而展开的"争高铁"(争取高铁落户本地)活动时有发生。近年来影响力较大的争取高铁落户活动,有湖北荆州、荆门争取"350沪汉蓉高铁"落户,湖北十堰、襄阳争取"郑万高铁"落户,河南省邓州、新野争夺"郑万高铁"落户等活动,详见

表1-8。在争取高铁落户的活动中,各方表达意愿的手段与形式呈现多样化特征。

意愿表达方式一:地方官员在全国两会期间接触媒体,扩大影响力;积极争取相关部委与上级部门支持,争取高铁落户

湖北十堰、襄阳竞争争取"郑万高铁"落户中,两地地方官员在2009年全国"两会"期间,通过不同方式进行了争取。时任十堰市委书记陈天会以全国人大代表身份,为争取当时还叫郑渝铁路的郑万高铁提出专门建议。他说:"郑渝铁路是十堰的生命线、发展线,对十堰未来的发展具有举足轻重的作用。"时任襄樊市委书记唐良智则带领市经委、发改委等部门及有关县(市)区负责人,拜访了国家发改委、铁道部和一些央企。在拜访铁道部发展计划司领导时,唐良智请求将郑渝铁路规划进行调整,将襄樊纳入路经站点建设。①

2009年湖南邵阳、娄底争取沪昆高铁过境活动中,娄底市人大代表李红育将护路签名横幅在市两会上展示,娄底电视台《娄底零距离》进行了报道。②

意愿表达方式二:民间组织、企业通过征集签名、制作宣传片、挂宣传条幅等形式,积极争取高铁落户

2014年起邓州、新野争取高铁活动中,新野民间掀起了"保卫高铁"运动,还组成了"新野保路联盟领导小组"。

2015年湖北荆门、荆州争夺高铁中,官方保持低调而民间则扮演活跃角色。3月28日、29日,荆州一家民间组织在荆州市区内举行"新沪汉蓉高铁落户荆州万人签名活动",号召全市人民行动起来,让高铁经过荆州。部分荆州本地企业拉横幅、发宣传单。与此相对的是4月12日上午,荆门一家本地企业倡导发起的"幸福荆门人,让高铁进荆门"活动,征集本地民众签名。荆门一家科技公司,制作了

---

① 《高铁争夺战》,《中国青年报》2014年11月26日09版,http://zqb.cyol.com/html/2014-11/26/nw.D110000zgqnb_20141126_2-09.htm。
② 《湖南娄底邵阳沪昆高铁过境之争引发民间角力》,新华社《瞭望东方周刊》2009年4月13日,http://news.xhby.net/system/2009/04/13/010481260.shtml。

《荆门梦·高铁梦》的宣传视频,在互联网上传播。①

意愿表达方式三:民众通过参与签名、宣传条幅、自制音频、视频与图片、写请愿信、下跪等方式表达诉求

民众参与民间组织、企业所发起的签名活动,本身就是表达争取高铁落户意愿的一种方式。2015年4月12日湖北荆门一家企业发起的征集签名活动中,征集到上万名市民的签名。②

民众自发悬挂宣传横幅表达意愿,2014年起邓州、新野争取高铁活动中,身在异地的邓州民众在北京、上海等其他城市的火车站和地标性建筑前拉起横幅"争夺高铁"。③

民众自制宣传片、视频、图片通过互联网、手机终端传播。2014年起邓州、新野争取高铁活动中,新野民众改编流行歌曲、制作视频《新野高铁走起小苹果》,在互联网传播。邓州民众还运用PS技术,在上海东方明珠和北京鸟巢的图片上写上口号标语,在互联网传播。④

民众通过写请愿信、下跪等方式向专家、地方政府施加压力。2009年湖南邵阳、娄底争取沪昆高铁过境活动中,邵阳民众搜集了专家的地址和电话等,并发出了千余封请愿信。2月24日,时任湖南省政法委书记李江赴邵阳调研铁路事宜与民众代表见面,年过70岁的民众代表当众向李江下跪请愿。在签名活动中,邵阳群众高喊"争不到高铁,书记、市长下课"向地方政府施压。⑤

---

① 《湖北两地级市争高铁落户,民间组织万人签名争高铁占机遇》,中国网,2015年4月21日,http://zj.china.com.cn/html/2015/shms_0421/14553.html。

② 同上。

③ 《河南两地争高铁,北漂在京拉横幅支持邓州高铁设站》,中国广播网,2015年1月29日,http://finance.cnr.cn/gs/20150129/t20150129_517572938.shtml。

④ 《邓州、新野为抢高铁站发生争执》,中央广播网,2014年11月27日,http://hn.cnr.cn/hnzyg/201411/t20141127_516900468.shtml。

⑤ 《湖南娄底邵阳沪昆高铁过境之争引发民间角力》,新华社《瞭望东方周刊》2009年4月13日,http://news.xhby.net/system/2009/04/13/010481260.shtml。

表1-8 近年来部分地区争取高铁落户活动概况

案例	项目情况	意愿发表方式	结果
湖北荆州、荆门争夺"350沪汉蓉高铁"	2014年9月25日，国务院发布的《国务院关于依托黄金水道推动长江经济带发展的指导意见》称：将建设上海经南京、合肥、武汉、重庆至成都的沿江高铁（亦称350沪汉蓉高铁、沪汉蓉二线、沪汉蓉沿江高铁）。	①民间组织征集群签名；②企业拉横幅、发宣传单；③通过互联网、手机终端传播倡议书；④制作宣传片。	暂未有结果。
湖北十堰、襄阳争夺"郑万高铁"	2009年铁道部提出郑万铁路规划，线路全长845公里，设计时速250公里，估算投资总额1030亿元。	地方官员公关、争取相关部委支持。	2014年10月，国家发改委批复这条线路确定取道襄阳。
河南省邓州、新野争夺"郑万高铁"	2014年"郑万高铁"取道襄阳后，在河南南阳到湖北襄阳的区间里，新野恰好在直线位置上，新野开始争取高铁落地。	①民间成立保路组织，"新野保路联盟领导小组"；②改编流行歌曲、制作视频《新野高铁走起小苹果》，在互联网传播；③在各大城市的火车站和地标性建筑前拉起横幅"争夺高铁"；⑤运用图像处理软件，在上海东方明珠和北京鸟巢的图片上写上口号标语，在互联网传播。	最终设立邓州东站（邓州、新野之间，离新野更近）。

续表

案例	项目情况	意愿发表方式	结果
湖南邵阳、娄底争取沪昆高铁过境	沪昆高速铁路，投资2800亿元，全长2066公里，计划于2009年年底开工建设。	①民间组织征集签名；②网络万人签名；③地面签名活动；④民众下跪请愿；⑤向专家写请愿信；⑥向官方施压。	沪昆高铁分别于娄底、邵阳设娄底南站、邵阳北站两站。

注：根据相关公开的新闻报道整理，具有相应的误差。

（二）支持度评估

支持度是对于项目的实际支撑、具体行动、实施保障等多方面配套状况的真实程度。主要包括官方支持和社会支持，其中法律支持度即合法性、合规性等方面的综合考量；收益预估是指获益的可能性、显性利好的风险对冲等；责任承担状况是指责任落实到位、一案三制等可控性状况；保障状况是指具体的配套方案落实等状况；重建能力是指如若发生问题，修复危机的可逆性支持等状况。

☞ 实例3："村村通"项目的支持度分析

"村村通"是一个庞大、系统的农村改造工程，包括农村的公路、电力、自来水、广播电视、电话、互联网等。作为农村基础设施建设项目与农村公共服务建设的重要内容，"村村通"项目得到了来自政府政策、资金等层面的支持，也得到了来自社会在具体落实执行层面的支持。

表1-9 官方支持状况分析

官方支持项	支持内容	支持的落实状况（示例）
国家层面的发展规划	农村广播电视"村村通"工程	根据《"十一五"全国广播电视村村通工程建设规划》，"十一五"期间，全国要完成71.66万个20户以上已通电自然村广播电视覆盖任务，共需投入建设资金108亿元。国家发改委将分年度安排34亿元投资用于"十一五"村村通工程建设补助。[①]

[①] 《"十一五"全国广播电视村村通工程建设规划》，新浪网，2007年10月16日，http://finance.sina.com.cn/g/20071016/14314065943.shtml。

续表

官方支持项	支持内容	支持的落实状况（示例）
部委发展规划	农村公路"村村通"工程	2006年起，交通部实施"五年千亿元规划"，即在"十一五"期间国家将投入1000亿元，力争到2010年东部地区所有具备条件的行政村、中部地区80%以上的行政村、西部地区90%以上的乡镇都能通沥青路或水泥路。同时，继续实施"通达工程"，力争到2010年全国所有具备条件的行政村都通公路。①
部委推行试点工程	农村电话"村村通"工程	2004年1月16日，信息产业部下发了《关于在部分省区开展村通工程试点工作的通知》，将我国普遍服务目标设定为"到2005年底，我国开通电话行政村的村通率达到95%以上"。在暂无基金补贴的情况下，信产部指定6家基础电信运营商采取"分片包干"的方式承担电信普遍服务义务。②
	农村互联网"村村通"工程	2014年国家发展改革委、财政部、工业和信息化部将联合组织实施"宽带乡村"试点工程（一期），并结合"宽带中国"战略实施时间表，选择相关试点省或自治区，每省或自治区选择20个县（区、旗），推进农村地区宽带发展，到2015年，实现95%以上行政村通光缆，农村宽带接入能力达到4M，并具备平滑升级更高速率能力，农村家庭宽带普及率达到30%。首批试点的地区包括内蒙古自治区、四川省、贵州省、云南省、陕西省、甘肃省等地，首批试点工程实施期为2014至2016年。③

---

① 《交通部"五年千亿元规划"加快农村公路建设》，中国广播网，2004年12月8日，http://www.cnr.cn/2004news/internal/200412/t20041228_302809.html。

② 《智慧农村新生活》，《中国邮电报》2015年1月23日，http://www.cnii.com.cn/telecom/2015-01/23/content_1521455.htm。

③ 《三部门启动首期"宽带乡村"试点工程》，新华社—经济参考网，2014年6月18日，http://jjckb.xinhuanet.com/2014-06/18/content_509175.htm。

续表

官方支持项	支持内容	支持的落实状况（示例）
中央财政保障	农村电力"村村通"工程	早在1998年10月，国务院下发文件，批转了国家计委关于农村电网建设与改造的请示，并将其确定为扩大内需的重要投资领域，安排了包括国债在内的资金1893亿元作为农网改造的基本金。①
地方政府主导的建设方案	农村自来水"村村通"工程	《广东省村村通自来水工程建设方案》提出，从2011年起，将全面启动村村通自来水工程建设，到2020年行政村自来水覆盖率、农村自来水普及率、农村生活饮用水水质合格率均达到90%以上，基本建成覆盖全省的农村供水安全保障体系。②

注：根据相关公开的新闻报道整理，具有相应的误差。

表 1-10　社会支持状况分析

社会支持项	支持内容	支持的落实状况（示例）
社会各界捐款	农村公路"村村通"工程	截至2012年3月10日，广西右江区已收到各机关、社会团体、企事业单位及其他组织为"村村通水泥路"工程捐款数额107.8万元，所捐善款全部用于捐款人指定的通村水泥路工程建设。③
	农村电力"村村通"工程	为了推进河南省农村电网改造工程，河南省电力公司号召全系统为特困农户捐款，2006年6月一个月内，共收到捐款443万元，这些资金将使河南省2.2万多户困难农户的下户线改造费用得到解决。④

---

① 《国家计委关于印发〈农村电网建设与改造工程投资管理规定〉的通知》（计基础〔1999〕2178号）。

② 《广东从今年起启动村村通自来水工程建设》，人民网，2011年10月20日，http://politics.people.com.cn/h/2011/1020/c226651-4237019495.html。

③ 《右江区"村村通水泥路"工程接受捐款超百万元》，《右江日报》2012年3月19日，http://epaper.bsyjrb.com/yjrb/html/2012-03/19/content_82715.htm。

④ 《河南省电力系统捐款，农村"户户通电"工程启动》，中国政府网，2006年5月13日，http://www.gov.cn/gzdt/2006-05/13/content_279567.htm。

续表

社会支持项	支持内容	支持的落实状况（示例）
社会各界捐款	农村自来水"村村通"工程	2014年5月6日，佛山市、区工商联代表捐款150万元，用于高明区杨和镇石水村自来水改造工程。①
社会义工与志愿者队伍	农村广播电视"村村通"工程	安徽祁门县祁山镇聘请了热心公益并有一定专业知识的人员，成立了一支广播电视村村通义务维护队。②
企业配合建设、开发与利用	农村电话"村村通"工程	"十一五"期间，中国电信累计投入建设资金240亿元，完成了2.5万个行政村和近3.7万个自然村的通信建设任务。中国移动累计投资约231亿元，建设基站约3万个，为新疆、青海、西藏、内蒙古等26个省份约6.3万个偏远村庄开通了电话，其中行政村约1.3万个、自然村约4.4万个、兵团林场约0.6万个。中国联通共完成14431个村通任务，其中包括12299个自然村、1861个行政村以及271个兵团、林场的村通任务，超额17%完成工信部下达的（12352个）工作任务。③
	农村互联网"村村通"	2011年1月28日，海南联通农业科技110电子农务通项目正式启动，该项目将以更快捷的方式将电子农务网推向农村，将信息化带给广大农村用户。④

注：根据相关公开的新闻报道整理，具有相应的误差。

（三）容忍度评估

容忍度评估主要针对不能容忍风险进行排查并评估其状况。主

---

① 《捐款150万元千余村民喝上自来水》，佛山高明区人民政府，2014年6月24日，http://www.gaoming.gov.cn/ztzl/xncjs/201406/t20140624_4667129.html。
② 《祁山镇广播电视村村通有了义务维修员》，中共祁门县委、县政府门户网站，2011年5月19日，http://www.ahqimen.gov.cn/DocHtml/1/2011/5/19/5278180719694.html。
③ 《村村通电话工程专题报道》，工业和信息化部电信管理局，2011年4月29日，http://www.miit.gov.cn/n11293472/n11293877/n11302021/。
④ 《海南联通农业科技110电子农务通项目正式启动》，南海网，2011年1月28日，http://www.hinews.cn/news/system/2011/01/28/011944942.shtml。

要包括:法律法规的禁忌;民众普遍的耐受力状况;地区习俗、村规乡约的禁忌等风险。

☞ 实例4:民航乘客的"容忍临界点"

民航乘客的"容忍临界点"分析的作用在于可以支持航班延误补偿的设置。航班延误补偿,是指航班降落时间比计划降落时间(航班时刻表上的时间)延迟30分钟以上或航班取消的情况对航空客运、货运客户受损的合法权益依法、依约定予以赔偿、补偿的行为。

2004年7月1日当时的中国民用航空总局公布了《航班延误经济补偿指导意见》。根据这份意见,旅客在坐飞机的时候,如果是因为航空公司自身造成的长时间延误,旅客可以得到航空公司相应的经济补偿。这个指导意见主要包括以下内容:航空公司因自身原因造成航班延误标准分为两个,一个是延误4小时以上、8小时以内,另一个是延误超过8小时以上。对于这两种情况,航空公司要对旅客进行经济补偿。

2010年中航协向航空公司下发《航空运输服务质量不正常航班承运人服务和补偿规范(试行)》,提出了新的补偿标准。

赔偿标准1:延误预计在1—4小时以内(含4小时)的航班,及时向旅客提供餐饮。

赔偿标准2:在原预定航班离站时间后4—8小时(含8小时)内成行,还向旅客提供价值300元的购票折扣、里程或其他方式的等值补偿,或是人民币200元。

赔偿标准3:在8小时以后成行的,向旅客提供价值450元购票折扣、里程或其他方式的等值补偿,或是人民币300元。

根据上述情况,航空公司针对航班延误根据国内相关规定,航班延误超过4小时才会有相应赔偿。换言之,航空公司把乘客的容忍临界点设定在4个小时:4个小时之内是乘客可以容忍的安全域,而一旦超过4个小时则是乘客的不可容忍的风险域。

表 1-11　民航乘客的容忍度分析

容忍度状况	风险识别	容忍度的具体表现
高	平静期（2小时以内）	据案例分析，一般而言，乘客在航班延误2小时以内，如果航空单位做好细致的解释工作，大部分乘客能平静地予以接受和谅解。
中	焦躁期（2—4小时）	航班延误超过2小时接近4小时，乘客在情绪上会越来越焦躁。且根据国家民航总局颁布的国内航空单位航班延误补偿意见，其中提到航班延误4小时是对乘客进行赔付的底线。
低	愤怒期（4—8小时）	航班延误超过4小时接近8小时，部分乘客已经处于严重不满和生气的状态，同时会向航空单位提出很多责备和要求；如果航空单位处置不当，乘客的怒火会进一步被点燃，乘客群体会表现出骚动的迹象。
低	对抗期（8小时以上）	航班延误超过8小时，不管是因为什么原因导致航班延误，乘客均会对此表现出极大的不满，并要求航空单位进行赔付；如果航空单位未能及时平息，事件会进一步升级，直到冲突失控。
降低	特殊风险项	在节假日期间，尤其是时逢春节、圣诞节、五一、十一等节假日，急于到达目的地的焦急心情；节后着急返回工作地的焦躁情绪等。
提高	风险对冲项	免费wifi、免费供电、免费饮用水等配套服务。

注：根据典型案例归纳总结，具有此类研究方法的相应误差。

（四）反对度评估

反对度主要指利益群体的真实反对程度，主要包括由于损害或损失等导致的直接反对，和由于连锁反应、替代方案等导致的间接反对。

表 1-12　反对的列联分析

	直接反对	间接反对
直接利益群体（属地）	直接的损害和损失	后续连锁反应可能导致的损害和损失；替代方案的优越性比对等

续表

	直接反对	间接反对
间接利益群体（周边及全国）	接下来所受损害和损失的可能性；"下一个会不会是我"	对于社会契约、制度规则等方面的破坏，表达顾虑和担忧等

☞ 实例5：PX项目的反对度分析

2007年至今我国有6起典型的民众反对PX项目的案例，分别是：2014年茂名市反对PX项目事件，2012年宁波市镇海区反对PX项目事件，2013年昆明市反对PX项目事件，2011年大连市反对PX项目事件，2008年成都市反对PX项目事件，2007年厦门市反对PX项目事件。

表1—13　群众反对PX项目的强度分析

反对强度	典型事件	时间	表现形式
高	2014年茂名市反对PX项目①	2014年3月30日	打砸公共设施，焚烧汽车，拦截救护车、消防车等行为
	2012年宁波市镇海区反对PX项目②	2012年10月22日、26日、28日	非法聚集，拦路堵车，围堵招宝山派出所、交警大队国家机关，殴打国家工作人员
中	2013年昆明市反对PX项目③	2013年5月4日、16日	集会抗议、游行示威
	2011年大连市反对PX项目④	2011年8月14日	民众聚集在市政府前的人民广场示威集会

---

① 《广东茂名PX事件刑拘24人批捕5人，36人受行政处罚》，中国新闻网，2014年4月23日，http://www.chinanews.com/fz/2014/04-23/6096509.shtml。
② 《PX如何走出困境（求证·探寻喧哗背后的真相）》，人民网，2013年8月2日，http://society.people.com.cn/n/2013/0802/c1008-22415942.html。
③ 《昆明市长开通实名微博网友热议追问炼油项目》，人民网，2013年5月17日，http://society.people.com.cn/n/2013/0517/c1008-21524604.html。
④ 《化工项目屡遭逼停，北大教授称政府决策应民主化》，人民网，2012年7月15日，http://energy.people.com.cn/GB/n/2012/0715/c71661-18519711.html。

续表

反对强度	典型事件	时间	表现形式
低	2008年成都市反对PX项目①	2008年5月4日	民众戴着口罩，默不作声，在市区"散步"
	2007年厦门市反对PX项目②	2007年6月1日、2日	平和的游行示威为主，被称为"集体散步"

注：根据相关公开的新闻报道整理，具有相应的误差。

通过上述6起典型案例的研究，近年来民众反对PX项目主要采取的方式方法也可归纳总结出来，见表1-14。

表1-14　2007—2013年民众反对PX项目高危高频形式

反对形式	出现频次（次）	典型示例
悬挂横幅标语	6	2007年6月1日厦门市反对PX项目事件中，民众打出了"不要毒气、还我厦门"等反对PX项目的标语。
		2013年5月4日，昆明民众戴着写有黑色PX、红色叉的口罩，举着"PX……滚出昆明""春城拒绝污染项目"等标语。
游行集会	6	2011年8月14日，民众聚集在大连市政府前的人民广场示威集会，随后展开游行。
拦路堵车	4	2014年3月30日，广东茂名市委大楼前，抗议民众出现拦截救护车、消防车等行为。
殴打国家工作人员	3	2012年10月26日，浙江宁波镇海区抗议民众殴打无辜人员，用石块、砖块攻击民警，造成多名民警不同程度受伤。
围攻国家机关	2	2012年10月26日，浙江宁波镇海区抗议民众在镇海区围堵招宝山派出所、交警大队。

---

① 《彭州项目：工艺先进缘何仍不得民心》，人民网，2013年5月5日，http://www.people.com.cn/n/2013/0505/c348427-21369129.html。

② 《厦门市政府宣布缓建108亿元化工项目》，央视网，2007年5月30日，http://news.cctv.com/china/20070530/103420.shtml。

续表

反对形式	出现频次（次）	典型示例
打砸公共设施	2	2014年3月30日,广东茂名市委大楼前,个别不法分子打砸公共设施。

注:根据6起典型案例进行的统计,具有此类研究方法的相应误差。

(五) 风险度

风险度是指待评事项可能引发社会稳定风险的综合状况;实质上是意愿度、支持度、容忍度、反对度四项的综合状况,再加上社会稳定风险管理的状况。

☞ 实例6:高压线的风险度分析

我国发生过民众反对高压线的案例,实际上高压线有明确的对于安全距离的设定。对于居民区而言,若从电力安全角度考虑,并考虑大风引起高压线产生风偏,根据《电力设施保护条例实施细则》第5条规定:架空电力线路保护区,是为了保证已建架空电力线路的安全运行和保障人民生活的正常供电而必须设置的安全区域。在厂矿、城镇、集镇、村庄等人口密集地区,架空电力线路保护区为导线边线在最大计算风偏后的水平距离和风偏后距建筑物的水平安全距离之和所形成的两平行线内的区域。

但是,若综合考虑以下因素,则风险度就会根据具体情况,发生变化,见表1-15。

表1-15 高压线涉及不同风险项的风险度

风险项	风险度
1.高压线中传输大电流,大电流产生的磁场对人的健康有影响。	一般
2.美国加州健康科学评价机构的结论:"电磁场能够在一定程度上导致罹患儿童白血病、成人恶性脑瘤、肌萎缩侧索硬化症、流产等的危险性的增加,可能引起自杀和成人白血病。"	高

续表

风险项	风险度
3. 英国流行病调查人员的结论:居住在有电磁辐射下的儿童其白血病发病率为 700 分之一,比居住在无电磁辐射的儿童发病率(1400 分之一)高出一倍。	极高
4. 瑞典国家工业与技术发展委员会的结论:15 岁以下儿童如果暴露在平均磁感应强度大于 0.2 微特斯拉的环境中,则患白血病的风险为一般儿童的 2.7 倍以上;若磁感应度大于 0.3 微特斯拉(μt)为 3.8 倍。	极高
5. 英国专家认为:高压线产生的磁场安全值为 0.4 微特斯拉,高于该值,儿童将面临患病风险。	极高

注:根据公开资料整理,具有相应的误差。

第二节 社会稳定风险管理的模型与流程

社会稳定风险管理是指针对社会稳定风险,应用内部控制和外部合作等方式,开展阻止发生、减少损失、调解纠纷、化解危机、预防预警等多种方式防治社会稳定风险的活动。

社会稳定风险管理与社会稳定风险评估的区别在于:稳评重在评估,多用社会学研究方法,以过程为导向,意在有效识别、分析与研判风险状况;稳管则重在管理,多用管理学研究方法,以结果为导向,意在有效防范、规避和应对风险。

一、稳管的重要性

在现行政策中,稳管一般处于三种定位:第一,稳评的同时进行查防并重,以中办发〔2012〕2 号文为代表;第二,稳管纳入稳评,基于稳管状况评定稳评等级,以发改投资〔2012〕2492 号文为代表;第三,稳评通过后进行跟踪反馈和风险调控,以卫办发〔2011〕2 号文为代表。

因此,社会稳定风险管理(简称:稳管)既是稳评的延续,也是稳评良性循环的起始。稳管从前置条件和社会基础层,综合构成项目得以实施的社会稳定环境。也正基于此,稳管的重要性也逐步凸显出来:一是包括了稳管的稳评才是全面和科学的稳评;二是稳管要在风险识别的同时,预防和规避可以提前处置的风险;三是稳管要在项目通过之后,持续开展风险防治,为项目施工保驾护航。

表1-16 社会稳定风险管理的相关政策规定

主管单位及规定	对社会稳定风险管理的要求
中共中央办公厅、国务院办公厅,2012年,中办发〔2012〕2号	查防并重。既全面查找决策可能引发的社会稳定风险,又有针对性地采取措施加强解释引导,预防和化解社会矛盾。 决策实施跟踪。决策机关要跟踪了解重大决策实施情况,实施过程中出现社会不稳定因素的,要及时组织决策实施部门有针对性地做好宣传解释和说服工作,采取措施预防和化解社会矛盾;对群众合理诉求要妥善处理,对确实存在困难的群众要给予帮扶,对不明真相的群众要耐心解释,对无理取闹制造事端的不法分子要坚决依法处理。维稳部门和政法、综治、信访等有关部门也要跟踪决策实施情况,协助做好矛盾纠纷排查调处和化解工作。决策实施引发影响社会稳定重大问题的,决策机关要暂停实施;需要对决策进行调整的,要及时调整。
国家发展改革委,2012年8月16日,发改投资〔2012〕2492号	项目单位在组织开展重大项目前期工作时,应当对社会稳定风险进行调查分析征询相关群众意见,查找并列出风险点、风险发生的可能性及影响程度,提出防范和化解风险的方案措施,提出采取相关措施后的社会稳定风险等级建议。
卫生部,2011年1月5日,卫办发〔2011〕2号	及时跟踪反馈,加强风险调控。责任主体要对已经评估审查、批准实施的重大事项进行全程跟踪,密切监控运行情况,及时发现可能产生的不稳定问题,并采取有力有效的措施调控风险、化解矛盾,确保不发生大的事端。对决策实施中已经出现和可能出现的影响社会稳定的问题,要及时排查化解。

注:该表为不完全概括,具有相应的误差。

二、稳管的界定与实操问题

(一) 稳管的界定

社会稳定风险管理,狭义上是指做好综治维稳工作;广义上是指综合应用社会服务管理的方式方法,防治社会稳定风险,尽量降低民众的反对度,努力提升民众的满意度。稳管的四个阶段及其界定,详见绪论。

表1-17 稳管的狭义对象

类型	细化分类和主要内容
对"事"的稳管	(1) 住房纠纷 (2) 房屋拆迁纠纷 (3) 劳动保障纠纷 (4) 经济纠纷 (5) 涉法涉诉、涉军 (6) 恶性群体纠纷等
对"人"的稳管	(1) "重点人" (2) 弱势群体等

注:该表为不完全概括,具有相应的误差。

(二) 稳管实操中的主要问题

在现实操作中,稳管存在着较多的客观问题。

第一,只做稳评,未作稳管。在稳评时,若仅以通过发改委等主管部门的通过为目标,那么稳评报告就难以全面和客观地做好社会稳定风险的评估。存在着稳评与稳管脱节,在稳评时未按照要求充分考虑稳管状况,在通过稳评后也未实施追踪和持续的风险管理。

第二,稳管若不以民为本,就是方向性错误。稳管在现实中若仅仅通过打击违法犯罪来强压风险,而不是以民为本,切实提高民众的满意度,则容易出现方向性的偏差,导致治标不治本,甚至本末倒置,反而激发了恶性的社会稳定问题。

第三,未明确责任的稳管,就是"形式主义"。在稳管过程中,虽有落实绩效考核和追责问责的制度设定,但是如果未明确责任,也即未落实社会稳定风险的所有权,就会成为对付检查"官僚主义"的"形式主义",就会出现仅有形式、成效欠佳的情况。

第四,责任若不连带,现实中就无法立体联动。社会稳定风险责任可分为上游责任、中游责任、下游责任。但在现实中,经常出现"上游放火、中游煽风、下游灭火"的恶性情况①,并且下游的部门实在无法全面做好风险管理工作。因此,稳管若做不好社会稳定风险的上中下游责任连带设置,则在现实中就难以实现真正意义上的立体联动。

表 1-18 社会稳定风险管理的责任划分

所处位置	主管	风险管理方式
上游	发改委等审批部门	稳评,审批等
中游	条条块块的行业和属地管理部门	监督,管制等
下游	属地政府,维稳、公安、消防等应急处置部门	稳管,处突等

来源:风险上中下游的相关理论,请参见唐钧:《政府风险管理——风险社会中的应急管理升级与社会治理转型》,中国人民大学出版社 2015 年版。

第五,缺乏良好社会秩序的稳管,是只治"标"未治"本"。社会稳定是指社会秩序为基础的,因此稳管的关键并不在于打击了多少违法犯罪事例,稳管的重心应该在于建立健全维护社会秩序的制度设计,在于从根源上解决影响社会秩序的问题。

第六,缺乏内部规范化管理的稳管,无法达成公信。稳管是以直接面对民众的一线工作,因此,民众的信任极为重要。若稳管缺乏内部的廉政风险防控等规范化的管理制度,就难以获得民众的认可。

第七,未充分动员民众的稳管,将难达预期。社会稳定风险管理,党委领导、政府负责,充分发挥权威性和资源保障的作用。但是党政部门普遍存在着专业性不足、人手不够的客观问题,需要社会和民众的配合,增强社会稳定风险的承受度和防范力。

---

① 唐钧:《论政府风险管理》,《中国行政管理》2015 年第 4 期。

第一章 社会稳定风险评估与管理的模型和流程

☞ **实例7：北京朝阳原副区长贪腐案开审,疑挪用两亿拆迁款**

2011年5月起,网上传言朝阳区副区长刘希泉被"双规",引发各种猜测。媒体此后报道,刘希泉被指将一笔总额高达2亿元的拆迁补偿款挪用至农委的账外小金库,其弟亦因涉嫌"套取补偿款"被查。同年8月1日,北京市委组织部发布人事任免事项,刘希泉被免去朝阳区委常委、委员、朝阳区副区长职务。

2012年3月,全国人大代表、北京市人民检察院检察长慕平透露,原朝阳区副区长刘希泉的案件已经起诉,并进入法院审判阶段。慕平在回答记者提出的刘希泉案件进展情况时透露,刘案已经起诉,并进入法院审理阶段,法院正在审,判决结果什么时候出来还不好说。

朝阳区政府网站公开资料显示,55岁的刘希泉历任朝阳区东坝乡党委副书记,朝阳区金盏乡党委书记,朝阳区委农工委书记、农委主任,朝阳区委办公室主任、区委常委、区人民政府副区长。

在政府工作具体分工中,刘希泉分管农村、人事人才、劳动和社会保障、信访、动物卫生监督管理工作;负责推进农村城市化、绿化隔离地区建设、温榆河绿色生态走廊规划建设、垡头文化休闲产业区规划建设工作。

来源:《北京朝阳原副区长贪腐案开审疑挪用两亿拆迁款》,中国新闻网,2012年3月14日,http://www.hydjnet.gov.cn/content/2012-03/14/133168806237165.html。

2012年9月,北京朝阳区原副区长刘希泉因涉嫌受贿180余万受审,他的儿子刘伟也因涉嫌参与受贿而受到牵连。此外,检方还指控刘伟涉嫌与朋友曾能财一起诈骗477万余元拆迁款。

来源:《北京朝阳区原副区长之子诈骗477万拆迁款受审》,新华网,2012年9月6日,http://news.xinhuanet.com/local/2012-09/06/c_112975520.htm。

☞ **实例8：北京市民质疑环评造假,集会抗议高铁拟建方案**

2012年,因担心京沈高铁会带来电磁辐射和噪音污染,设计方案中高铁沿线的国美第一城、华纺易城等6个小区居民联名签字,抗议高铁经过家门口。2012年11月16日下午,京沈高铁筹备组回应了居民的呼声,并将情况上报上级部门,正等待答复。

据了解,经规划设计,京沈高铁拟沿原京包铁路布设。此前,因担心高铁带来影响,卡布奇诺小区居民曾联名签字,呼吁京沈高铁东移300米(本报曾作报道)。前不久,华纺易城、丽都1号、上东三角洲、滨河1号、梵谷水郡的小区居民陆续获知,按规划,京沈高铁将经过其小区,便自发联合签名进行抵制。

居民们表示,抵制的原因有两点:一是相关规定表明,高铁沿线200米范围内不适宜居住,而该段线路两侧200米范围内,分布着多个住宅小区,其中离高铁最近的,只有30米。第二是前不久京沈高铁环评显示,超过90%的居民同意京沈高铁的修建施工。这引发众多居民的不满,认为环评前居民对高铁可能带来的不利影响不知情,呼吁京沈高铁重新环评。

国美第一城某居民表示,大家过去本就深受京包线影响,"但毕竟火车一天经过的次数不多,一旦高铁开通,15分钟一趟,每天对发一百多趟,高铁带来的震动、噪音及电磁辐射,将会严重影响居民的生活和身体健康"。

居民们称,他们已经组建了多个QQ群,随时通报高铁项目进展。目前,他们正在6个小区内征集居民签名,将向有关部门递交请愿信。

2012年11月16日下午,铁道第三勘察设计院京沈高铁筹备组相关负责人称:"我们已经接到了大量居民的投诉,并已将大家的呼声向铁道部、发改委等上级部门汇报。目前,我们也在等上级的答复。我们会重视居民呼声,并积极做好相关工作。"

来源:《北京六小区抗议京沈高铁经过联名要求重选址》,新华网,2012年11月17日,http://news.xinhuanet.com/local/2012-11/17/c_113708868.htm。

2012年12月9日,北京朝阳区,大约300多名京沈高铁沿线居民集会,抗议拟建高铁线路从密集居民区通过,并对相关环评的公正性提出质疑。

来源:《市民抗议京沈高铁环评》,光明网,2012年12月10日,http://china.

huanqiu.com/photo/2012-12/2675826_8.html。

三、稳管的五要素菱形模型

针对上述问题,在科学的稳评基础上,亟待开展社会稳定风险管理,应然的稳管应遵循"稳管五要素菱形模型",见图1-2。应急力、防范力、公关力、公信力、责任力,构成社会稳定风险管理的菱形模型。

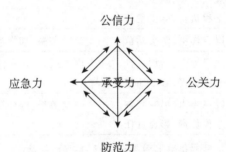

图1-2 "稳管五要素菱形模型"

表1-19 "稳管五要素菱形模型"因素

	主要内容	作用
1.应急力	1.1 官方应急能力(预案、三制)	识别和弥补薄弱环节,提升综合承受力
	1.2 社会应急能力(意识、技能)	
2.防范力	2.1 风险规避制度	事先防范有主动权,准备充足,有成效
	2.2 风险规避能力	
	2.3 风险规避措施	
3.公关力	3.1 由内而外地做好群众工作	以民众为中心的公关策划,动态优化
	3.2 由外而内地吸收"最大公约数"	
4.公信力	4.1 意愿兑现	做好公信力的表率,维护和提升社会公信力
	4.2 规避"负面清单"	
	4.3 纠错机制	
5.承受力	5.1 上述各项的综合	全心全力、尽责尽义,形成维护社会稳定的社会整合力
	5.2 承担社会责任的能力	

在本书的第六章和第七章,还将社会稳定风险管理细分为社会稳定风险的内部控制和外部合作,见表1-20。

表1-20 稳管细分的内部控制和外部合作对应表

	社会稳定风险内控	社会稳定风险外合
应急力	综治:综合治理,有效应急	矛盾化解:多元调解,有效消化
防范力	民本:以民为本,减少冲突 规范:规范管理,减少失误 负责:全程负责,减少危机	群防群治:共同参与,防治风险
公关力	规范:以身作则,带头示范	公共关系:加强沟通,社会监督
公信力	民本:以民为本,增加福祉 负责:全程负责,有效纠错	舆论引导:传正能量,扬公信力
承受力	民本:以民为本,提升服务 负责:全程负责,彰显责任	公共关系:内外结合,全面负责

注:该对应是依据经验研究而形成,具有相应的误差。

(一) 应急力

社会稳定风险管理中的应急力是指针对社会稳定问题的处突能力,以及相应的社会配合状况。主要包括:官方应急能力,以一案三制、应急处突、综治维稳等多方面的能力为主;社会应急能力,以民众在公共安全等方面的意识和技能为主。

应急力作为社会稳定风险管理的要素,其功能是通过识别和弥补薄弱环节,全面提升综合社会稳定的承受力。

☞ 实例9:《信访条例》的6项"不得有"考验着应急力

中华人民共和国国务院令(第431号)《信访条例》已经2005年1月5日国务院第76次常务会议通过,自2005年5月1日起施行。1995年10月28日国务院发布的《信访条例》同时废止。

该《信访条例》第20条明确指出:信访人在信访过程中应当遵守法律、法规,不得损害国家、社会、集体的利益和其他公民的合法权利,自觉维护社会公共秩序和信访秩序,不得有6项行为:

(1)在国家机关办公场所周围、公共场所非法聚集,围堵、冲击国

第一章 社会稳定风险评估与管理的模型和流程

家机关,拦截公务车辆,或者堵塞、阻断交通的;

（2）携带危险物品、管制器具的;

（3）侮辱、殴打、威胁国家机关工作人员,或者非法限制他人人身自由的;

（4）在信访接待场所滞留、滋事,或者将生活不能自理的人弃留在信访接待场所的;

（5）煽动、串联、胁迫、以财物诱使、幕后操纵他人信访或者以信访为名借机敛财的;

（6）扰乱公共秩序、妨害国家和公共安全的其他行为。

从社会稳定风险管理的视角,《信访条例》的这6项"不得有",确实考验着现场维持秩序的应急力;既要维护保障民众的信访权益,又要防止其出现扰乱社会秩序的行为。

（二）防范力

社会稳定风险管理中的防范力是指排查化解社会稳定问题的能力,以及社会各界群防群治的能力、社会风险文化的培育状况等。主要包括:社会稳定风险的规避制度状况,社会稳定风险的规避能力,社会稳定风险的规避措施等。

防范力在社会稳定风险管理的过程中,发挥着事先防范、有主动权、能准备充足的功能,对稳管的实际成效起着保障作用。

☞ **实例10：社会稳定风险评估和预防化解机制**

浙江省江山市人民政府《推进社会稳定风险评估和预防化解机制建设实施方案》

为认真贯彻落实市委十二届十四次全体（扩大）会议精神,扎实开展社会管理创新工作,进一步加强重大决策社会稳定风险控制,努力从源头上防止因预测不科学和决策不当而引发不稳定事件,影响社会稳定,根据市委办公室、市政府办公室《关于印发〈在全市开展"社会管理创新落实年"活动的实施方案〉的通知》（市委办〔2012〕86号）要求,现就推进社会稳定风险评估和预防化解机制建设制定如下实施方案：

一、工作目标

按照以人为本、科学发展、预防为主、统筹兼顾、实事求是、客观公正、属地管理、分级负责和谁主管、谁评估的原则,进一步明确重大决策社会稳定风险评估的评估范围、责任主体,规范评估程序,创新评估办法,完善预防化解保障、考核奖惩、责任追究等措施,切实增强评估与预防化解保障工作的科学性、合理性和可操作性。加大对评估工作考核力度,建立健全评估绩效考评体系,实行社会稳定风险评估责任监督、倒查和追究机制,将风险评估作为重大决策出台实施前的前置程序和必备条件,纳入党委政府决策程序,纳入领导干部维稳实绩档案,发挥考评工作与预防、化解保障的激励推动作用,力争做到"应评尽评"。

二、推进事项

(一)完善领导机制

1. 成立重大决策社会稳定风险评估领导小组。成立由党委书记为组长,镇长为副组长,各办主任为成员的领导小组,负责对镇推进重大决策社会稳定风险评估工作的组织协调、指导,研究解决项目推进过程中遇到的重大问题等。各有关办公室在领导小组统一部署下,按各自职能和权限开展风险评估工作。领导小组办公室设在综治办,承担领导小组日常工作。

2. 成立相应专项工作小组。根据工作任务和职能分工,年度内有重大决策评估项目的办公室要建立重大决策社会稳定风险评估专项工作组,主要领导负总责,分管领导为责任领导,确定责任人。

3. 制定实施细则。认真贯彻落实《中共中央办公厅 国务院办公厅印发〈关于建立健全重大决策社会稳定风险评估机制的指导意见(试行)〉的通知》(中办发〔2012〕2号)及省、市有关文件精神,各乡镇(街道)要结合本地实际情况,制定完善具体工作意见和相应实施细则,进一步细化评估的范围、内容、责任主体以及基本程序等。相关部门要结合本部门决策权限和实际需要,制定社会稳定风险评估工作实施细则,明确评估事项范围、评估内容、程序方法、结果运用等。

(二)完善运作机制

1. 明确评估工作重点。重点关注五个方面:

第一章 社会稳定风险评估与管理的模型和流程

（1）关系较大范围人民群众切身利益的社会保障、社会服务管理等重大决策。

（2）涉及较大范围人民群众关心关注的有关民生问题、利益关系的政策制定或修改。

（3）有可能在较大范围或较长时间内对人民群众生产生活造成影响的有关资源开发利用、环境保护及城乡发展等重点项目和工程建设。

（4）涉及信访方面的重大敏感案（事）件办理、重大行动的组织实施等。

（5）其他涉及群众利益和社会稳定的重大决策。

2. 明确评估责任主体。党委和政府作出决策的，由党委和政府指定的办公室作为评估主体。

3. 讲究评估方法。根据重大决策与人民群众切身利益关联的密切程度可选择重点评估或一般评估两种形式。重点评估适用于涉及人数多、与人民群众切身利益关联度大，引发大规模集体上访或群体性事件可能性较大的决策事项，由评估的责任主体成立专门风险评估小组，组织相关部门、学者进行重点评估。一般评估适用于与人民群众切身利益密切相关，但社会稳定风险较小的决策事项，通过召开专题分析会，查找社会稳定风险点、制定并落实风险点化解和控制措施。

4. 坚持评估标准。重点围绕重大决策在合法性、合理性、可行性、可控性等方面进行评估。

（1）合法性评估。主要评估决策机关是否享有相应的决策权并在权限范围内进行决策，决策内容和程序是否符合有关法规和政策规定。

（2）合理性评估。主要评估决策事项是否符合大多数群众的利益，是否兼顾了群众的现实利益和长远利益，会不会给群众带来过重的经济负担或者对群众的生产生活造成过多不便，会不会引发不同行业、群体之间的攀比，是否遵循公开、公平、公正原则；拟采取的措施和手段是否必要、适当，是否尽最大可能维护了所涉及群众的合法权益；政策调整、利益调节的对象和范围界定是否准确，拟给予的补偿、安置或者救助是否合理公平及时。

（3）可行性评估。主要评估决策事项是否与本地经济社会发展水平相适应，实施是否具备相应的人力物力财力，相关配套措施是否经过科学严谨周密论证，出台时机和条件是否成熟；决策方案是否充分考虑了群众的接受程度，是否超出大多数群众的承受能力，是否得到大多数群众的支持，是否具有相关政策的连续性和严密性。

（4）可控性评估。主要评估决策事项是否存在公共安全隐患，会不会引发群体性事件、集体上访，会不会引发社会负面舆论、恶意炒作以及其他影响社会稳定的问题，决策可能引发的社会稳定风险是否可控，能否得到有效防范和化解；是否制定了社会矛盾预防和化解措施以相应的预测预警措施和应急处置预案，宣传解释和舆论引导工作是否充分。

5. 规范评估程序。重点围绕确定评估项目、制定评估方案、充分听取意见、全面分析论证、确定风险等级、提出评估报告等环节，严格按照实地走访、利益群体座谈、听证、专家论证、公示、综合分析等步骤，在综合"四性"评估意见的基础上，最终作出不实施、暂缓实施、可以实施等相应的评估结论，最大限度地保证评估结论的科学性、前瞻性和对策建议的可操作性。

6. 注重评估成果的运用。

（1）决策事项须经领导班子会议集体讨论决定，社会稳定风险评估结论要作为重要依据，凡是按照规定应当进行评估而未评估的，相关办公室不得予以立项、审批或作出决策。

（2）评估报告认为决策事项存在高风险的，应当区别情况作出不实施的决策，或者调整决策方案、降低风险等级后再行决策；存在中风险的，作出暂缓实施的决策，待采取有效的防范、化解风险措施后，再作出实施的决策；存在低风险的，可以作出实施的决策，但要做好解释说服工作，妥善处理相关群众的合理诉求。

（3）作出决策后，工作人员要遵守工作纪律，对社会稳定风险评估报告和会议讨论情况严格保密。

7. 落实防范化解责任。在重大决策事项实施过程中，要把化解社会矛盾作为主线，特别是对可能引发较大群体性事件的隐患，要严格落实"五个一"化解措施，即有一名主要领导牵头，有一套化解班子,有一个化解方案,有一个保障措施,有一个应急处置预案等,确保不稳定因素解决在基层,化解在萌芽状态。

(三)完善督查督导机制

建立完善重大决策风险评估项目季报制度,各办公室按照风险评估工作的标准要求,围绕"三看三查"内容(看领导重视程度,查责任分工是否明确,界定风险标准是否具体、全面、客观准确,工作方案、防控措施及相关制度是否结合自身实际情况,有较强的针对性、可操作性;看工作实效,查风险评估开展后各种影响稳定问题是否得到有效控制,重大决策实施环境是否明显好转,是否发生集体上访和群体性事件;看台账资料,查各项制度、机制、措施是否健全,文字材料是否齐全,台账是否翔实,记录是否及时准确,资料是否及时备案归档等),促进各办公室把风险评估工作落到实处。

(四)完善绩效考核机制

党委政府将建立健全社会稳定风险评估机制、推行社会稳定风险评估工作情况纳入平安、综治、维稳工作年度考核内容,考核结果纳入党政领导班子和各办主任、副主任综合考核评价的重要内容。

三、方法步骤

(一)建立组织机构,全面部署落实

召开相关会议,成立相应组织机构,明确项目牵头领导、牵头单位和责任单位,确定项目联络人,制定项目实施方案。

(二)精心组织实施,"挂图作战"大力推进

各办根据市委维稳领导办公室下达的2012年全市重点评估事项,精心组织、认真实施,要实行挂图作战。每个事项均要建立专项工作小组,研究制订工作方案和实施计划,按照项目化管理要求细化分解工作任务,牵头单位和责任单位分别排出工作项目和子项目的"计划表""路线图""时间表",确保重点项目任务如期保质完成。

(三)深化巩固提升,做好项目实效评估

认真梳理汇总稳定风险评估工作情况,形成专题报告。健全完善长效工作机制,积极做好考核检查工作。进一步提升重大决策风险评估工作的能力和水平。

四、工作要求

（一）精心组织，加强领导

要高度重视重大决策社会稳定风险评估工作，根据中央、省、市有关规定，结合本地本部门实际，研究制定相应制度规定，规范操作程序。综治办具体负责社会稳定风险评估工作的组织、协调和督导工作。

（二）形成合力，齐抓共管

要统一思想，提高认识，树立一盘棋思想，加强统筹兼顾，充分发挥各自职能优势，正确处理好责任办公室和相关办公室的关系，主动承担责任，密切协作配合，搞好资源整合，共同做好重大决策社会稳定风险评估工作，切实形成齐抓共管，合力推进的局面。

（三）加强宣传，营造氛围

充分发挥新闻媒体的作用，多渠道、多层次大力宣传风险评估工作意义，及时报道重大事项风险评估工作进展情况，大力宣传各单位推进风险评估工作好的经验做法，营造人民群众积极参与的良好氛围。

来源：浙江省江山市人民政府，有删减，http://www.czjs.gov.cn/xxgk/qhz/fgwj/xzwj/201303/t20130321_81866.htm。

（三）公关力

社会稳定风险管理中的公关力，是指在做好社会稳定风险管理的基础上，以民众为中心开展公共关系，并争取民众认可、理解、满意的能力。主要包括两条主要路径：一是由内而外地做好群众工作，顺应民意开展有助于社会稳定的公共关系策划和活动；二是由外而内地吸收"最大公约数"，借助民众评议政府等活动，切实提升社会稳定风险管理实力。

公关力在社会稳定风险管理过程中，发挥着宣传、沟通、教育、动员、劝导等综合功能，是实现全民参与维护社会稳定的要素。

☞ **实例 11：北京望京高压变电站的僵局应对**

开工之初，当地居民走上维权路

2007 年 12 月 15 日，南湖西园的居民发现在世安家园小区以西

第一章　社会稳定风险评估与管理的模型和流程

有人施工。在询问了工人和向朝阳区发改委进行了核实之后,居民们确认了这个工地是一个 220KV 变电站。这个变电站在望京的规划图上标号为 K5-3-1,旁边的土地就是开发商承诺 5 月前建好的小区幼儿园。根据朝阳区发改委 12 月 28 日的答复,这是一个按照北京市"十一五"电力发展规划建设、符合城市规划、满足了核准要求的项目。12 月 30 日,世安家园和银领国际的数百名居民决定"上街抗议"(季景沁园是一个新楼盘,多数房子还没有人入住)。这次活动被警察劝了回去。①

政府与群众第一次对话,宣布停工后继续施工

在他们抗议的同时,居委会张贴告示说:"工地已经被明令停工。"居委会还宣布,2008 年 1 月 7 日朝阳区政府和电力公司将派人来与居民们对话。

2008 年 1 月 7 日,在朝阳区信访办组织之下,区规划委和电力公司以及市环保局都派出了工作人员与居民代表对话。在居民的追问之下,几个部门承认这个工程没有办齐证件。电力公司说这个工程是为了奥运,希望居民顾全大局。

电力公司的官员承认了手续没有办全,并在居民要求下来到工地宣布停工,但是他们走后,工地上的马达又转了起来,偷偷摸摸地施工。

当地群众与警方发生冲突

2008 年 1 月 19 日,500 名小区居民来到工地,将围墙推倒。

2008 年 1 月 22 日居民代表前往市环保局,和市环保局法制办、信访办工作人员和参加变电站项目环评的人员坐在了一起。在此居民代表提出了若干质疑,要求提供环境评价书。市环保局说,里面有商业机密。就在居民代表上访开始的几乎同时,1 月 22 日上午 10 点 40 分,一些老年居民发现工地开始搭建围栏和活动房屋,他们在前去理论时,工人们叫来了一些人,其中一个留板寸发的高个长脸男子抬腿踢倒了一个五十多岁的女居民。目击这个事件的居民在上午 11

---

① 《北京望京高压变电站的僵局处理》,人民网,http://www.cpnn.com.cn/cpnn_zt/bdzzjdc/cxsp/201112/t20111212_388466.html。

点给建委传真发送了一封举报信,举报新工地的施工。

2008年1月22日晚7点30分左右,下班回家后的年轻人大约500人冲向工地,打算"教训一下打人的人"。工地领导和打人的人都没有出现。

大约300名居民在晚上9点左右冲上了北四环主路,阻断了交通,警察赶紧驱散人群,带走了其中3人,有50名居民围住警车要警察放人。

在混乱的局面下,双方发生了推搡,进而动手。当天晚上有近30名年轻男性居民被警方带走,因为扰乱社会秩序而被拘留3—7天不等。

官方再次下令望京变电站停工

2008年1月28日,所有受拘留处罚的居民都已经回家,他们再次来到市政府等部门信访。2月2日建委下令新工地停工,这一明令是由派出所派人口头传达的。同一天北京市环保局书面答复了居民的信访请求,要求北京电力公司向居民公示环境测评表。但是他们表示,环保局是没有权力公布这一文件给居民的。有居民为此对环评文件表示质疑。同时当地居民各家出人,轮流值班,紧盯着工地看看有没有人偷偷施工。

成立维权协调临时小组,准备起诉政府

尽管工地施工暂停,南湖西园的居民仍然没有放松,居民募集了近10万元的捐款,他们通过了决议,同时维权协调临时小组也征集到了多数的授权和信任,准备由几个人出面请律师来打这场官司。

他们邀请了中咨律师事务所的夏军律师为他们进行代理,经过一番商讨,几个人去向国家环保局提请行政复议,另外几个人去海淀区法院(北京市环保局在海淀区)提起行政诉讼。随后不久,中国政法大学污染受害者法律援助中心副主任许可祝介入了法律援助。

2008年3月6日,维权小组向国家环境保护总局提出行政复议申请,要求依法撤销北京市环保局此前对该工程环境影响报告表的批复。

4月14日,他们又向由国家环境保护总局改组成立的国家环境保护部提出申请,要求听取行政复议申请人的意见。在此过程中,许

可祝以个人名义对南湖社区变电站维权义务提供法律帮助。她引用法规条文,认为望京变电站属"敏感区域",审批中应征求居民意见,取得环境影响报告书应有《环评法》中所称的"公众参与"。

此后,国家环保部行政复议处和环评处共4名工作人员到场听取了居民意见。4月底,环境保护部给予行政复议结论,认为工频电磁场限值参照的标准完全正确,望京变电站建设不应用"公众参与"合法,但为了构建和谐社会,行为有"瑕疵"之处。结论最终表明:"不需重新作环评"。一位市电力公司熟悉《环评法》的专家告诉记者,在《环评法》中并没有对"敏感区域"做出明确规定,因此在执行中也就存在许多问题与争议。

在此期间,北京市电力公司请来了《北京7日》节目组前来调查,意图通过这一事件普及一些科学常识。不料节目播出后,电视台遭到了望京居民的围攻。

奥运期间,项目暂停

2008年5月底,朝阳区政府和北京市电力公司商定了6月开工的方案,并做好了应对居民反应的各项准备。可也就在这时,居民的反对声突然弱了下去。

朝阳区政府最终决定,为了安全度过奥运会这一特殊时期,乘目前小区居民情绪趋于平静,变电站工程延迟到奥运会之后再说,和居民沟通工作也暂停,以免引起不必要的冲突。北京市电力公司也表示了赞同。

奥运会结束后,北京市朝阳区人民法院对望京居民的诉讼进行了第一次开庭审理,北京市规划委员会站上了被告席,北京市电力公司以第三人身份参加了法庭辩论,由电力公司代表和法律顾问组成的二人组在庭上和居民展开了唇枪舌剑。

2009年1月,朝阳区法院对望京居民状告北京市规委一案作出了一审判决,北京市规委胜诉。还有另一起诉讼的开庭,这次的被告是北京市环保局①。事后的望京变电站,便淡出了媒体的视野。

直到2009年12月,才有国家电网报报道称,2009年12月29日,北京220千伏望京变电站合闸投入运行。②

（四）公信力

社会稳定风险管理中的公信力,是指能够获得社会各界信任并愿意配合社会稳定风险管理的能力。主要包括:责任主体能兑现意愿和承诺,能规避"负面清单",能有效纠错等方面的能力。

公信力是社会稳定风险管理的社会基础,持续巩固着相互信任的社会契约,并在社会稳定问题的处置时,起着关键性的保障作用。

☞ 实例12：四川省社会稳定风险评估责任追究暂行办法

第一条 为进一步规范和推进重大事项社会稳定风险评估工作,切实维护社会和谐稳定,根据《中共中央办公厅、国务院办公厅印发〈关于实行党政领导干部问责的暂行规定〉的通知》(中办发〔2009〕25号)、《中共中央办公厅、国务院办公厅印发〈关于建立健全重大决策社会稳定风险评估机制的指导意见(试行)〉的通知》(中办发〔2012〕2号)和《四川省社会稳定风险评估暂行办法》(四川省人民政府令第246号)等相关规定,制定本办法。

第二条 对开展社会稳定风险评估工作实行责任追究,坚持实事求是、客观公正,严格要求、违规必究,权责一致、惩教结合,"谁主管谁负责、谁评估谁负责、谁决策谁负责"和"属地管理、分级负责"的原则。

第三条 有下列情形之一的,追究重大事项责任主体领导干部和有关人员的责任：

（一）应当进行社会稳定风险评估的事项而未实施评估的;

---

① 《220千伏输变电工程要建在小区内没有编制环评报告书——三业主状告北京环保局》,法制网,http://www.legaldaily.com.cn/bm/content/2008-07/17/content_902255.htm?node=10。
② 《220千伏玉泉营、望京变电站投运》,英大网—国家电网报,http://www.indaa.com.cn/dwxw2011/gcjs/201101/t20110126_492280.html。

第一章　社会稳定风险评估与管理的模型和流程

（二）故意向评估单位提供不实信息或隐瞒事实真相的；

（三）对评估报告审核把关不严的；

（四）未及时对评估报告中所列稳定风险进行防范化解和制定应急预案的；

（五）评估过程失密、泄密的；

（六）其他应当追究责任的情形的。

第四条　有下列情形之一的，追究重大事项评估单位主要负责人及具体评估人员的责任：

（一）未按照有关规定内容、程序开展评估的；

（二）评估过程弄虚作假、虚构评估结论，导致风险评估失真的；

（三）评估结论未客观、准确反映稳定风险，或人为降低稳定风险的；

（四）评估报告未细化稳定风险，没有向重大事项责任单位提供准确风险点，致使责任单位对稳定风险进行防范化解和制定应急预案不足的；

（五）评估过程失密、泄密的；

（六）其他应当追究责任的情形的。

第五条　有下列情形之一的，追究重大事项决策主体领导干部和有关人员的责任：

（一）未开展社会稳定风险评估工作就作出重大事项决策的；

（二）不根据评估结论、无视稳定风险作出实施有关事项决策的；

（三）在社会稳定风险评估报告所列风险尚未防范化解和制定应急预案的情况下，作出实施有关事项决策的；

（四）在决策实施引发影响社会稳定重大问题时，未及时暂停决策实施或者未及时调整决策的；

（五）其他应当追究责任的情形。

第六条　发现上述第三、四、五条所列情形，启动责任追究程序。

第七条　党委（党组）及纪检监察机关、组织人事部门、行业主管部门按照职责权限负责对开展社会稳定风险评估工作实行责任追究。

第八条 有本办法所列应当追究责任的情形,情节较轻的,给予批评教育或者责令作出书面检查;情节较重导致发生大规模集体上访或者其他重大不稳定事件,给党、国家和人民利益以及公共财产造成重大损失或者造成重大不良社会影响等严重后果的,对相关单位实施问责,依照有关规定对单位领导干部和相关责任人给予相应处分和组织处理。对非行政机关,按照有关法律法规处理,并对相关人员给予处理。对实施评估单位为社会中介组织的,由资质管理部门、行业主管部门按照有关法律法规规定对中介组织及其相关责任人员进行处理。

第九条 有本办法所列应当追究责任的情形,应当给予党纪处分的,依照有关规定给予党纪处分;应当追究政纪责任的,依照有关规定给予相应的政纪处分;涉嫌犯罪的,依法移送司法机关处理。

第十条 受到责任追究的人员或者单位对责任追究不服的,可以向作出责任追究决定的机关提出书面申诉。作出责任追究决定的机关应当依据有关规定受理并作出处理。

申诉期间,不停止责任追究决定的执行。

第十一条 处分和组织处理可以单独使用,也可以同时使用。

第十二条 本办法由省委维稳办负责解释。

第十三条 本办法自发布之日起施行。

来源:四川法制网,2014 年 5 月 22 日,http://www.scfz.org/news/html/73-12/12099.htm。

☞ 实例 13:陕西商南县"广场问政",民众对面叫板,官员当场被免职

2014 年 4 月 23 日,陕西商南县第六次"广场问政"举行,第一位接受问政的是商南县疾控中心主任华中央。

有市民向他提问了居民用水安全的问题,他做了政策解读。

县政协委员廖全江问:"疾控中心对接种疫苗是如何管理的?有没有收费?管理有问题吗?"华中央当场承认自己对单位管理不严,存在经费不透明现象,并向现场群众道歉,承诺整改。

一位多年前和华中央在乡镇共事的县委干部觉得,华中央"被问得不太好看,甚至有些可怜,但最后道歉乃至承诺的态度还是很诚恳的"。

但后面的事态发展完全超出了在场许多官员的预料,暗访组播放了一段暗访视频。视频中,有疾控中心工作人员证实他们单位存在私设小金库等问题。见此,华中央有些狼狈地走下台,"广场问政"则继续进行,3个多小时后结束。

随后,本次广场问政的主持人、商南县委崔副书记宣读了县委《关于华中央等同志免职的通知》:经调查核实,华中央担任县疾控中心主任期间,同副主任赵高鼎利用县疾控中心负责向全县各镇卫生院、各村卫生室供应二类疫苗的机会,采取收入不计入单位账的办法,私设"小金库"。华中央、赵高鼎被当场免职。据称,免职决定是广场问政进行期间,商南县委紧急召开常委会作出的。

基层村干部都说"好,好,这样好"。

2013年12月以来,商南县推进以"找官僚主义、找效能低下、找责任缺失、看我担当、看我作为、看我敬业"为主题的"三找三看"活动,让县直34个职能部门"一把手"接受百姓直接提问,局长现场作答并承诺,再由群众代表举牌评判、投票。

此前的5次广场问政,该县已有21个部门先后亮相,参与群众5000人次,公开承诺事项128项,已落实81件。

来源:《陕西官员问政现场被免职捂着脸不停地骂》,《华商报》2014年4月30日,http://news.qq.com/a/20140430/002406.htm。

从公信力的视角出发,官员现场免职,属于快速追究责任,快速纠错机制。在提升公信力方面,确能起到切实的作用。而官员现场被免职所带来的社会影响,既能激励官员廉政勤政,更能提升民众对于党和政府的信任感。

(五)承受力

社会稳定风险管理中的承受力,是指上述应急力、防范力、公关力、公信力的综合状况,以及主体承担社会责任的能力。

承受力,要求主体在涉及社会稳定风险的管理过程中,应该以民众为中心,全心全力防范社会稳定风险,尽责尽义排查化解矛盾纠纷,从而形成持续维护社会稳定的社会整合力,并能长治久安。

☞ 实例14：北京民政信访模式是社会稳定管理的典范

北京民政局的信访模式创新，兼有应急力、防范力、公关力、公信力和承受力；既有利于维护社会稳定，又以民为本，切实解决民众问题；属现阶段的社会稳定管理的典范，值得借鉴和推广。

一、应急力：建立信访应急管理机制、强化集体访异常访处置责任

北京民政局明确要求各单位成立由党政主要领导为队长的应急处置工作队，制定应急预案，明确责任，明确任务，确保一旦发生单位所属人员到重点地区上访，在规定时间内（城六区单位1小时内，远郊区县单位2小时内）到达现场接回上访群众，做好劝解、疏导、教育、处置工作。

完善集体访、异常访和群体性事件处置预案，建立各司其职，相互配合，迅速、稳妥处置机制。发生集体访、异常访时，工作人员要及时摸清情况，并迅速将情况汇报有关单位。有关单位应立即安排专人及时接访，防止接访不及时激化矛盾。负责行政保卫的部门迅速组织人员维护信访秩序，同时通知公安部门，协助维护信访秩序。凡发生10人以上到市局集体上访的，所在区县民政局和相关单位的主要领导或主要主管领导必须到场处理。

二、防范力：落实社会稳定风险评估制度，源头防范民政信访问题

落实稳评制度，从源头防范民政信访问题源头，实现了对"三重一大"事项进行前期稳定风险评估的问题预防模式。按照《北京市民政局重大行政决策社会稳定风险评估办法》，对有关民政事业发展和人民群众切身利益的重大决策事项，通过多种途径进行合法性、合理性、可行性和可控性评估。对违反决策规定，出现重大决策失误、造成重大损失的，按照"谁决策、谁负责"的原则，严格追究责任。

三、公关力：引入"三师一员"，形成社会广泛参与的矛盾调处机制

引入社会力量，创新民政信访工作方式，形成了集信访部门、"三师一员"和区县（业务部门、相关单位）"六位一体"的信访格局。"三

师一员"即心理咨询师、律师、社会工作师和人民调解员。主要针对信访人的心理特征,开展积极的心理疏导;律师主要从法理的角度对信访事件的利害关系进行分析,帮助信访者剖析诉求是否合法、合理,并切合实际,引导信访群众通过法律渠道依法处理相关问题;社会工作师主要通过与信访人建立良好沟通关系,通过专业个案辅导、组织其参与社区活动等多种形式,帮助信访人调整心态,回归理性;人民调解员主要运用娴熟的群众工作技巧,用情感化人,用爱温暖人,用理说服人,用法教育人。

"三师一员"参与信访的主要形式为"坐堂接访""疑难会诊""带案下访"。其人员均由北京市心理卫生协会、市律师协会、市悦群社工事务所、市人民调解员协会择优派出,并经北京市社会组织管理机构——北京市社会团体管理办公室与北京市民政局签订了政府购买服务协议。

四、公信力和承受力:建立首接负责制和政策解困救助机制,形成以民为本的信访模式

北京民政信访以维护群众合法权益为根本,建立首接负责制和政策救困救助机制,全面提升公信力。

对于初信初访,负责首次办理的工作人员为首办责任人,对来访群众去接待、信访调查、处理、追踪落实、办结全程负责,至该信访终结。经首办责任人办理不能息访的,增加责任单位主管领导为责任领导,对来访群众去接待、信访调查、处理、追踪落实、办结全程负责,至该信访终结。

建立政策解困救助机制,凡符合法律法规和政策规定的,要依法按政策尽快解决。对群众要求合理,暂时没有明确规定和政策的,及时研究,抓紧制定和完善。对要求不合理,但生活的确有困难的,在说服教育、积极引导的同时实行专款专用和临时困难救助,尽可能帮助协调解决。

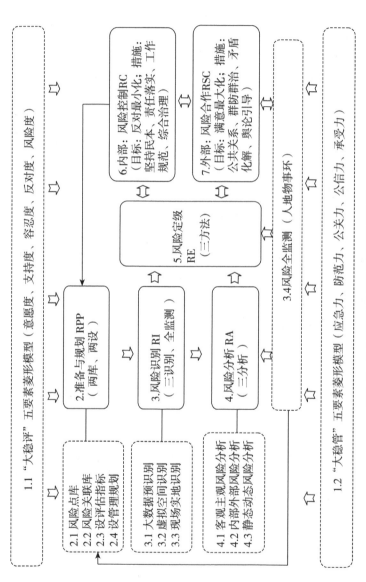

图1-3 社会稳定风险评估与管理总体流程

第二章 社会稳定风险评估准备与规划

社会稳定风险评估的准备和规划,是指以信度和效度为目标,在评估前准备好相关的风险点库和风险关联库,提前设置评估指标和管理程序,以求全面客观、科学有效的风险评估。

第一节 社会稳定的风险点库

一、狭义的社会稳定风险点库

社会稳定风险点库是指可能导致社会稳定问题的风险点,根据风险规律和管理逻辑,汇总而成的风险库。

狭义上的社会稳定风险点库,是指社会稳定问题,或者直接引发社会稳定问题的风险因素库。

(一)群死群伤的风险

群死群伤极易引发社会稳定的重特大问题,其中的风险点又包括了多个类别。

表2-1 群死群伤的风险点库(示例)

风险领域	风险类型	风险项
1.自然灾害引发社会不稳定	1.1 气象灾害类	1.1.1 暴雨致城市内涝
		1.1.2 沙尘暴
	1.2 地质灾害类	1.2.1 地面坍塌
	1.3 地震灾害类	1.3.1 地震灾害
		1.3.2 地震谣言

续表

风险领域	风险类型	风险项
2.事故灾难引发社会不稳定	2.1 安全生产事故	2.1.1 环境污染事故
		2.1.2 危化品事故
		2.1.3 燃气事故
		2.1.4 供热事故
		2.1.5 辐射事故
	2.2 交通运输事故	2.2.1 道路交通事故
		2.2.2 桥梁突发事故
		2.2.3 道路突发事故
		2.2.4 市政管线突发事故
		2.2.5 民用航空器飞行事故
	2.3 火灾事故	2.3.1 火灾事故
		2.3.2 森林火灾
	2.4 城市公用设施安全事故	2.4.1 电力突发事件
		2.4.2 供水突发事件
		2.4.3 供暖公用设施事故
3.公共卫生事件引发社会不稳定	3.1 医疗、医药、食品安全类	3.1.1 医药安全事故
		3.1.2 医疗纠纷
		3.1.3 食品安全事故
	3.2 突发性疾病类	3.2.1 重大传染病
		3.2.2 重大动植物疫情
		3.2.3 群体不明原因疾病
4.社会治安、刑事类事件引发社会不稳定	4.1 恐怖袭击类	4.1.1 恐怖袭击事件
		4.1.2 人质劫持事件
		4.1.3 重大刑事案件
	4.2 校园安全类	4.2.1 影响校园安全稳定事件
	4.3 旅游安全类	4.3.1 旅游突发事件
	4.4 治安类	4.4.1 非法出版物

（二）常见纠纷的风险

常见矛盾纠纷引起的社会稳定风险尤为恶劣。见表2-2。

表2-2 常见矛盾纠纷的风险点库（示例）

风险领域	风险类型	风险项
常见纠纷引发社会不稳定	1. 住房纠纷	1.1 产权纠纷
		1.2 物业管理纠纷
		1.3 擅自抬高房价纠纷
		1.4 供电纠纷
		1.5 规划调整纠纷
		1.6 供暖纠纷
	2. 房屋拆迁纠纷	2.1 抵制强拆
		2.2 拆迁安置纠纷
		2.3 拆迁补偿纠纷
	3. 劳动保障纠纷	3.1 福利保障纠纷
		3.2 企业裁员纠纷
		3.3 劳动纠纷
		3.4 转工转居纠纷
		3.5 农民工聚集讨薪纠纷
	4. 经济纠纷	4.1 租赁纠纷
		4.2 合同纠纷
		4.3 办卡诈骗
		4.4 涉嫌欺诈项目的纠纷
	5. 涉法涉诉、涉军	5.1 司法纠纷
		5.2 涉军纠纷
	6. 恶性群体纠纷	6.1 群体打砸抢烧
		6.2 群体暴力事件应对媒体
		6.3 非正常上访
		6.4 机关、企事业单位门前聚集
		6.5 聚众堵路
		6.6 涉众型经济案件

注：根据近年来的典型案例库归纳而成，属于不完全概括，存在相应误差。

（三）出现社会稳定后果的风险

从后果导向划分，引发社会稳定问题的后果一般包括以下四类。

表 2-3 后果导向的社会稳定问题一览表

类型序号	社会稳定问题的表现	对党政领导的处理意见
1	(1) 到本县 10 人以上,或到市到省 5 人以上集体访 (2) 发生聚集围堵党政机关等影响社会稳定事件的	通报批评
2	(1) 到本县 20 人以上、到市到省 10 人以上 (2) 进京集体上访 (3) 大规模聚集活动等严重影响社会稳定事件的	否决警告
3	(1) 到本县 30 人以上、到市到省 20 人以上集体上访 (2) 进京集体访或大规模聚集 (3) 堵断国道、省道、城市交通干道 (4) 围堵党政机关、打砸抢烧等严重影响社会秩序的 (5) 发生 30 人以上罢工、罢课、罢市、非法集会、游行示威或其他严重影响社会稳定事件的	一票否决
4	(1) 到本县 50 人以上、到市到省 30 人以上集体上访 (2) 进京集体访或大规模聚集 (3) 堵断国道、省道、城市交通干道 (4) 围堵党政机关、打砸抢烧等严重影响社会秩序的 (5) 发生 50 人以上罢工、罢课、罢市、非法集会、游行示威或其他严重影响社会稳定事件的	相应党纪、政纪处分

注:根据多地党政部门的相关文件整理汇总。

(四) 社会影响恶劣的风险

社会影响恶劣是极高危的社会稳定风险,虽然未有直接的破坏,但是其深远的影响,尤其是对于政府形象、公信力、群众关系等诸多方面,都将造成负面恶果。

目前在我国相关法律法规中,对于"社会影响恶劣"并没有明确的界定,相关法规中对于"社会影响恶劣"的表述不一致,在具体案件的处理中也存在差异。

表 2-4　社会影响恶劣的表述与示例

类型与事件名	事件表述	责任追究
社会影响极其恶劣:2014 年,"12·31"上海外滩踩踏事件①	国务院副总理马凯在全国安全生产电视电话会议指出,迎新年之夜上海市外滩发生群众聚集踩踏事件,导致 36 人死亡、47 人受伤,社会影响极其恶劣。②	调查报告建议,对包括黄浦区委书记、黄浦区区长在内的 11 名党政干部进行处分。此二人与黄浦区委常委、副区长事件发生当晚在参加新年倒计时活动后,违反中央八项规定精神、公款吃喝,造成十分恶劣的社会影响。建议给予区委书记撤销党内职务处分,建议给予区长撤销党内职务、行政撤职处分;建议给予黄浦区副区长、黄浦公安分局党委书记、局长撤销党内职务、行政撤职处分;建议给予党内严重警告、行政降级处分。③
影响极其恶劣:2013 年,吉林省长春"6·3"火灾事故④	事故调查组副组长、吉林省省长巴音朝鲁说,德惠宝源丰禽业有限公司特别重大火灾事故后果极其严重,影响极其恶劣,造成了重大人员伤亡,作为省长,他深感愧疚和自责。	调查组建议,对 23 名相关责任人责以党纪、政纪处分,其中德惠市委书记、市长等 13 人应予撤职。宝源丰公司董事长、原德惠市公安消防大队大队长等 15 人被批准逮捕。

---

①《上海公布"12·31"外滩拥挤踩踏事件调查报告》,新华网,2015 年 1 月 21 日,http://news.xinhuanet.com/politics/2015-01/21/c_1114075965.htm。
②《马凯:上海踩踏事件影响极其恶劣》,《新京报》2015 年 1 月 7 日,http://www.bjnews.com.cn/news/2015/01/07/348970.html。
③《上海公布"12·31"外滩拥挤踩踏事件调查报告》。
④《国务院认定吉林"6·3"特别重大火灾属严重责任事故》,新华网,2013 年 6 月 7 日,http://news.xinhuanet.com/legal/2013-06/07/c_116066412.htm。

续表

类型与事件名	事件表述	责任追究
负面影响、在社会上产生了不良影响：2011年，"7·23"温州动车追尾事故①	在整个事故应急处置工作中，也暴露出铁道部对动车组列车运行中发生的重大事故应急预案和应急机制不完善、应急处置经验不足，信息发布不及时，对有关社会关切回应不准确等问题，引起社会质疑，造成了负面影响。特别是简单按照以往有关事故现场处置方式，在现场挖坑将受损车头和零散部件放入其中准备掩埋，虽被制止，但在社会上产生了不良影响。	调查结果公布后，有54名责任人受党纪政纪处分，其中被撤职的有16人，开除留用察看一年的有4人。
很大的社会负面影响：2010年，上海市静安区胶州路公寓大楼"11·15"特别重大火灾事故②	该起特别重大火灾事故是一起因企业违规造成的责任事故。……这起特别重大火灾事故给人民生命财产带来了巨大损失，后果严重，造成了很大的社会负面影响，教训十分深刻。	26名责任人被移送司法机关依法追究刑事责任，28名责任人受到党纪、政纪处分。
影响极坏：2006年5月18日，山西省大同市左云县张家场乡新井煤矿发生特别重大透水事故③	国家安全生产监督管理总局局长李毅中在国务院新闻办公室举行的新闻发布会上说："这是一起性质恶劣、损失严重、影响极坏、特别重大的煤矿透水和瞒报事故。"	免去左云县县长的县委委员、常委、副书记职务，免去左云县分管煤炭的副县长的县委委员职务。随后此二人也分别向县人大常委会提出辞呈，县人大常委会依据有关法律规定同意二人辞去各自职务。

① 《"7·23"甬温线特别重大铁路交通事故调查报告》，新华网，2011年11月25日，http://news.xinhuanet.com/politics/2011-12/28/c_111327438.htm。

② 《国务院安委会办公室关于上海市静安区胶州路公寓大楼"11·15"特别重大火灾事故调查处理结果的通报》（安委办〔2011〕22号）。

③ 《关于山西省大同市左云县新井煤矿"5·18"特别重大透水事故的通报》（安监总煤矿〔2006〕96号）。

续表

类型与事件名	事件表述	责任追究
影响十分恶劣：2004年，北京市密云县"2·5"踩踏事故①	当年4月，北京市委办公厅、市政府办公厅就密云县迎春灯会特大伤亡事故有关情况发出通报。通报指出，2004年2月5日，北京市密云县在举办迎春灯展过程中，由于领导和管理责任不落实，导致云虹桥上人员拥挤、踩踏，造成37人死亡、37人受伤的重大责任事故。事故的发生，给人民的生命财产安全造成了重大损失，影响十分恶劣，教训极其深刻。	密云县委书记夏强受党内警告处分。密云县委副书记、密云县县长张文引咎辞去县长职务，同时免去其县委副书记、常委、委员职务。给予密云县委副书记陈晓红撤销党内职务处分。给予密云县副县长王春林行政记大过、党内警告处分。密云县公安局城关派出所所长、政委被法院以玩忽职守罪分别判处有期徒刑3年。

注：根据公开资料整理，具有相应的误差。

在《国务院关于特大安全事故行政责任追究的规定》中规定，"发生特大安全事故，社会影响特别恶劣或者性质特别严重的，由国务院对负有领导责任的省长、自治区主席、直辖市市长和国务院有关部门正职负责人给予行政处分"。② 需要指出的是"社会影响恶劣"也是滥用职权罪的立案标准之一，2006年7月26日最高检发布的司法解释渎职侵权犯罪新立案标准，其中有的条款表述为"造成恶劣社会影响"（如玩忽职守案和滥用职权案的第8项、不解救被拐卖、绑架妇女、儿童案第4项），有的条款则表述为"造成恶劣影响"（如非法批准征用、占用土地案第5项、非法低价出让国有土地使用权案第3项）③。

---

① 《北京处理密云特大伤亡事故责任人 县长引咎辞职》，中国新闻网，2004年4月5日，http://www.chinanews.com/n/2004-04-15/26/426005.html。
② 《国务院关于特大安全事故行政责任追究的规定》（中华人民共和国国务院令〔第302号〕），2001年4月21日。
③ 《最高人民检察院关于渎职侵权犯罪案件立案标准的规定》（高检发释字〔2006〕2号），2005年12月29日由中华人民共和国最高人民检察院第十届检察委员会第四十九次会议通过。

社会影响恶劣的具体表述,也存在着一定的差异,主要有三类:

第一类,表述为造成了"负面影响""不良影响""很大的负面影响"。例如:上海"11·15"火灾事故,"7·23"甬温线特别重大铁路交通事故等。

第二类,表述为"影响恶劣""影响极坏""影响十分恶劣"。例如:北京密云"2·4"迎春灯展踩踏事故等。

第三类,表述为"性质恶劣""事故的性质和手段极其恶劣"。例如:山西大同"5·18"煤矿透水和瞒报事故,吉林省长春"6·3"火灾事故等。

(五)导致社会恐慌的风险

社会恐慌极易引发大规模利益相关群体的恐慌,导致社会稳定问题。

表 2-5 社会恐慌的风险点库(示例)

风险领域	风险类型	风险项
社会恐慌引发社会不稳定	1. 造谣传谣引发社会稳定问题	1.1 食品安全造谣
		1.2 治安问题造谣
		1.3 经济领域问题的造谣
		1.4 传染病的造谣等
	2. 躲灾逃难引发社会稳定问题	2.1 躲灾逃难引发交通事故等
		2.2 躲灾逃难引发抢购潮等
		2.3 躲灾逃难引发社会秩序混乱等
	3. 切实利益担忧引发社会稳定问题	3.1 限购等引发社会秩序问题等
		3.2 重大制度政策的实施等

注:根据近年来的典型案例库归纳而成,属于不完全概括,存在相应误差。

☞ 实例15：问题食品的社会恐慌风险

表 2-6 问题食品的社会恐慌风险

风险项	社会风险
2015年北京问题草莓	2015年5月7日，北京草莓农药残留风波发酵，多地草莓"躺枪"滞销。辽宁：消费者对草莓望而却步。青岛：和前段时间相比，虽然价格相差不大，但销量却明显减少。安徽：长丰县草莓批发市场门庭冷落，全县损失超过5亿元。
2014年病死猪流入市场	2014年12月28日，新华网：央视记者在江西高安跟踪调查一年发现，当地不少病死猪被猪贩子长期收购，有些病死猪甚至携带A类烈性传染病口蹄疫。仅当地一家屠宰场的病死猪肉，就销往广东、湖南、重庆、河南、安徽、江苏、山东等7省市，年销售额2000多万元。农业部对此高度重视，已派出督导组赴江西与江西省农业厅等相关部门开展现场调查。
2008年广元橘子有蛆	四川省农业厅2008年10月21日召开新闻发布会，澄清广元旺苍县爆发大规模柑橘大实蝇虫害的"谣言"。通报称，旺苍县"仅有68000多株柑橘树发生大实蝇疫情"，疫情已经得到有效控制。传言被视为"谣言"，当地卫生部门将向公安机关报案。旺苍县销毁柑橘1252吨。此事件引发全国橘子的滞销。

注：根据公开的媒体资料整理，具有此类研究方法的误差。

二、广义的社会稳定风险点库

社会风险存在"火山效应"，社会稳定风险虽然直接导致社会稳定问题，但是大量的社会综合风险却位于底层，影响着社会稳定风险的量变和质变，乃至最终爆发成为社会稳定问题，见图2-1。因此，社会稳定风险点库，必须包含更加广义上的社会风险。

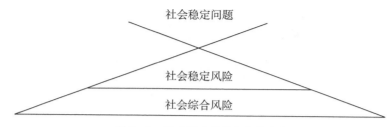

图 2-1 社会风险的"火山效应"

(一) 社会问题的风险点

社会问题将直接导致社会不稳定,因此可以将常见的社会问题汇总形成"社会问题的风险点库"。见表 2-7。

表 2-7 社会问题的风险点库(示例)

社会风险的类型	社会风险点(示例)
1.社会痛苦风险	1.1 通货膨胀率
	1.2 城镇登记失业率
	1.3 贫困人口率等
2.公共安全风险	2.1 刑事案件立案率
	2.2 重大刑事案件发生率
	2.3 重大生产事故发生率
	2.4 重大传染病发生率等
3.精神卫生风险	3.1 每万人精神病患或者比率及增长率
	3.2 每万人心理疾病患者就诊率及增长率
	3.3 每万人自杀比率及增长率等
4.社会紧张风险	4.1 信访数
	4.2 个人上访数
	4.3 集体上访数等
5.利益保障风险	5.1 损害消费者权益申诉次数
	5.2 劳动合同纠纷受理件数和增长率
	5.3 行政诉讼件数和增长率等
6.社会冲突风险	6.1 集体示威游行发生数
	6.2 集体罢工发生数等
7.腐败风险	7.1 重大贪污案件立案数
	7.2 高级别官员贪污腐败案件立案数等

续表

社会风险的类型	社会风险点（示例）
8.对立风险	8.1 宗教对立次状况
	8.2 民族对立次状况等

注：结合社会稳定问题的经验，根据相关材料整理汇编，具有相应的误差。

（二）社会风险环境指标

社会风险环境中存在易引发社会稳定问题的直接或间接的风险项，可形成"社会风险环境指标"。见表2-8。

表2-8 社会风险环境指标（示例）

社会风险环境指标的类型	社会风险环境指标的风险点（示例）
1.经济总量	1.1 年国内生产总值增长率
	1.2 年人均国内生产总值
	1.3 CPI状况等
2.生活水平	2.1 城镇居民人均可支配收入
	2.2 恩格尔系数
	2.3 民众对生活水平的满意度状况等
3.贫富差距	3.1 基尼系数
	3.2 民众对于贫富差距的意见等
4.社会保障	4.1 医疗保险覆盖率
	4.2 养老保险覆盖率
	4.3 弱势群体的社会保障状况等
5.信息透明度	5.1 基层政府公务公开率
	5.2 村务公开率等
6.价值观一致程度	6.1 对政府重大决策的知晓率
	6.2 对政府重大决策的认同度
	6.3 对社会公正公平的评价
	6.4 对社会责任的认同和评价等

注：结合社会稳定问题的经验，根据相关材料整理汇编，具有相应的误差。

(三) 社会风险的国际影响指标

在开放的风险社会中,社会风险还受到国际风险因素的影响。一些国际事件,也可能直接影响,或间接而深远地影响到我国的社会风险状况,需要充分重视,并适当回应。

1. 税收痛苦指数

"税收痛苦指数",是由美国《福布斯》杂志公布的指数并做每年的全球排名。税收痛苦指数全称为"福布斯全球税收痛苦和改革指数",是公司所得税、个人所得税、雇主和雇员的社会保险税(费)、商品税以及财产税等六大税种的最高一档名义税率加总得出的。《福布斯》的税收痛苦指数是根据各地的公司税率、个人所得税率、富人税率、销售税率/增值税率,以及雇主和雇员的社会保障贡献等计算而得,指数越高意味痛苦程度越高。

《福布斯》发布的2010全球"税收痛苦指数",中国内地的"税收痛苦指数"居全球第二,也是亚洲税收最重的地区。① 这是继2009年中国内地首次排名第二位后,再次位列该名次。而在全球52个国家和地区中,中国香港地区是仅次于阿拉伯联合酋长国,全球第二个税收最轻的地方。在2005年中国首次进入"税收痛苦指数"榜单以来,中国每年在榜单中都处于前四的位置。②

税收痛苦指数在一定程度上影响着一部分民众对于税收管理的情绪,也间接成为影响社会风险的因素之一。

2. "透明国际"的"清廉指数"

"透明国际"是在全球致力于遏制腐败的非政府组织,成立于1995年,总部设于德国柏林,已在美洲、欧洲、亚太地区、非洲的六十多个国家设立了分支机构。"透明国际"每年都公布世界各国的"清廉指数"(Corruption Perceptions Index),该指标综合了十多家全球权威调查机构的调查结果,因而被称为"民意中的民意"。清廉指数在

---

① 《"人均税负"与"税负痛苦指数"》,人民网,http://jx.people.com.cn/GB/n/2014/0225/c337373-20642689.html。

② 《税负痛苦指数过高,反驳不如反思》,搜狐网,http://news.sohu.com/s2011/dianji-745/。

国际上运用较为广泛,逐步得到了国际学术界的普遍认可。

1995年至2012年,"透明国际"所发布的清廉指数值为从0到10:0代表极度腐败,10代表非常清廉。2012年后,清廉指数改为百分制:0代表极度腐败,100代表非常清廉。

2014年12月"透明国际"发布了2014年清廉指数,中国得36分,比2013年下降了4分,比2012年低了3分,排名更同比下跌了20位,在175个被统计的国家和地区中名列第一百位。

表2-9 中国的清廉指数和排名

年度	得分	排名	国家(地区)总数
2014	36	100	175
2013	40	80	177
2012	39	80	176
2011	3.6	75	183
2010	3.5	78	178
2009	3.6	79	180
2008	3.6	72	180
2007	3.5	72	179
2006	3.3	70	163
2005	3.2	78	158
2004	3.4	71	145
2003	3.4	66	133
2002	3.5	59	102
2001	3.5	57	91
2000	3.1	63	90
1999	3.4	58	99
1998	3.5	52	85
1997	2.9	41	52
1996	2.4	50	52
1995	2.2	40	41

注:根据"透明国际"公布数据整理。

"清廉指数"是一种基于主观问卷调查得出的腐败测评结果,反映的是人们对一个国家或地区腐败程度的印象和感知,因此无法完全准确地测评一个国家或地区腐败发生的真实情况。

但"清廉指数"在一定程度上,成为影响判断一国清廉状况的重要指标,也间接地成为影响该国的社会风险指标之一。

第二节 社会稳定的风险关联库

社会稳定风险具有关联性,因此"社会稳定风险点库"不应孤立而产生"孤岛效应";而应该正视社会风险要素之间的关联,储备"社会稳定的风险关联库"。

一、"木桶短板效应"要求补社会风险"最短板"

社会稳定风险的关联规律中具有"木桶短板效应"①,在社会服务管理中的公共安全、公共服务、社会秩序、社会保障等板块中,成效最差的板块,在很大程度上决定着社会稳定的真实状况。

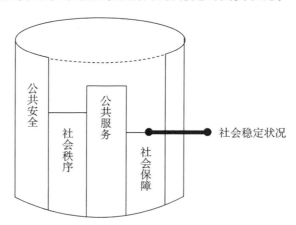

图2-2 社会稳定风险的"木桶短板效应"

---

① 唐钧:《政府风险管理——风险社会中的应急管理升级与社会治理转型》,中国人民大学出版社2015年版。

☞ 实例16：恶性事件的深层次风险源

表2-10 恶性事件的风险源分析（示例）

风险源	典型恶性事件	风险源描述（示例）
精神疾病患者管理问题	2015年"4·19"河北安新县发生持刀砍人事件	行凶者患有精神疾病，有精神病史。①
教育不公问题	2014年"9·1"湖北省十堰市校园血案	嫌犯陈严富的女儿未完成暑期作业，老师未让其及时报名，想不通而心生报复。②
社会保障不到位	2013年"6·7福建省厦门BRT公交爆炸案"	嫌犯陈水总因年龄写错而未能成功办理社保，与厦门市思明区公安分局户籍科屡次交涉未果后，辗转各级政府上访。③
单位人事纠纷	2012年"8·27"湖南邵阳自来水公司纵火案	纵火嫌犯因自己2个小孩只安排了一个在公司上班、怀疑公司领导违规安置了关系户而迁怒于公司领导，趁周一上午经理们开工作例会之机纵火。④
经济困窘，报复社会	2011年"1·10"广东广州地铁纵火案	嫌犯吴美成供认称因临近过年，身无分文，无法回老家，他心生怨气，通过这种行为发泄心中不满。⑤
拆迁纠纷	2011年"5·13"山东潍坊市校园惨案	嫌犯王永来家住房涉嫌违建，在地方政府压力下签署拆迁协议。⑥

---

① 《河北安新县发生持刀砍人事件》，人民网，2015年4月19日，http://he.people.com.cn/n/2015/0421/c192235-24574825.html。

② 《湖北十堰市校园血案再追踪》，新华网，2014年9月3日，http://www.hb.xinhuanet.com/2014-09/03/c_1112347452.htm。

③ 《厦门公交车爆炸案嫌犯清晰照和住所曝光》，新华网，2013年6月13日，http://news.xinhuanet.com/legal/2013-06/13/c_124847262_8.htm。

④ 《湖南邵阳8月27日下午通报自来水公司纵火案情况》，人民网，2012年8月27日，http://society.people.com.cn/n/2012/0827/c1008-18843639.html。

⑤ 《广州地铁纵火案被告一审被判6年》，新华网，2011年8月10日，http://news.xinhuanet.com/legal/2011-08/10/c_121842414.htm。

⑥ 《潍坊突然血案》，《财经》2010年第10期。

续表

风险源	典型恶性事件	风险源描述(示例)
生活受挫、个人失意、报复社会	2008年北京"8·9"血案	嫌犯唐永明先后有两次失败的婚姻。数次婚恋受挫后,性格孤僻、脾气暴躁。他对21岁的儿子唐文骏却十分溺爱,寄予希望。但其子不务正业,好逸恶劳,于2007年5月因诈骗被公安机关行政拘留10天。2008年3月4日,唐文骏又因盗窃犯罪被杭州市上城区人民法院判处有期徒刑6个月,缓刑1年,并处罚金2000元。此两事对唐永明精神刺激很大。①
	2009年"6·5"成都公交车燃烧案	嫌犯张云良主要经济来源靠女儿资助。2009年,女儿因其又嫖又赌,减少了给他的生活费,张云良遂多次以自杀相威胁向家人要钱,并流露出悲观厌世的情绪。②
	2010年"3·23"福建省南平市恶性杀人案	嫌犯郑民生性格孤僻,认为周边的人看不起他;婚姻不顺,女友迟迟不与其结婚;辞职之后,另谋新职不成,觉得活着没意思。③

注:根据公开资料整理,具有相应的误差。

实例研究表明,虽然呈现的形式是公共安全和社会稳定的恶性事件,但究其根源,确是深层次的社会因素。主要包括三大类:

第一类,个体问题:精神疾病患者,个人失意等;

第二类,社会保障问题:经济困窘、生活受挫、社保无法办理,教育不公等问题;

第三类,社会秩序问题:精神疾病患者管理问题、单位人事纠纷、

---

① 《公安机关初步认定唐永明持械行凶系个人极端行为》,新华网,2008年8月10日,http://www.chhzm.com/webfiles/html/lm_55/2008/2008-08/10193112.asp。

② 《"6·5"成都公交燃烧案侦破始末》,四川新闻网,2009年7月13日,http://sc-news.newssc.org/system/2009/07/13/012140062.shtml。

③ 《"3·23"恶性杀人案罪犯郑民生被执行死刑》,南平政府网,2010年4月28日,http://www.np.gov.cn/xxgk/ztzl/nptdxsa/120224.shtml。

拆迁纠纷等问题。

社会稳定风险的关联规律的"木桶短板效应",在社会稳定风险评估中的应用,具体表现在社会风险分析时要围绕公共安全、公共服务、社会秩序、社会保障等多重风险因素进行发散评估。在社会稳定风险管理中的应用,具体表现在要有系统管理的思维,不能仅仅加强公共安全使之成为"最长板",而要重视和弥补社会保障等"最短板",整体提高社会稳定的真实状况。

二、"冰山效应"要求作社会风险细分

社会的显性危机往往只是"冰山一角",而隐藏在"冰面"下的社会风险"隐患母体"往往体积庞大。"冰山一角"之所以能够露出冰面,是因为冰面下有庞大的"隐患母体"作为支撑;同样,目前已经暴露出来的问题,也很有可能只是冰山一角,而这些问题之所以能够暴露出来,也正是因为有庞大的社会问题集群作为支撑。

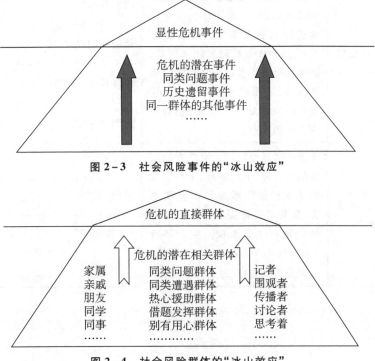

图 2-3 社会风险事件的"冰山效应"

图 2-4 社会风险群体的"冰山效应"

在社会稳定风险的范畴,"冰山效应"必然要求做好社会风险细分,典型的做法是建立健全"社会风险地图"。而社会服务管理所涉及的公共安全"危"、社会秩序"乱"、生态环境"脏"、公共服务"难"、官员素质"差"这五个模块,是当前最为重要的"社会风险地图"。

表 2-11　易导致社会稳定问题的"社会风险地图"

风险类别	风险描述	风险后果
公共安全"危"	安全的公共环境关乎社会民众的生命、健康和财产安全,涉及公民生存的基本权利。公共安全"危"是社会稳定的基础和前提。	恐怖袭击致死伤
		突发事件中群死群伤
		公共场所死伤
		公共卫生问题和致命传染病
		危害公共安全罪和食品危害
		"校园血案"
		"医院血案"
社会秩序"乱"	社会秩序是指社会正常而有规律的活动状态,是保证社会生活正常进行的必要条件。社会秩序"乱"会导致一系列的社会问题,影响社会的正常运行与经济的协调发展,进而危害社会稳定。社会秩序"乱"是社会稳定评估与管理工作的重点。	治安秩序"乱"
		社会环境秩序"乱"
		经济秩序"乱"
		新闻秩序"乱"
生态环境"脏"	生态环境是指影响人类生存与发展的水资源、土地资源、生物资源以及气候资源数量与质量的总称,是关系到社会和经济持续发展的复合生态系统。生态环境"脏",损害人民群众的居住环境,进而危害社会稳定。	空气"脏"
		水"脏"
		"土壤问题"
		"生态破坏"

续表

风险类别	风险描述	风险后果
公共服务"难"	公共服务是指由政府或公共组织提供的具有共同消费性质的公共物品和服务。公共服务"难"源于政府公共服务的投入严重不足,公共服务产品短缺,公共服务产品的分配严重不均衡等原因,导致公众的实际需求不能有效满足从而产生社会稳定问题。	生活"难"
		办事"难"
		出行"难"
		维权"难"
官员素质"差"	官员素质"差"则是指官员违法违规,违背德、能、勤、绩、廉的标准,损害公信力,不符合群众对官员公正廉洁、勤政爱民等预期,造成恶劣影响,严重则危及社会稳定。	"贪"
		"渎"
		"色"
		"假"
		"枉"

来源:唐钧主编:《形象危机应对研究报告2013—2014》,社会科学文献出版社2014年版;唐钧主编:《形象危机应对研究报告2012》,社会科学文献出版社2012年版。

(一)公共安全"危"的社会风险地图

公共安全"危"类影响社会稳定的风险,当前主要包括"恐怖袭击致死伤""突发事件中群死群伤""公共场所死伤"等七大风险项,细化为13项风险要素,形成公共安全"危"类风险的风险地图,如表2-12:

表2-12 公共安全"危"类的社会风险地图

风险项	风险要素
1 恐怖袭击致死伤	1.1 恐怖袭击致死伤
2 突发事件中群死群伤	2.1 自然灾害处置问题
	2.2 安全事故处置问题
	2.3 社会安全事件处置问题
3 公共场所死伤风险	3.1 基础设施不善
	3.2 安全隐患的处理问题

续表

风险项	风险要素
4 公共卫生问题和致命传染病	4.1 疫苗管理问题
	4.2 致命传染病处置问题
5 危害公共安全罪和食品危害	5.1 危害公共安全罪
	5.2 食品危害
6 校园血案	6.1 校园暴力致学生死伤
	6.2 校园血案致老师死伤
7 医院血案	7.1 医患纠纷导致血案

来源：唐钧主编：《形象危机应对研究报告2013—2014》，社会科学文献出版社2014年版；唐钧主编：《形象危机应对研究报告2012》，社会科学文献出版社2012年版。

(二) 社会秩序"乱"的社会风险地图

社会秩序"乱"类影响社会稳定的风险，当前主要包括治安秩序"乱"、社会环境秩序"乱"、经济秩序"乱"、新闻秩序"乱"等四大风险版块，形成社会秩序"乱"风险的风险地图，如表2-13：

表2-13 社会秩序"乱"的社会风险地图

风险版块	一级风险项	二级风险项	风险要素
1 治安秩序"乱"	1.1 治安犯罪猖獗	1.1.1 现实社会犯罪	1.1.1.1 偷盗抢劫
			1.1.1.2 黑恶势力
		1.1.2 虚拟社会犯罪	1.1.2.1 网络诈骗
			1.1.2.2 黑客入侵
	1.2 警察维护秩序的过失	1.2.1 执法问题	1.2.1.1 违规执法
			1.2.1.2 过失执法
			1.2.1.3 粗暴执法
		1.2.2 使用公权力问题	1.2.2.1 滥用职权
			1.2.2.2 与黑恶势力勾结
			1.2.2.3 非正常死亡

续表

风险版块	一级风险项	二级风险项	风险要素
1 治安秩序"乱"	1.3 医疗领域治安秩序乱	1.3.1 医闹问题（除医院血案）	1.3.1.1 医闹问题（除医院血案）
		1.3.2 "看病难、看病贵"	1.3.2.1 高要价、高医疗费
			1.3.2.2 乱收费
	1.4 校园治安秩序乱	1.4.1 事故灾难	1.4.1.1 校车安全
			1.4.1.2 校园踩踏
			1.4.1.3 意外伤亡
		1.4.2 校园暴力（除校园血案）	1.4.2.1 教师性侵
			1.4.2.2 其他暴力
	1.5 文物破坏	5.1 文物安全事故	5.1.1 文物单位受损
			5.1.2 文物被盗掘（包括古葬墓、古遗址等）
			5.1.3 文物火灾事故
			5.1.4 博物馆被盗
		5.2 文物保护单位违法行为	5.2.1 "破坏性修复"
			5.2.2 商业与旅游设施乱建
			5.2.3 违法施工
			5.2.4 房地产违法开发
2 社会环境秩序"乱"	2.1 社会环境秩序被破坏	2.1.1 街面环境秩序乱	2.1.1.1 无照经营
			2.1.1.2 非法小广告
			2.1.1.3 非法营运（"黑车"）
	2.2 城管维护秩序的过失	2.2.1 执法问题	2.2.1.1 暴力执法
		2.2.2 公权力使用问题	2.2.2.1 收取"保护费"

续表

风险版块	一级风险项	二级风险项	风险要素
3 经济秩序"乱"	3.1 企业经济秩序混乱	3.1.1 市场运营	3.1.1.1 恶性竞争
			3.1.1.2 垄断问题
		3.1.2 社会责任	3.1.2.1 偷税漏税
			3.1.2.2 损害员工福利
			3.1.2.3 丧失伦理道德
	3.2 银行、保险、证券问题	3.2.1 客户信息安全问题	3.2.1.1 客户信息意外泄露
			3.2.1.2 客户信息被非法出售
	3.3 地方政府债务问题	3.3.1 显性债务	3.3.1.1 国债转贷资金
			3.3.1.2 欠发工资
			3.3.1.3 粮食亏损挂账
			3.3.1.4 乡镇财政债务
		3.3.2 隐性债务	3.3.2.1 社会保障资金缺口
4 新闻秩序"乱"	4.1 新闻秩序混乱	4.1.1 违法乱纪问题	4.1.1.1 新闻敲诈
		4.1.2 违背职业伦理问题	4.1.2.1 虚假报道
			4.1.2.2 蓄意炒作
			4.1.2.3 造谣传谣

来源：唐钧主编：《形象危机应对研究报告 2013—2014》，社会科学文献出版社 2014 年版；唐钧主编：《形象危机应对研究报告 2012》，社会科学文献出版社 2012 年版。

（三）生态环境"脏"的社会风险地图

生态环境"脏"类影响社会稳定的风险，当前主要包括空气"脏"、水"脏"、"土壤问题"、"生态破坏"四大风险版块，形成生态环境"脏"类风险的风险地图，见表 2－14。

表 2-14 生态环境"脏"的社会风险地图

风险项	风险要素
1 空气脏	1.1 雾霾导致百姓遭殃
	1.2 废气粉尘祸害群众
	1.3 机动车尾气管理问题
2 水脏	2.1 污水乱排放
3 土壤问题	3.1 土壤污染影响种植
4 生态破坏	4.1 偷猎和滥采问题

来源:唐钧主编:《形象危机应对研究报告 2013—2014》,社会科学文献出版社 2014 年版;唐钧主编:《形象危机应对研究报告 2012》,社会科学文献出版社 2012 年版。

(四)公共服务"难"的社会风险地图

公共服务"难"类影响社会稳定的风险,当前主要包括生活"难"、办事"难"、出行"难"、维权"难"四大风险版块,形成公共服务"难"类风险的风险地图,见表 2-15。

表 2-15 公共服务"难"的社会风险地图

风险版块	一级风险项	二级风险项	风险要素
1 生活"难"	1.1 医疗难问题	1.1.1 "看病难"	1.1.1.1 医院拒收不治
			1.1.1.2 看病挂号难
			1.1.1.3 医院诊疗失误为害患者
		1.1.2 "看病贵"	1.1.2.1 治疗费用高
			1.1.2.2 过度诊疗与强制医疗坑害患者
		1.1.3 医疗服务差	1.1.3.1 医药管理不善
			1.1.3.2 管理缺陷问题
			1.1.3.3 机构监管不力问题
			1.1.3.4 虚假医疗广告坑害患者

续表

风险版块	一级风险项	二级风险项	风险要素
1.生活"难"	1.2 教育难问题	1.2.1 教育不公平	1.2.1.1 弱势群体上学困难
			1.2.1.2 上学交通不便
			1.2.1.3 教学资源严重不足
			1.2.1.4 教育制度漏洞
		1.2.2 教育服务差	1.2.2.1 蓄意欺骗坑害学生
			1.2.2.2 违规办学
			1.2.2.3 监管不到位
			1.2.2.4 推卸教育责任
	1.3 民政服务难问题	1.3.1 民政服务差	1.3.1.1 冒领、贪污、挪用低保金问题
			1.3.1.2 群众获取救助困难
			1.3.1.3 群众"死不起"
			1.3.1.4 服务胡乱收费
		1.3.2 民政机构管理不规范	1.3.2.1 福利彩票管理不规范
			1.3.2.2 救灾物资管理不规范
2.办事"难"	2.1 办事审批难问题	2.1.1 审批服务效果不良	2.1.1.1 流程过于繁琐
			2.1.1.2 相关部门推诿"扯皮"
		2.1.2 审批服务方式不佳	2.1.2.1 服务态度不佳
			2.1.2.2 服务管理不到位
	2.2 政府网站服务难问题	2.2.1 政府网站公开信息错误、缺失	2.2.1.1 信息更新不及时
			2.2.1.2 信息出错、造假
			2.2.1.3 重要信息缺失
		2.2.2 政府网站在线互动服务不到位	2.2.2.1 互动服务不及时
			2.2.2.2 互动服务不真诚
			2.2.2.3 互动服务虚设

续表

风险版块	一级风险项	二级风险项	风险要素
2. 办事"难"	2.3 银行、保险、证券服务难问题	2.3.1 银行、保险、证券服务乱收费问题	2.3.1.1 胡乱收费
			2.3.1.2 隐性收费
		2.3.2 银行、保险、证券客户信息保密不严	2.3.2.1 非法出售客户信息坑害顾客
			2.3.2.2 不慎泄露客户信息坑害顾客
		2.3.3 银行、保险、证券经营服务差	2.3.3.1 经营服务管理不到位
			2.3.3.2 歧视性经营
			2.3.3.3 强制、欺骗交易
			2.3.3.4 拒不理赔
			2.3.3.5 信息违规披露
	2.4 公积金提取、借贷难问题	2.4.1 公积金办理服务不到位	2.4.1.1 服务态度不佳
			2.4.1.2 办事效率低下
			2.4.1.3 政策不稳多变
		2.4.2 公积金运营管理不规范	2.4.2.1 缴存、提取违规问题
			2.4.2.2 胡乱收费
			2.4.2.3 资金管理不善
3. 出行"难"	3.1 公共交通问题	3.1.1 公共交通拥堵问题	3.1.1.1 交通事故处理不及时致拥堵
			3.1.1.2 城市规划不合理致拥堵
		3.1.2 公共交通乱收费	3.1.2.1 收费站胡乱收费
			3.1.2.2 违规设置收费站
	3.2 民航问题	3.2.1 机票诈骗、超售问题	3.2.1.1 机票诈骗坑害顾客
			3.2.1.2 机票超售坑害顾客
		3.2.2 民航服务差	3.2.2.1 "天价"服务费用
			3.2.2.2 托运物品丢失、损毁
		3.2.3 民航管理不规范	3.2.3.1 机场交通管理混乱

续表

风险版块	一级风险项	二级风险项	风险要素
4.维权"难"	4.1维权难问题	4.1.1 信访困难	4.1.1.1 粗暴截访
			4.1.1.2 接访处置不当
		4.1.2 消费维权成本高	4.1.2.1 住房利益受损
			4.1.2.2 生活用品交易被侵权
			4.1.2.3 旅游时利益受损

来源：唐钧主编：《形象危机应对研究报告 2013—2014》，社会科学文献出版社 2014 年版；唐钧主编：《形象危机应对研究报告 2012》，社会科学文献出版社 2012 年版。

（五）官员素质"差"的社会风险地图

官员素质"差"类影响社会稳定的风险，当前主要包括"贪"（贪腐问题）、"渎"（失职渎职）、"色"（性丑闻、强奸）、"假"（包括"火箭提拔""被影响""造假造谣"等要素）、"枉"（暴力执法、遭遇暴力抗法、作风粗暴等）五大风险版块，形成官员素质"差"类风险的风险地图，见表 2-16。

表 2-16 官员素质"差"的社会风险地图

风险版块	风险要素
1."贪"	1.1 贪污受贿
	1.2 消极腐败
	1.3 隐性腐败
2."渎"	2.1 滥用职权
	2.2 玩忽职守
	2.3 决策失误
	2.4 慵懒散
3."色"	3.1 性丑闻
	3.2 强奸
4."假"	4.1 火箭提拔
	4.2 被影响
	4.3 造假造谣

续表

风险版块	风险要素
5."枉"	5.1 暴力执法
	5.2 遭遇暴力抗法
	5.3 作风粗暴

来源：唐钧主编：《形象危机应对研究报告2013—2014》，社会科学文献出版社2014年版；唐钧主编：《形象危机应对研究报告2012》，社会科学文献出版社2012年版。

第三节 社会稳定风险评估的指标设置

社会稳定风险评估的评估指标设置，实质上就是设定社会稳定的"标杆"，因此既需要有整体的参考指标，还需要结合具体项目灵活设置。

一、社会稳定风险评估的综合指标

（一）"四性"评估

社会稳定风险评估在具体操作中，基于发改委所规定的合法性、合理性、可行性和可控性基本指标（《国家发展改革委关于印发〈国家发展改革委重大固定资产投资项目社会稳定风险评估暂行办法〉的通知》发改投资〔2012〕2492号），见表2-17。

表2-17 "四性"评估指标

评估指标	主要评估内容（示例）
合法性	（1）是否符合党和国家大政方针； （2）是否与现行政策、法律、法规相抵触； （3）是否有充足的政策、法律依据； （4）是否符合经济社会发展规律； （5）所涉及的利益调整、利益调节对象和范围是否界定准确； （6）调整、调节的依据是否合法； （7）是否符合规定的议事决策程序； （8）是否按照程序，已完成前置的审查审批； （9）其他相关需评事项。

续表

评估指标	主要评估内容（示例）
合理性	（1）是否坚持以民为本； （2）是否坚持群众利益优先； （3）是否符合绝大多数群众的承受能力； （4）是否得到绝大多数群众的理解和支持； （5）是否符合人民群众的当前利益； （6）是否符合人民群众的长远利益； （7）其他相关需评事项。
可行性	（1）是否组织开展前期宣传解释工作； （2）是否征求了广大群众的意见； （3）是否符合本地经济社会发展总体水平； （4）是否有科学依据； （5）是否考虑到时间空间、人力物力财力等制约因素； （6）是否有具体、详实的方案和完善的配套措施； （7）是否会给其他地方、其他行业、其他群众带来负面影响； （8）是否体现相关政策的连续性和严密性； （9）实施该项目的时机是否够成熟； （10）其他相关需评事项。
可控性	（1）是否存在公共安全隐患； （2）是否存在引发集体上访、群体性事件的苗头性、倾向性问题； （3）是否会引发社会负面舆论、恶意炒作以及其他影响社会稳定的问题； （4）对可能出现的社会稳定风险是否有相应的应急处置预、预测预警措施、矛盾化解措施； （5）对可能出现的社会稳定风险防范措施是否可行； （6）对可能出现的社会稳定风险防范措施是否有效； （7）宣传解释和舆论引导措施是否有效； （8）对拟建评估对象可能引发的社会稳定风险是否可控； （9）其他相关需评事项。

注：根据实践情况整理，为不完全概括，具有相应的误差。

（二）九项指标的综合评估

在实践操作中，还可总结出更加精细化的社会稳定风险综合指标，供参考。见表2-18。

表 2-18 社会稳定风险的九项综合指标

序号	评估指标	主要评估内容(示例)	评估方法
1	社会效益	(1)该评估对象对实现国家和地方社会发展目标所作贡献和产生的影响,包括经济、政治、文化、艺术、教育、卫生、安全、国防、环境等各个社会生活领域的目标,其中经济增长速度、收入公平分配、自力更生能力、自然资源与生态环境、劳动就业程度、科技进步及其他社会变革等是最主要的社会发展目标; (2)与社会相互适应性所作的系统分析评估,分析该评估对象是否能为当地的社会环境、人文条件所接纳,评价该评估对象与当地社会环境的相互适应性。	基准线调查法、对比分析法、逻辑框架分析法、综合分析分析法。
2	合法合规性	(1)是否符合党的路线方针政策,是否符合国家法律、行政法规、地方性法规和规章,是否符合党中央、国务院和本级党委、政府制定的有关文件精神;政策调整、利益调整的法律、政策依据是否充分; (2)政策调整、利益调节的对象和范围是否界定准确; (3)是否符合国家与地区国民经济和社会发展规划、产业政策等; (4)拟建评估对象相关审批部门是否具有相应的评估对象审批权并在权限范围内进行审批; (5)决策程序是否符合国家法律、法规、规章等有关规定,是否经过严格的审查报批程序。	专题座谈法,政府法制办、相关单位法规处、专职律师等人员参加,参加人员将通过深入讨论、协商沟通、分析评议和科学论证,形成明确的意见和建议。

续表

序号	评估指标	主要评估内容（示例）	评估方法
3	合理性	（1）是否符合科学发展观的要求，是否符合经济社会发展总体水平，是否符合本系统的近期和长远发展规划；是否符合社会公共利益、人民群众的现实利益和长远利益，是否兼顾了不同利益群体的诉求，得到了大多数群众的理解和支持； （2）是否把改革的力度、发展的速度和社会的可承受程度有机地统一起来；是否遵循公开、公平、公正原则，经过必备的公众参与程序； （3）是否可能引发地区、行业、群体之间的相互盲目攀比； （4）依法应给予相关群众的补偿和其他救济是否充分、合理、公平、公正； （5）拟采取的措施和手段是否必要、适当，是否维护了相关群众的合法权益等。	（1）开展专题座谈，邀请政策相关单位的人员参加座谈； （2）进行问卷调查，邀请政策相关的单位与人员参加社会调查，尤其是对政策实施直接相关的部门与单位及利益相关群体。
4	安全性	（1）是否符合可持续发展的要求，对生态环境和群众健康权益有何影响； （2）当地群众对改评估对象建设有无强烈的反映和要求； （3）对可能产生环境污染、生态环境影响的评估对象，是否有科学的治理、环保配套措施； （4）是否会引发较大的影响社会治安和社会稳定以及国际社会关注的事件。	（1）开展专题座谈，邀请政策相关单位的人员和社会公众中的利益相关群体参加座谈； （2）问卷调查，邀请政策相关的单位与人员参加社会调查。

续表

序号	评估指标	主要评估内容（示例）	评估方法
5	可行性	（1）拟建评估对象的建设时机和条件是否成熟，是否有具体、详实的方案和完善的配套措施； （2）拟建评估对象实施是否与本地区经济社会发展水平相适应，是否超越本地区财力，是否超越大多数群众的承受能力，是否能得到大多数群众的支持和认可； （3）是否经过严谨科学的可行性论证，是否具有稳定性、连续性和严密性； （4）是否充分考虑到时间、空间、人力、物力、财力等制约因素，方案是否具体、周全，配套措施是否完备，资金投入是否能够到位，重大事项出台的时机是否成熟； （5）是否会导致相关行业、相邻地区群众的攀比。	（1）邀请政策相关单位的人员参加专题座谈； （2）邀请政策相关的专家召开讨论，提出建议； （3）针对政策涉及的相关地域开展实地调研； （4）邀请政策相关的单位与利益相关群体进行问卷调查。
6	可控性	（1）拟建评估对象的建设实施是否存在公共安全隐患，是否会引发群体性事件、集体上访，是否会引发社会负面舆论、恶意炒作以及其他影响社会稳定的问题； （2）对拟建评估对象可能引发的社会稳定风险是否可控； （3）对可能出现的社会稳定风险是否有相应的防范、化解措施，措施是否可行、有效； （4）宣传解释和舆论引导措施是否充分等。	对分析后认为可能引发不稳定因素和群体性事件的苗头性、倾向性问题以及影响稳定的其他隐患，制定相应的预防预警措施和应急处置预案，建立化解矛盾的对策措施，并分析该策略实施是否在可控范围之内。

续表

序号	评估指标	主要评估内容(示例)	评估方法
7	阶段发展性	对于工程建设评估对象,在筹划设计阶段、评估对象施工建设阶段、评估对象试运行/运营阶段、评估对象建成/投入运营阶段,可能引发的社会不稳定风险点进行分阶段分析。	根据不同阶段特点对风险进行分析并采取相应的化解与应对措施。
8	环境影响	(1)是否坚持了可持续发展观,对生态环境有何重大影响; (2)当地群众是否有强烈的反映和要求; (3)可能产生环境污染、生态环境破坏的评估对象,是否有科学的治污、环保配套措施; (4)是否具备相关权威部门的环保鉴定或审批手续等。	对环保部门已做过环境影响评价且明确同意实施的评估对象,一般不再进行风险评估,但对环境影响特别重大或已引起广泛争议的评估对象可进行再评估。
9	国际性	(1)是否会引发国际社会的关注或负面反应; (2)是否准备了相应的应对口径; (3)是否需要向有关国际组织和国家通报。	(1)邀请政策相关单位的人员参加专题座谈; (2)邀请政策相关的专家召开讨论,提出建议。

注:根据实践情况整理,为不完全概括,具有相应的误差。

需要指出的是,当评估指标出现在不同的评估体系中时,由于评估指标之间的逻辑关系发生变化,可能导致评估内容发生调整;此情况需要针对待评事项、结合具体情况做好调整。

二、社会稳定风险评估的精细指标

除了综合指标,国家发改委等主管部门针对社会稳定风险评估,又陆续颁布了相关政策,进一步精细化评估指标;这些精细化的评估指标,有助于深入识别和分析研究社会风险因素,可供参考借鉴。

(一)重大工程项目风险评估的精细指标

重大工程项目的社会稳定风险评估,可设计专项的量化评估指标体系,见表2-19。

表2-19 重大工程项目的社会稳定风险评估指标(示例)

风险要素	具体指标(示例)
1.政策规划与审批程序风险	1.1 项目合法性
	1.2 立项、审批程序
	1.3 产业政策、发展规划
	1.4 规划选线/选址
	1.5 规划设计参数/规范
	1.6 立项过程中的信息公示
	1.7 立项过程中的民众参与等
2.征地拆迁及补偿风险	2.1 土地房屋征收征用范围
	2.2 土地房屋征收征用补偿资金
	2.3 被征地农民就业及生活
	2.4 安置房源数量和质量
	2.5 土地房屋征收征用补偿标准
	2.6 土地房屋征收征用补偿程序和方案
	2.7 拆除过程的合法性及方式方法
	2.8 特殊土地和建筑物的征收征用
	2.9 管线搬迁及绿化迁移方案
	2.10 对当地的其他补偿等
3.项目管理风险	3.1 项目"五制"建设(建设项目法人责任制、招投标制、工程建设监理制、合同管理制、财务管理制)
	3.2 工程方案的安全和社会影响风险
	3.3 隧道及地下建筑工程的施工可能引起地面沉降的影响
	3.4 资金筹措和保障
	3.5 施工方案的安全和社会影响风险
	3.6 文明施工和质量管理
	3.7 社会稳定风险管理(稳管)体系建设等

续表

风险要素	具体指标（示例）
4. 安全和卫生风险	4.1 施工安全、卫生与职业健康
	4.2 火灾、洪涝等灾害
	4.3 社会治安和公共安全
	4.4 流动人口管理等
5. 生态环境影响风险	5.1 大气污染物排放
	5.2 水污染物排放
	5.3 噪声和振动影响
	5.4 电磁辐射、放射线影响
	5.5 土地污染
	5.6 固体废弃物及其二次污染
	5.7 日照、采光影响
	5.8 通风、热辐射影响
	5.9 光污染
	5.10 公共开放活动空间、绿地、水系、生态环境和景观
	5.11 水土流失
	5.12 施工过程中的相关生态环境影响等
6. 社会影响风险	6.1 文化观念、生活习惯
	6.2 民族风俗、宗教习惯
	6.3 对当地人文景观的影响
	6.4 对周边交通的影响
	6.5 对公共配套设施的影响
	6.6 工程移民与安置区移民等
7. 经济影响风险	7.1 就业影响
	7.2 居民收入影响
	7.3 相关生活成本的影响
	7.4 对周边土地、房屋的影响
	7.5 商业经营影响等
8. 媒体舆情风险	8.1 造谣
	8.2 传谣
	8.3 恶意扭曲、夸大等

注：根据相关材料整理，具有相应的误差。

（二）大型公共活动风险评估的精细指标

大型公共活动的社会稳定风险评估，可设置专项的评估指标，见表2-20。

表2-20 大型公共活动的社会稳定风险评估指标（示例）

评估范围	评估指标	具体评估项
1.方案评估	1.1 大型公共活动在方案制定中应包含社会稳定风险管理的要素	1.1.1 总平面布置及周边环境
		1.1.2 建设（建筑施工、建成后建筑物）
		1.1.3 基础设施
		1.1.4 消防
		1.1.5 交通运输
		1.1.6 特种设备
		1.1.7 危险化学品
		1.1.8 合同商管理等
2.场所与场地评估	2.1 合法性要求的满足情况	2.1.1 符合国家法规及标准的要求，如国家安全标准、专业性检测要求等
	2.2 重大危险的排查	2.2.1 场所建构筑物
		2.2.2 运营设备设施
		2.2.3 安全方面的特别属性
		2.2.4 外部环境中的高风险因素
		2.2.5 安全管理的关联因素等
	2.3 重点部位分析与检查	2.3.1 人员密集、人流阻滞部位
		2.3.2 危险区域与周边
		2.3.3 重点保护及限制性地点等
	2.4 风险点库的应用	2.4.1 根据标准、以往同类管理和事故发生机理等知识与信息，进行辨识、评价和控制等
3.控制能力分析	3.1 控制对象的分析	3.1.1 活动举办期间，预计人群的容量
		3.1.2 活动方式等
	3.2 控制机制与力量的分析	3.2.1 安全工作机构
		3.2.2 安全工作力量配置
		3.2.3 安全队伍及全体人员素质等
	3.3 规章制度的分析	3.3.1 活动的安全管理方案与工作规定等

续表

评估范围	评估指标	具体评估项
4.应急能力分析	4.1 预案评估	4.1.1 该地区的地址、气象、水文等不利自然条件及其影响
		4.1.2 该地区及国家上级机构已制定应急预案的情况
		4.1.3 重大危险源普查结果与应急方案
		4.1.4 周边重大危险源可能带来的影响与应急方案
		4.1.5 周边近几年的治安工作状况等
	4.2 实际可用资源评估	4.2.1 各类应急力量的组成与分布情况
		4.2.2 各种重要应急设备、物资的准备情况
		4.2.3 上级救援机构或周边可用的应急资源等
	4.3 外界配套的评估	4.3.1 与周边政府机构、医院、企业、社区等的互动情况,对外部资源与力量的掌握情况,为现场抢救、伤员运送、健康监测等所做的准备和安排等

注:根据相关材料整理,具有相应的误差。

(三) 特殊情况的精细指标

根据具体评估的需求,在上述基本要素以外,还可以对公共利益、利益相关群体、社会心态等方面的社会稳定风险因素进行分析,例如:影响利益相关群体财产和利益、危害利益相关群体生命健康、影响利益相关群体生活习惯、影响社会公共利益和生态环境、社会公众质疑等类别的风险因素。包括以下两大类特例:

第一类:有些重大建设项目可能对公共利益产生影响,或造成环境和生态的变化,但对附近居民却不产生直接影响。例如对地下文物的影响、对生态的影响等,此类情况可单列类别评估。

第二类,有些建设项目在合法性、合理性、可行性和其他影响的风险均可控的情况下,仍有大量的、潜在的利益相关者反对项目建设。例如宁波、茂名的 PX 项目事件,部分民众反对项目的主要原因是恐惧心理,是由于在项目准备阶段的沟通宣传工作不充分、居民参与度不足等因素所致,其主体具不确定性或广泛性、建设项目也确无实质性外部影响。此类情况也可单列类别评估。

三、稳评的一票否决设置

从后果导向的视角,社会稳定问题若出现两类状况,将导致处理时的一票否决。见表 2-21。

表 2-21 社会稳定问题导致一票否决的两类情况

类型序号	社会稳定问题的表现	对党政领导的处理意见
1	(1)到本县 30 人以上、到市到省 20 人以上集体上访; (2)进京集体访或大规模聚集; (3)堵断国道、省道、城市交通干道; (4)围堵党政机关、打砸抢烧等严重影响社会秩序的; (5)发生 30 人以上罢工、罢课、罢市、非法集会、游行示威或其他严重影响社会稳定事件的。	一票否决
2	(1)到本县 50 人以上、到市到省 30 人以上集体上访; (2)进京集体访或大规模聚集; (3)堵断国道、省道、城市交通干道; (4)围堵党政机关、打砸抢烧等严重影响社会秩序的; (5)发生 50 人以上罢工、罢课、罢市、非法集会、游行示威或其他严重影响社会稳定事件的。	一票否决,并且相应党纪、政纪处分

注:根据多地党政部门的相关文件整理汇总。

因此,社会稳定风险评估指标设置中,通常基于三大类情况:

第一类,在风险点库和风险管理库中,同类事件的教训惨重,必须设定为一票否决的高危情况。

第二类,民众不能容忍的社会稳定风险:大部分群众对项目有意见、反应特别强烈,极易引发大规模群体性事件。

第三类,超出责任主体当前的承受力:社会稳定风险大到无法承受,或者管理机制混乱而导致承担乏力。

第四节 社会稳定风险管理的规划

一、定位设计:以稳评为核心的社会风险评估

社会稳定风险评估中的诸多风险项,实际上在其他评估中已有涉及,例如:环评会针对环境污染问题进行客观评估,将在很大程度上缓解此方面的反对度。

因此,在此情况下,稳评实质上是可以包含其他多项评估的社会风险评估。

表 2-22 稳评包含的其他相关风险评估

风险项	其他相关的风险评估
环境污染风险	环评
安全生产风险	安全评价
能源浪费风险	节能评估
水环境影响风险	水环境影响评估
交通影响风险等	交通影响评价等

注:该表为不完全概括,具有相应的误差。

社会稳定风险评估,在操作过程中,可以将其他风险评估项目前置;待其他风险评估项通过时,再予以实施。供参考的前置资料要求清单,见表 2-23。

表 2-23 稳评的前置资料要求清单

序号	提前提供的项目资料(示例)	提供方
1	项目可行性研究报告、项目申请报告	项目施工方
2	项目已完成相关手续的资料及文件目录清单	项目施工方
3	项目相关的立项批复和附件,包括发改、国土、规划、环保等部门,相关的文件和会议纪要	项目施工方

续表

序号	提前提供的项目资料(示例)	提供方
4	项目征(用)地情况,包括征(用)地位置、数量,工程建设用地是否符合当地的土地规划,是否符合节约用地、因地制宜的要求,海域使用情况等	项目施工方
5	拆迁情况,包括房屋和附着物种类、数量、土地征收征用补偿标准	项目施工方和属地相关部门
6	被征地农民或居民就业及生活情况	项目施工方和属地相关部门
7	土地房屋征收补偿程序和方案	项目施工方
8	安置房源数量和质量	项目施工方和属地相关部门
9	管线和绿化迁移方案、补偿标准	项目施工方和属地相关部门
10	环境影响评价报告,初步环境影响评价的主要情况和结论	环评方
11	安全评价报告	安评方
12	其他按照国家和地方相关法律、法规和政策需要开展的评估报告	相关评估单位

注:上表为不完全概括。

二、全程规划:稳评和稳管的操作运行

稳评和稳管在现实中的操作运行,在不同的阶段有着重要的任务和要求,因此需要开展全过程的科学规划,既要明确每个阶段和任务的管理要件,又要紧密衔接,形成无缝隙的动态良性循环。

表2-24 社会稳定风险评估与管理的全程规划

阶段	任务	管理要件(示例)
准备与规划(RPP)	1.承接上级要求	为贯彻落实《中共中央办公厅 国务院办公厅转发〈中央政法委员会、中央维护稳定工作领导小组关于深入推进社会矛盾化解、社会管理创新、公正廉洁执法的意见〉的通知》(中办发〔2009〕46号)精神和中央维稳办关于建立社会稳定风险评估机制的一系列工作部署。

续表

阶段	任务	管理要件(示例)
准备与规划(RPP)	2.明确评估意义	明确在本系统建立和推进重大事项社会稳定风险评估机制的基本要求、评估范围、责任主体、评估内容和工作程序,从源头上预防和减少不稳定因素,保证发展和改革的顺利进行。
	3.确定总体要求	各级行政部门在作决策、定政策、搞改革、上项目时要把社会稳定风险评估作为刚性程序,不断提高依法决策、民主决策、科学决策的水平;各级机构要依法承担防范和化解矛盾纠纷的责任,关口前移、重心下移、预防为主、标本兼治,掌握防范化解矛盾纠纷和维护稳定的主动权。
	4.确立评估要求	(1)加强领导,落实责任。各级行政部门和各级各类机构要高度重视、认真落实、切实推进重大事项社会稳定风险评估工作,对应当进行评估的事项做到不评估不上会、不研究。在组织领导本级重大事项社会稳定风险评估工作的同时,指导督促下一级单位落实重大事项社会稳定风险评估责任。各级行政部门和各级各类机构主要负责人是维护稳定的第一责任人,各级领导干部对分管工作中涉及稳定的事项负直接领导责任,要结合分管工作,协调和督促分管部门和单位切实抓好重大事项社会稳定风险评估工作。 (2)分类指导,把握重点。重大事项风险评估工作应当贯彻分类指导的原则。国家和省级行政部门要侧重做好在作决策、定政策、促改革时的社会稳定风险评估工作,最大限度地防止和减少不稳定因素。基层行政部门和各级各类机构要侧重做好涉及本地区、本部门、本单位的重大事项社会稳定风险评估工作。实施预防接种等重大干预措施前的风险评估应当作为系统重大事项社会稳定风险评估工作的重点。还应在更大的范围内推广和强化社会稳定风险评估工作。

第二章 社会稳定风险评估准备与规划

续表

阶段	任务	管理要件(示例)
准备与规划(RPP)	4.确立评估要求	(3)广泛听取群众意见,维护群众根本利益。各级行政部门和各级各类机构要坚持把维护人民群众健康权益和根本利益放在第一位,通过多种方式广泛征求群众意见,拓宽公众参与决策的渠道。对争议较大、专业性较强的评估事项,应当组织相关部门和人员进行听证、论证,把公众参与、专家论证和政府决策有机结合起来,努力使决策体现和反映人民群众的要求。 (4)形成机制,完善程序。各级行政部门和各级各类机构要以建立和完善重大事项风险评估工作长效机制为目标,积极探索,创新实践,不断改进和提高管理水平。要逐步建立科学、全面、规范、有效的社会稳定风险评估工作程序,将定量分析与定性分析相结合,因地制宜,切实增强评估的科学性、可行性、权威性。 (5)条块结合,创新实践。重大事项社会稳定风险评估工作要在各级党委、政府的统一领导下组织实施,各级行政部门要处理好条块关系,把本系统重大事项社会稳定风险评估与本地区的社会稳定风险评估工作有机结合。要克服官僚主义、本本主义,通过广泛调研和深入征求群众意见,提高评估的科学性和有效性,使评估结果能够有效地应用于实践。要围绕重大事项社会稳定风险评估的目标创新方法,探索引入第三方和新闻媒体参与评估,提高风险评估工作的客观性和有效性。
	5.规范第三方稳评机构的管理	(1)针对第三方机构的资质力量、行为规范、社会责任承诺做出相应规定; (2)制定下发《第三方评估机构管理办法》; (3)筛选第三方机构; (4)对准入的第三方实际开展稳评的业绩情况、诚实守信情况、评估结论与实际社会效果情况记录跟踪。 (详见《三、规范管理:第三方稳评机构的准入和监管》)

续表

阶段	任务	管理要件(示例)
准备与规划(RPP)	6. 细化评估范围	以卫生系统为例,卫办发〔2011〕2号文: (1)事关广大人民群众健康权益和切身利益的重大决策、重要政策和重大改革。医疗卫生政策的重大调整,关系民生问题的政策性收费和价格调整。 (2)关系人民群众健康权益的重大疾病防控干预措施、食品药品安全和医疗安全管理与干预措施、医疗技术准入和医疗器械产品(装备)应用、药品和血液制品供应。 (3)涉及较大范围群众切身利益的医药卫生工程项目。涉及群众切身利益的医疗卫生服务设施项目建设工程选址等。 (4)医患纠纷多发、医疗安全存在较大隐患的医疗机构的整顿与恢复运营。 (5)关系广大医务人员切身利益的政策制定与改革实施。国有、集体医疗卫生机构改制或改革,职工待遇调整,机构重组中的产权转让、资产处置、人员安置和社会保障等。 (6)其他涉及较多群众切身利益和可能引发群众集体上访、群体性事件的事项和国际社会关注的重大事项。
	7. 细化重点评估内容	以卫生系统为例,卫办发〔2011〕2号文: (1)合法性。是否符合国家法律、行政法规、地方性法规和规章、党的政策和中央制定的规范性文件精神,政策调整、利益调节的法律、政策依据是否充分,是否符合法定程序。政策调整、利益调节的对象和范围是否界定准确。是否经过严格的审查报批程序。 (2)合理性。是否符合以人为本的科学发展观,是否符合经济社会发展总体水平,是否符合本系统的近期和长远发展规划,是否兼顾了人民群众的现实利益和长远利益并得到大多数群众的理解和支持,是否把改革的力度、发展的速度和社会可承受程度有机地统一起来。是否遵循公开、公平、公正原则,经过必备的公众参与程序。

续表

阶段	任务	管理要件(示例)
准备与规划(RPP)	7. 细化重点评估内容	(3)可行性。是否经过严谨科学的可行性论证,是否具有稳定性、连续性和严密性,是否充分考虑到时间、空间、人力、物力、财力等制约因素,方案是否具体、周全,配套措施是否完备,资金投入是否能够到位。重大事项出台的时机是否成熟,是否会导致相关行业、相邻地区群众的攀比。 (4)安全性。是否符合可持续发展的要求,对生态环境和群众健康权益有何重大影响;当地群众对该项目建设有无强烈的反映和要求;对可能产生环境污染、生态环境影响的项目,是否有科学的治理、环保配套措施;重大事项的制定和出台是否会引发较大的影响社会治安和社会稳定以及国际社会关注的事件。 (5)可控性。对评估后认为存在可能引发不稳定因素和群体性事件的苗头性、倾向性问题以及影响稳定的其他隐患,是否制定相应的预防预警措施和应急处置预案;是否有化解矛盾的对策措施;是否在可控范围之内。 (6)国际性。是否会引发国际社会的关注或负面反应;是否准备相应的应对口径;是否需要向有关国际组织和国家通报。
	8. 明确评估责任主体和评估结果审核责任主体	(1)重大事项社会稳定风险评估工作以"谁主管、谁负责,谁决策、谁评估"为原则,由政策的制定部门、改革的启动部门、决策事项的提出部门、重大项目的报建部门作为社会稳定风险评估的责任主体,由其上一级行政机关和同级人民政府为审核责任主体。 (2)上一级行政机关和本级人民政府在审核后,对重大事项可作出实施、部分实施、暂缓实施或不予实施的决定,向责任主体反馈。 (3)重大事项涉及多个部门的,由所涉及的部门共同完成(由上级组织决定的牵头部门具体组织实施)并对评估结论负责。

续表

阶段	任务	管理要件(示例)
风险识别（RI）	9.广泛研究论证,准确识别风险	要根据实际情况,采取专家咨询、专题座谈、抽样调查、实地踏勘、召开听证会等形式,广泛征求群众和社会各界的意见建议,准确掌握社情民意。
风险分析（RA）	10.全面科学的风险分析	(1)根据收集掌握的情况,评估可能存在的不稳定因素。特别要对评估事项启动实施后可能引发的矛盾冲突及涉及人员的数量、范围和激烈程度作出评估预测。 (2)对争议较大、专业性较强的评估事项,要组织有关专家和群众代表进行论证和听证。
风险定级（RE）	11.确定风险等级,形成报告	(1)确定风险等级,实行分级管理。按照高、中、低三个等级对重大事项社会稳定风险进行分级管理。对政策分歧较大、矛盾隐患集中、稳定风险大的重大事项,列入高风险管理,暂缓推出,避免因决策不当引发群体性事件;对群众欢迎但存在异议,有一定稳定风险的重大事项,列入中度风险等级管理,对重大事项重新研究修订,待条件成熟后再行启动实施;对群众欢迎、条件成熟且风险低的重大事项,列入低风险管理,加快推进实施。 (2)形成评估报告,制订维稳预案。对社会稳定风险评估工作进行全面汇总和分析论证,对稳定风险作出确定性最终评价,形成以重大事项基本情况和社会稳定风险评估结论、化解预案、稳控措施等为内容的评估报告,并分别报送上一级主管部门和本级人民政府。
风险内控（RC）	12.及时跟踪反馈,加强风险调控	责任主体要对已经评估审查、批准实施的重大事项进行全程跟踪,密切监控运行情况,及时发现可能产生的不稳定问题,并采取有力有效的措施调控风险、化解矛盾,确保不发生大的事端。对决策实施中已经出现和可能出现的影响社会稳定的问题,要及时排查化解。

第二章 社会稳定风险评估准备与规划

续表

阶段	任务	管理要件（示例）
风险内控（RC）	13.评估工作的考核监督	各级行政部门和各级各类机构要把重大事项社会稳定风险评估工作作为年度工作考核的重要内容，严格考核，并加强过程控制和督导检查。对应当进行社会稳定风险评估而未实施评估，或组织实施不力、走过场，未按照有关程序进行充分评估，未严格执行评估审查意见落实相应防范、化解和处置措施，未按照相关程序和规定进行严格审查，以致引发规模性集体上访或群体性事件，给改革发展稳定造成严重影响的，按照维护社会稳定责任制，对有关部门、单位及其主要责任人和直接责任人问责，进行责任追究。
风险外合（RSC）	14.外部风险合作	（1）各级行政部门和各级各类机构要不断提高民主决策、科学决策、依法决策的水平，不断提高维护人民群众权益和社会稳定责任的自觉性，正确处理好源头防范与风险控制、规避风险与深化改革、群众意见与专家意见、落实责任主体与各方齐抓共管、社会稳定风险评估与矛盾纠纷排查化解的关系，将重大事项社会稳定评估机制建设与纠纷第三方调解和风险分担机制等长效机制建设有机结合起来。 （2）积极开展社会组织和社会力量的合作，借助社会第三方的优势，开展社会稳定风险的防范和化解工作。

注：应用本章的知识点，结合《卫生部关于建立卫生系统重大事项社会稳定风险评估机制的指导意见（试行）》（卫办发〔2011〕2号）等材料，整理汇总而成，具有相应的误差。

三、规范管理：第三方稳评机构的准入和监管

第三方稳评机构，依据其风险评估的专业知识、社会风险点库和风险关联库的储备，在稳评和稳管的过程中，发挥着越来越大的作用。因此，第三方稳评机构的准入和监管也应该规范管理。

表2-25 第三方稳评机构的管理经验(示例)

省市	评估范围	管理经验
辽宁省葫芦岛市	全市所有地区、所有部门、所有企业的重大政策、重大事项、重大项目"稳评"应评尽评	葫芦岛市在全省率先将第三方引入稳评工作,并于2014年正式实施,8家咨询公司经过层层筛选成为首批稳评"第三方"。 第三方机构介入稳评,既遵守市场规律,又不能放任自流。为提升稳评能力,葫芦岛市维稳办多次组织座谈、培训,宣讲有关稳评的文件、政策,辅导稳评的程序、要求,为他们提供有关文件依据和经验材料。葫芦岛市还制定下发《第三方评估机构管理办法(试行)》,对获得准入的第三方机构的资质力量、企业规模、行为规范、社会责任承诺做出相应规定,并对第三方实际开展稳评的业绩情况、诚实守信情况、评估结论与实际社会效果情况记录跟踪。 葫芦岛市还对稳评工作的第三方实行准入准出的动态管理,对违规操作、弄虚作假、恶意竞争的,一经发现立即清除并作不良记录。为规范中介机构稳评工作行为,他们还对第三方稳评机构实行审查备案制,最大限度保证稳评的客观公正。①
浙江省湖州市	全市重大决策	重大决策社会稳定风险评估将逐步由第三方出具稳评报告,然后由维稳办在稳评专家库中随机选定相关专家审核并出具审核结论。 截至2014年10月14日已有稳评专家库的41名专家和6家第三方稳评单位。将专家库专家和第三方单位纳入培训,进一步加快第三方机构参与湖州重大决策社会稳定风险评估的步伐。 发布《湖州市第三方参与重大决策社会稳定风险评估工作作业指导书》及相关案例范本,接下来还将出台《湖州市第三方重大决策社会稳定风险评估机构管理办法》和《湖州市重大决策社会稳定风险评估专家库管理办法》,进一步规范第三方参与社会稳定风险评估工作。②

---

① 《第三方介入提升稳评公信力》,《辽宁日报》2015年4月22日,http://news.12371.cn/2015/04/22/ARTI1429666016316263.shtml。
② 《稳评的活儿交给第三方机构去做,重大决策要让老百姓真正信服》,《浙江法制报》2014年10月14日,http://zjfzb.zjol.com.cn/html/2014-10/14/content_91584.htm。

续表

省市	评估范围	管理经验
山东省滨州市	全市重大事项	2014年7月14日公布了首批7家社会稳定风险评估(简称稳评)中介机构,这标志着群众意见今后可以纳入重大决策中,标志着滨州市社会稳定风险评估工作向科学化、规范化、制度化迈进。 授权参加稳定风险评估的中介组织,要严格评估原则,规范评估流程,科学确定风险点,使编制的每一份稳评报告都能够经受住检验,经得住推敲,真正发挥好维稳"安全阀"和"防火墙"作用。 要全面评估项目实施前及实施过程中存在的不稳定因素,尤其要把握民众利益、社会治理、劳动保障、涉法纠纷、环境保护、资金安全、工作能力、舆论舆情及特殊群体问题等方面的风险。[1]

注:根据公开报道整理,具有相应的误差。

---

[1] 《滨州公布首批7家稳评中介机构,评估授权一年一定,让群众意见进入重大决策》,《齐鲁晚报》2014年07月14日,http://epaper.qlwb.com.cn/qlwb/content/20140714/ArticelU02003FM.htm。

第三章 社会稳定风险识别

社会稳定风险识别是基于风险准备的基本积累,对风险进行大数据预识别、虚拟空间识别和现场实地识别,并为之后的风险定级与研判提供充足依据。

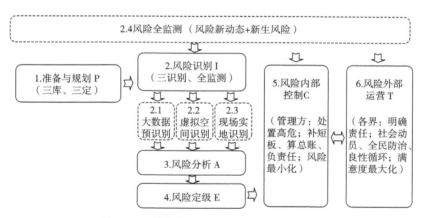

图 3-1 社会稳定风险识别的定位示意图

社会稳定风险识别是指针对待评事项,综合应用大数据、虚拟空间、现场实地等多种识别方法,并全程全面监测社会综合风险,从而形成科学的社会稳定风险点清单,并能持续更新。

社会稳定风险识别主要包括三类方式:大数据风险预识别、虚拟空间风险识别、现场实地风险识别,三者的比较见表 3-1。

表 3-1 社会稳定风险识别的方式对比

	大数据风险预识别	虚拟空间风险识别	现场实地风险识别
目的	过往风险的分类分级	网民意见调查	现场告知与态度调查

续表

	大数据风险预识别	虚拟空间风险识别	现场实地风险识别
方法	文献等大数据查找与处理	舆情等的收集与分析	问卷调查、实地观察、访谈法等
成本	专业人员、时间、大数据采集成本等	专业人员、网络调查成本等	专业人员、社会调查成本等
优势	速度快、效率高	速度快、效率高	信度、效度相对高
缺点	信度、信度的误差相对高	信度、信度的误差相对高	成本相对高,且耗时长、程序相对复杂

注:该表为不完全概括,具有相应的误差。

表3-2 风险识别的功能

	直接功能	整体功能
大数据预识别	过往风险的分类分级	静态的"风险点清单"
虚拟空间识别	网民意见调查	虚拟空间的民众意见
现场实地识别	现场告知与态度调查	现实的民众意见
风险全监测	风险新动态和新生风险的识别	动态的"风险点清单"

注:该表为不完全概括,具有相应的误差。

第一节 大数据预识别:过往风险的分类分级

一、大数据预识别的机理

针对特定的风险识别任务,大数据预识别的方法,是指通过对同类别的风险案例、相关联的风险信息进行收集、汇总与分析,识别出可能存在的风险。

具体方法上,通过大数据的方式,收集相关信息,进行风险的初识别,一方面,与第二章风险评估准备中"两库"(风险点库、风险关联库)相结合,收集相关信息;另一方面,与第二章风险评估准备中"两设"(设评估指标、设管理规划)相结合,进行风险识别。

针对特定的风险识别任务,通过大数据预识别,要达到能够对过往的社会稳定风险进行分类分级,并初步得出适用于本次风险识别任务的风险项清单。

☞ 实例17：国外社会稳定事件的大数据风险识别

可以从国外的社会稳定事件中，通过运用大数据等方式方法，提炼社会稳定风险的规律，供国内的社会稳定风险识别参考借鉴。

表3-3　国外社会稳定事件的大数据风险识别（示例）

典型事件名称	社会稳定风险项	典型事件的风险描述
美国2015年巴尔的摩骚乱	社会种族歧视难根除；铁腕镇压骚乱被质疑人权；社会保障不到位将激化种族矛盾；等	2015年4月12日一名25岁黑人青年格雷（Friddie Gray）在巴尔的摩被捕，当时还健康并能走路，半小时后到达警署时已经不能说话。19日，格雷因严重的脊椎损伤死亡，脊索80%断裂。公众至今没有获知格雷从被捕到受伤、最终死亡到底是怎么回事。此事在当地引发了强烈的愤慨，民众抗议从格雷的葬礼开始持续至今，终于演变成了一场骚乱。 巴尔的摩从当地时间27号下午开始发生骚乱，持续到28号凌晨，示威者砸坏车辆袭击警察，向警察投掷砖块和水瓶并在多处纵火、洗劫店铺，警察则用催泪瓦斯驱散社会人群，当天骚乱主要在巴尔的摩西部地区，但随着夜幕降临，骚乱蔓延至该市东部。 巴尔的摩所属马里兰州州长拉里·霍根27号已经宣布进入紧急状态，巴尔的摩市市长布莱克则宣布该市在27号起实施宵禁一周，宵禁时间为晚上10点到凌晨5点。同时国民警卫队宣布调派5000人前往那里增援帮助维持秩序。 巴尔的摩市政府发言人28号透露，骚乱已经造成144辆汽车被烧毁，19栋建筑被点火焚烧，警方表示已经在27号和28号两天逮捕了至少235人，其中大部分是18岁到30岁的年轻人还有34人是未成年人。警方则至少有二十人在骚乱中受伤，6人伤势严重。骚乱还给当地民众生活带来较大影响，所有的公立学校已经关闭，当地的约翰·霍姆金斯大学也已经停课，美国职业棒球大联盟的巴尔的摩精英队取消了28号当晚的比赛。 从4月29日开始，纽约等其他美国城市也出现抗议警察暴力执法、声援巴尔的摩民众的活动。 美国政府的应对办法则几十年"一贯制"：出动警察和军队，严厉镇压。美国总统奥巴马在4月28号的讲话中称警察与黑人紧张关系在缓慢升级。

续表

典型事件名称	社会稳定风险项	典型事件的风险描述
美国2014年弗格森枪击案引发骚乱	涉及34个州的90座城市;全美各地爆发大规模示威游行;出现纵火和劫掠;等	2014年8月9日,美国密苏里州弗格森市,非裔青年迈克尔·布朗在没有携带武器的情况下遭遇白人警察威尔逊枪击身亡。据媒体报道称,当时布朗已经举起双手表示服从,但仍遭警察击毙。事后的民间验尸报告显示,警察当时至少开了六枪。在白人警察枪击黑人青年一事中,现场目击者和警方各执一词。检方和现场目击人称看到黑人青年布朗已经举起双手投降,但白人警察威尔逊还是朝其连开数枪致其死亡。而警方称是因为布朗威胁到了威尔逊,威尔逊才迫不得已开枪。此后,经过长达三个月的审理,当地大陪审团裁定不予起诉白人警察威尔逊。 这一决定在美国引发了轩然大波,全美各地爆发大规模示威游行,继而演变为骚乱,涉及34个州的90座城市,并出现纵火和劫掠事件。
美国2013年桑福德骚乱	抗议浪潮席卷全美,纽约、洛杉矶等100座城市先后举行大规模集会;过百万人在一份请愿书上签名;等	2013年2月26日晚,美国佛罗里达州小城桑福德,17岁的黑人少年特雷文·马丁到一家便利店买了一袋糖果和凉茶之后回家。途中,附近小区的志愿协警、28岁的乔治·齐默尔曼看到了这个穿着带帽衫的少年,他打电话报警,称看到一个"形迹可疑的人",并尾随其后,随后两人发生争吵。当地居民听到吵闹和枪声后也有数人打电话报警。不久后,赶到现场的警察发现,马丁身中枪伤,脸朝下趴在地上,没有生命迹象。当晚19时30分左右,急救人员宣告马丁死亡。 案件发生后,不少人感到不解,17岁的马丁稚气未脱,怎么会"形迹可疑"?更令他们不解的是,马丁身上没有带枪,手中只有从杂货铺买的凉茶和糖果,但齐默尔曼解释开枪的理由竟是"自卫",因为他遭到马丁从背后的攻击。 尽管齐默尔曼的说法与报警电话录音和证人说法有颇多出入,但桑福德警方却没有深究,而是坚持认为没有足够证据反驳他自卫的说法,一直没有将他逮捕。

续表

典型事件名称	社会稳定风险项	典型事件的风险描述
		之后,马丁案引发的抗议浪潮席卷全美,纽约、洛杉矶、坦帕、底特律和桑福德等100座城市先后举行大规模集会,抗议桑福德当局对此案处置失当。互联网上,过百万人在一份请愿书上签名,要求起诉齐默尔曼,包括篮球明星德韦恩·韦德、勒布朗·詹姆斯在内不少名人将自己身穿带帽衫的照片上传网络表达抗议,有网民在上传身着带帽衫的照片后留言道:"我看起来形迹可疑吗?"
美国1992年洛杉矶大骚乱	洛杉矶爆发种族骚乱,持续4天,波及整个美国;造成53人死亡,2300多人受伤;财产损失达10亿美元;等	1992年4月29日至5月2日,美国第二大城市洛杉矶爆发了20世纪最大的种族骚乱,骚乱持续4天,波及整个美国,震惊了世界。这次暴力事件造成53人死亡,2300多人受伤,11900多人被捕,5000多座建筑物被毁,财产损失达10亿美元。 这次事件的起因是对警察殴打黑人罗德尼·金案的不公正裁决。1991年3月3日,非裔美国男子罗德尼·金因超速被追捕,4名警察轮番棒打罗德尼·金,舆论要求当局查办打人凶手,起诉4名警察。一年过去了,洛杉矶一家地方法院组成了一个没有黑人参加的12人陪审团,在远离洛杉矶、白人居住的小镇上开庭,于4月29日宣布4名警察无罪释放,消息不胫而走,引起全国上下强烈反响,黑人上街示威抗议,采取了报复行动,由抗议示威上升为暴力冲突,烈火四处燃烧,火光冲天,浓烟滚滚,洛杉矶成了"火中之城",陷入瘫痪和混乱之中,不足24小时便蔓延到19个州。 于是,美国政府派重兵镇压,加州州长宣布洛杉矶处于紧急状态,布什总统派遣4000余名国民警卫队员进城平息暴力行动,参谋长联席会议主席鲍威尔亲临指挥。 此次骚乱之后,4名涉事警察离职,洛杉矶警察局局长辞职,洛杉矶警察中少数族裔比例得到提升,洛杉矶市政府向罗德尼·金赔偿380万美元。

续表

典型事件名称	社会稳定风险项	典型事件的风险描述
意大利2015年米兰世博会骚乱	国际重大节事活动现场的骚乱，国际负面影响极大；等	2015年米兰世博会5月1日开幕当天，米兰市中心爆发反世博会的抗议冲突，民众走上街头抗议世博会并演变成了相当规模的暴力冲突甚至骚乱。 在"不要世博，要吃饱和富裕"的口号下，戴着头盔和口罩的抗议者投掷燃烧物、砸破沿街商店橱窗、焚烧了不少沿街车辆，闯入银行、商店，并与防暴警察发生激烈冲突。 蒙面示威者投掷大量石块，警方则使用高压水枪和催泪瓦斯驱散人群。当地媒体报道，参与暴力冲突的示威者有500多人，不仅有意大利人，还有来自其他国家的抗议者。很多在市中心的游客受惊逃散，并有部分人员受伤。 意大利总统马塔雷拉随后发表声明，谴责这一试图破坏世界团结的行径，并表示希望尽快将肇事者绳之以法。
英国2011年8·6伦敦骚乱	示威活动突然演变为暴力事件；焚烧警车、公共汽车和沿街建筑，切断交通，占领高速路，劫掠店铺；骚乱几近失控并蔓延至多个城市；政府被批评反应迟缓；警方被批评处置不力；等	2011年8月4日在伦敦北部的托特纳姆，一名29岁的黑人男性平民马克·达根（Mark Duggan）被伦敦警察厅的警务人员枪杀，民众上街抗议警察暴行。 8月6日，一场在伦敦城北举行的示威活动突然演变为暴力事件，100多名青年在夜色中焚烧警车、公共汽车和沿街建筑，切断交通，占领高速路，劫掠数十家店铺。 8月7日据英国广播公司报道，伦敦北部托特纳姆区6日晚发生骚乱持续到7日凌晨。伦敦警方一位负责人表示，对于7日夜间伦敦多个地区发生的小规模暴力事件，警方已经做出了迅速反应。截至8日晚间，警方已经逮捕了100多名肇事者，而连续两晚的骚乱也导致35名警员受伤。 8月9日，骚乱已扩散至伯明翰、利物浦、利兹、布里斯托等英格兰地区的大城市。

续表

典型事件名称	社会稳定风险项	典型事件的风险描述
		8月9日英国警方称,伦敦至少5个地点爆发新一轮暴力事件。很多社区都能看到暴徒肆意破坏商业街设施或闯进大楼。 8月10日,英国首相卡梅伦表示,伦敦的局势已经基本得到控制,政府正在采取更强有力的行动打击暴力骚乱。内政大臣特雷莎·梅要求英格兰和威尔士的所有警察取消休假,采取更加严厉、积极的方式应对骚乱。警方已逮捕750多人,其中160人被起诉。

注:根据公开媒体报导整理,具有相应的误差。

二、大数据预识别的应用

(一)大数据预识别的信息来源和功能

大数据预识别,主要是应用过往的相关信息及其内在的关联逻辑,形成针对稳评项目的,结合过往风险的分类分级清单。

表3-4 大数据预识别的信息来源和功能

	主要内容(示例)	主要功能(示例)
信息来源	业务数据信息积累	过往风险的积累
	以往评估或分析预测结果	过往风险的分级
	报纸、互联网等媒体的公开信息源收集	过往风险的分类
	法律法规、政策规定等相关文件	过往风险的分类分级
	来自内外部专家、专业组织的经验与信息	过往风险的分类分级
	稳评单位已积累的风险点库	过往风险的分类分级
	稳评单位已积累的风险关联库等	过往风险的分类分级

注:该表为不完全概括;风险点库和风险关联库可参考唐钧主编:《形象危机应对研究报告》,社会科学文献出版社2014年版。

（二）大数据预识别的静态"风险点清单"

大数据预识别的目标,是充分应用现有的信息,尤其是实例中的过往风险,从而围绕稳评项目,形成分类分级的"风险点清单"。

下面是针对敏感项目（包括:PX等化工项目、涉核项目、垃圾场/站项目、医疗项目、其他可能污染环境的项目）的社会风险大数据预识别,从而形成可供稳评项目参考的风险清单,详见表3-5、3-6。

表3-5 大数据预识别的敏感项目的风险

风险类 （4类）	具体风险内 容（12项）	典型风险示例
1.敏感项目建设与生产风险	1.1 敏感项目建设引发拆迁纠纷的风险	2013年7月26日,福建漳浦县古雷,因PX项目拆迁冲突,造成1村民死亡。[①]
	1.2 敏感项目发生安全生产事故的风险	2015年4月6日18时56分,漳州古雷的腾龙芳烃二甲苯装置发生漏油着火事故。[②]
	1.3 敏感项目产生污染环境、噪音、辐射等风险	2013年环保部文件称,个别地区出现"癌症村"等严重的健康和社会问题。[③]
2.公信力风险	2.1 民众对于"环境评估"的不信任	2012年7月23日,广州市城管委月度接访日,4批来自清远的居民质疑花都垃圾焚烧厂环评不透明。[④]
	2.2 民众对于"民意被代表"的质疑	2011年4月12日,广州番禺正式公布垃圾焚烧厂5个备选厂址,政府征求民意从"是不是要建"跳到"在哪儿建"被指有假民意之嫌。[⑤]

[①] 《福建漳浦男子与城管冲突后死亡,疑有关PX项目》,新华网,2013年7月27日,http://news.xinhuanet.com/legal/2013-07/27/c_125075888.htm。

[②] 《漳州古雷PX项目爆燃被定性为责任事故》,光明网,2015年4月24日,http://www.gmw.cn/ny/2015-04/24/content_15469606.htm。

[③] 《关于印发〈化学品环境风险防控"十二五"规划〉的通知》（环发〔2013〕20号）,2013年2月7日,http://www.zhb.gov.cn/gkml/hbb/bwj/201302/t20130220_248271.htm。

[④] 何晶:《花都垃圾焚烧厂环评清远居民质疑不透明》,《羊城晚报》2012年7月24日。

[⑤] 《番禺垃圾焚烧厂选址引质疑》,东方早报网,2011年4月19日,http://www.dfdaily.com/html/33/2011/4/19/594390.shtml。

续表

风险类 (4类)	具体风险内容(12项)	典型风险示例
3.民众抗争风险	3.1 民众通过悬挂横幅标语进行抗争	2007年6月1日厦门市反对PX项目事件①中,民众打出了"不要毒气、还我厦门"等反对PX项目的标语。
	3.2 民众进行非法游行集会	2011年8月14日,民众聚集在大连市政府前的人民广场示威集会,随后展开游行。②
	3.3 民众进行拦路堵车	2014年3月30日,广东茂名市委大楼前,抗议民众出现拦截救护车、消防车等行为。③
	3.4 殴打国家工作人员	2012年10月26日,浙江宁波镇海区抗议民众殴打无辜人员,用石块、砖块攻击民警,造成多名民警不同程度受伤。④
	3.5 围攻国家机关	2012年10月26日,浙江宁波镇海区抗议民众在镇海区围堵招宝山派出所、交警大队。⑤
4.连锁反应风险	4.1 "一闹就停"的期待导致民众选择极端化	从PX项目屡屡下马,到垃圾焚烧厂被迫流产,再到火葬场放弃建设,近年来,多地反复上演"上马—抗议—停止"的剧情。⑥
	4.2 敏感项目毗邻地区政府对选址的拒绝	2011年4月12日,广州番禺正式公布垃圾焚烧厂5个备选厂址,其中3个靠近顺德区。对此,顺德区环境运输和城市管理局副局长吴志伟表示,"番禺的选址最好不要选择邻近顺德的3个点,希望番禺方面能够慎重考虑顺德的意见"。⑦

① 《厦门市政府宣布缓建108亿元化工项目》,央视网,2007年5月30日,http://news.cctv.com/china/20070530/103420.shtml。
② 《化工项目屡遭逼停,北大教授称政府决策应民主化》,人民网,2012年7月15日,http://energy.people.com.cn/GB/n/2012/0715/c71661-18519711.html。
③ 《广东茂名PX事件刑拘24人批捕5人,36人受行政处罚》,中国新闻网,2014年4月23日,http://www.chinanews.com/fz/2014/04-23/6096509.shtml。
④ 《PX如何走出困境(求证·探寻喧哗背后的真相)》,人民网,2013年8月2日,http://society.people.com.cn/n/2013/0802/c1008-22415942.html。
⑤ 《高铁争夺战》,《中国青年报》2014年11月26日09版,http://zqb.cyol.com/html/2014-11/26/nw.D110000zgqnb_20141126_2-09.htm。
⑥ 《人民日报评论员观察:靠什么破解"一闹就停"难题》,人民网,2014年4月15日,http://opinion.people.com.cn/n/2014/0415/c1003-24894908.html。
⑦ 《番禺选址,顺德忧心》,《羊城晚报》2011年4月16日,http://www.ycwb.com/ePaper/ycwb/html/2011-04/16/content_1088491.htm。

注：该表为不完全概括，具有相应的误差。

表3-6 大数据预识别的项目"风险点清单"（示例）

风险领域 \ 风险级别	高危风险	中危风险	低危风险
项目立项的风险	—	（1）规划选址的合理性风险 （2）规划设计参数的合理性风险	（1）立项、审批程序的合法性风险 （2）项目与产业政策、发展规划相矛盾的合理性风险 （3）立项过程中公众参与不足的风险
项目征地的风险	（1）拆除过程中与群众发生冲突的风险 （2）土地房屋征收补偿程序和方案不合理的风险	（1）土地房屋征收征用范围的合理性风险 （2）土地房屋征收征用补偿资金不足的风险 （3）被征地农民就业生活的风险 （4）安置房源数量和质量的风险 （5）土地房屋征收征用补偿标准不合理的风险	（1）特殊土地和建筑物的征收征用的风险 （2）管线搬迁及绿化迁移方案的合理性风险 （3）施工损害其他建筑物的赔偿风险
敏感项目外部性风险	（1）产生辐射和热辐射的风险 （2）排放有毒有害气体的风险	（1）产生固体污染的风险 （2）产生光污染的风险 （3）产生水体污染的风险 （4）产生扬尘的风险	（1）噪音扰民的风险 （2）改变公共开放活动空间、水系、生态环境和景观的风险 （3）水土流失的风险 （4）破坏古墓、文物的风险 （5）破坏生态多样性的风险

续表

风险级别 风险领域	高危风险	中危风险	低危风险
项目施工的风险	(1)发生安全事故的风险 (2)民众围堵施工现场的风险 (3)民众与施工方发生冲突的风险	(1)产生劳动纠纷的风险 (2)影响公共交通的风险	—
项目投产的风险	(1)水体污染的风险 (2)大气污染的风险 (3)土地污染的风险	(1)对周边土地、房屋价格产生不良影响的风险 (2)对公共配套设施的产生不良影响的风险	(1)出现流动人口管理问题的风险 (2)出现流动车辆管理问题的风险
媒体舆论风险	(1)项目受到周边群众的舆论反对的风险	(1)项目受到媒体的舆论反对的风险 (2)媒体对项目进行负面引导的风险	—

注:该表为不完全概括,具有相应的误差。

第二节 虚拟空间识别:网民意见调查

一、虚拟空间风险识别的机理

虚拟空间的社会稳定风险分析主要是虚拟空间中的对"人"与对"事"分析,在虚拟空间的社会心态和新闻价值规律的基础上,结合具体的网络舆情,对虚拟空间中的涉及社会稳定风险评估对象的社会心态和媒体舆论进行分析,以识别涉及社会稳定风险的网民意见。

☞ **实例18：网民反对意见的表达形式与风险等级**

表3-7 网民反对意见的表达形式与风险等级

序号	网民反对意见的表达形式(示例)	风险等级
1	召集到现场集会、游行等	高
2	宣传反动思想并有一定的网民规模等	
3	造谣、传谣并形成一定程度的社会关注等	中
4	宣传违法违规的活动等	
5	针对亲朋好友的不幸遭遇表示愤慨等	低
6	针对个体的真实遭遇表达不满等	

注：该表为不完全概括，具有相应的误差。

二、虚拟空间风险识别的应用

（一）收集虚拟空间的网民意见

虚拟空间中的网民意见，需要收集起来，并结合稳评项目，形成有针对性的网民意见。目前的网民意见来源及其特征，可见表3-8。

表3-8 虚拟空间的典型网民意见来源及其特征

序号	意见来源	虚拟空间的渠道	网民意见的特征
1	网络调查	(1)直接开展网络调查的平台，例如：第一调查网、问卷星等 (2)介绍或引用网络调查结论的网帖	网民意见的汇总，通常已包括了网民意见的分类分级。但也存在网络调查的相应误差。
4	网络论坛/BBS	例如：天涯社区、百度贴吧、猫扑社区、凤凰论坛、搜狐论坛、网易论坛、凯迪社区、新浪论坛、中华网论坛、大旗网等论坛	根据帖子热度和跟帖讨论的内容，可在很大程度上评估网民的倾向性意见。

续表

序号	意见来源	虚拟空间的渠道	网民意见的特征
2	网络新闻	(1)官方权威网站,例如:人民网、新华网、央视网等 (2)商业性新闻网站,例如:新浪、网易、腾讯等	根据新闻热度,可在一定程度上评估网民的态度偏好。
3	视频播客	例如:优酷、土豆、百度、爱奇艺、凤凰视频、56视频等视频网站	根据视频热度和跟帖留言,可在一定程度上评估网民的态度偏好。
5	新闻跟帖	例如:人民网、新华网、网易、搜狐、新浪等门户网站	根据新闻跟帖的热度和跟帖讨论的内容,可在一定程度上评估网民的意见。
6	博客空间	例如:新浪博客、搜狐博客、百度空间和QQ空间	根据发帖的主题、内容、热度,可汇总并整理网民的意见。
7	无线即时通讯	例如:手机移动网络,QQ群	手机发布的网络信息、QQ群信息源,在很大程度上显示了网民的真实意见。
8	新型社交性媒体	例如:微博、人人网、微信	以社会关系为基础,具有相对保密性,话题内容更为私密。在很大程度上显示了网民的真实意见。
9	自媒体新闻平台	例如:微信公众号等	以订制关注,形成焦点事件的发布平台,在一定程度上显示了网民的关注导向。

注:该表为不完全概括,具有相应的误差。

(二)形成网民意见的分类汇总

网民意见可分为四类网民情绪和七种网民心态。现以某项目为例,罗列出网民意见及其分类,见表3-9。

表3-9 针对某项目的网民意见分类汇总

网民意见的种类	网民意见的细化	网民意见的状况
网民态度(三类)	(1)对项目表示出理解、同意甚至是支持的正面倾向; (2)对项目表示出了怀疑、畏惧以及反对的负面倾向; (3)立场中立,了解项目,表示在一定条件下可以接受项目。	网民态度的状况; 分布的情况等。
网民情绪(四类)	(1)畏惧; (2)怀疑; (3)反对; (4)担忧等。	网民情绪的状况; 分布的情况等。
网民心态(七种)	(1)对未知事物的畏惧; (2)对项目单位等的怀疑; (3)对项目的技术水平的怀疑; (4)不要建在我家附近的心理; (5)绝对反对的逆反心态; (6)对安全生产事故的担忧; (7)对管理事故的担忧等。	网民心态的状况; 分布的情况等。

注:该表为不完全概括,具有相应的误差。

第三节 现场实地识别:现场告知与态度调查

一、现场实地风险识别的机理

现场实地的风险识别主要包括两个关联步骤:首先是现场告知,即风险沟通中最为基本的风险告知;其次是现场的态度调查,即风险调查。

现场实地的风险识别有助于直接了解可能的风险因素,熟悉相关的风险环境,与风险相关人群直接接触,进行相关调查与沟通,不仅识别风险,并在一定程度上消除与防范部分风险。

☞ 实例19：北京大兴国际机场项目的风险识别部署

北京市大兴区魏善庄镇，于2014年2月15日召开北京大兴国际机场项目环境影响评价和社会稳定风险分析公众参与工作动员培训大会。参加会议有区机场办、镇有关领导、镇全体班子成员、公众参与范围内的学校负责人、18个村包村干部、村两委干部、大学生村官。

会上，主管周镇长，就此次工作布置了具体实施方案，明确了"环评""稳评"公众参与工作的主要任务。环评单位专家还就此项工作做了专门的培训。最后戴书记对此项工作提出三点要求：

第一，高度重视，全力配合，做好环评和稳评公参工作。

第二，强化领导、责任到人。一方面是镇级的责任，党委牵头，分组负责。一方面是村级的责任，由各村书记负直接责任。包村干部也要立即深入下去，把村里的情况真实反映上来，做到统一指挥、迅速行动，思路清晰。要把公参工作各个环节吃准吃透，安排好人员分工，每一个环节，村书记、包村干部必须要清楚，做到责任到人。

第三，周密部署、精心组织，做好公参各阶段工作。要高度重视环评公参工作各个阶段的程序要求。认真开展学习培训，确保各个环节工作不出差错。

来源：《魏善庄镇召开机场项目"环评"和"稳评"公众参与工作动员培训会》，北京大兴信息网，2014年2月19日，http://www.bjdx.gov.cn/jrdx/dxxw/dxxx/2014n/581799.htm。

☞ 实例20：社会稳定风险沟通的"内—外"路径

社会稳定风险沟通针对利益相关者进行，包括由内而外与由外而内两种路径，使用时二者兼顾，相互补充。

1. 由内而外的风险沟通路径

社会稳定风险沟通的由内而外的路径是指：大范围、点对面的风险告知→小规模、点对点的访谈沟通→针对同意、中立、反对三种利益相关者态度的分类处理策略（针对支持意见长期关注，针对中立意见中期观察,针对反对意见短期追访)。

2. 由外而内的风险沟通路径

社会稳定风险沟通的由外而内的路径是指:现实与虚拟空间的舆情(利益相关者态度与意见表达)收集→舆情分析并了解相关社会心态状况→相关社会舆情引导和针对性关注及沟通。

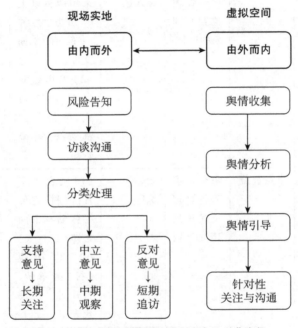

图 3-2 社会稳定风险沟通的"内—外"路径

二、现场实地的风险告知

风险沟通的最基础的方式是风险告知。风险告知范围与利益相关者覆盖范围一致。以待评事项的物理位置为中心,以 $N(N=500$ 米左右,视具体情况而定)为一环,形成三级风险告知圈。风险告知范围覆盖约 X 平方千米的地域,基本覆盖所有的项目利益相关者,见表 3-10。

表 3-10 社会稳定风险告知的"三级圈"创新

(N≈500 米)

风险告知圈	告知特征	告知范围	涉及地区	具体告知要求	涉及利益群体
一级告知圈	全面覆盖	距待评事项的物理位置 0 到 N 的区域	施工及紧邻地区	(1) 要求至少采用两种以上告知方式,并确保有书面文件。(2) 采用点对点的告知方式,确保每户都得到风险告知。	一级(重点)利益相关群体
二级告知圈	重点覆盖	距待评事项的物理位置 N 到 2N 的区域	毗邻的地区	(1) 确保每个社区(村)宣传栏张贴有书面告知。(2) 以社区(村)为单位,召开居(村)民代表座谈会。	二级(次要)利益相关群体
三级告知圈	普通覆盖	距待评事项的物理位置 2N 到 3N 的区域	较近的地区	(1) 确保书面告知在乡(镇、街道)宣传栏张贴。(2) 以乡(镇、街道)为单位,召开专题情况介绍会。	三级(一般)利益相关群体

注:该表为通常情况下的风险告知设计;根据具体项目需适当调整。

风险告知包括书面方式与口头方式。书面方式主要指在周边单位和社区公告栏上张贴社会稳定风险评估公示等,口头方式包括召开专题宣讲会与座谈会、社区居委会口头通知居民、调研人员口头通知居民等。

告知内容包括项目名称、项目建设单位、项目使用单位、项目性质、建设内容及规模、施工地点、建设周期等项目相关信息,评估单位相关信息,以及意见反馈方式,等等。

三、现场实地的风险调查

现场实地中的社会稳定风险调查,是根据项目情况设计社会调查内容,围绕项目的合法性、合理性、可行性、可控性等方面对相关利益者(相关部门、群众)展开调查。社会调研的方式包括:走访、问卷调查、当面听取意见等。开展时要向调研对象说明项目背景、方案、可能产生的影响等项目情况,以便其了解真实情况,表达真实意见。同时注意调研对象的广泛性、针对性和代表性,注重调研的方式和方法,确保收集意见的真实性和全面性。

对应于风险告知的实施操作,可设定"三级利益相关圈"开展全面调查、重点调查和选择性调查,见表3-11。

表3-11 社会稳定风险调查的"三级圈"创新

风险调查对象	调查特征	调查范围	调查区域
一级利益相关群体	全面调查	距待评事项的物理位置0到1000米的区域	敏感所毗邻的社区(村庄)
二级利益相关群体	重点调查	距待评事项的物理位置1000米到2000米的区域	敏感项目所在的乡、镇、街道
三级利益相关群体	普通调查	距待评事项的物理位置2000米到10000米的区域	敏感项目所在的区、县

注:该表为通常情况下的风险调查设计;根据具体项目需适当调整。

风险调查的方式方法应根据实际情况尽可能多样化。调查的方法有观察法、访谈法、文献法、问卷法等。可根据项目的特点及项目所在地的实际情况,选择适用的方式方法进行调查。实际工作中可采取公告公示、实地踏勘、走访群众、召开座谈会等方法,以达到广泛调查、充分收集各方意见和诉求的目的。

表 3-12　某项目社会稳定风险调查问卷(示例)

调查内容		意见	备注
1.通过简要介绍,您是否了解本项目?	比较了解		
	了解一些		
	不了解		
2.您认为本工程建设将给您带来的生活影响主要是?	有利影响		
	不利影响		
	无影响		
3.您认为本工程建设将给您带来的工作影响主要是?	有利影响		
	不利影响		
	无影响		
4.您认为本工程建设的施工可能会给您生活带来不便和干扰,您认为主要的影响将是?	行走不便		
	生态影响		
	危及生命安全		
	影响身体健康		
	其他		
5.您认为本工程建设可能造成的不利影响表现在哪些方面?	空气环境		
	水环境		
	噪声		
	辐射		
	固体废物		
	其他		
6.您认为本项目影响社会稳定的最主要因素是什么?	社区治安问题		
	施工安全和质量		
	劳务队讨薪		
	环境污染		
	拆迁征地问题		
	其他		

续表

调查内容		意见	备注
7.您认为该项目的建设对当地区域发展、本市乃至全国的发展是否有意义？	有意义		
	无意义		
	不知道		
8.您认为该项目建设对周边单位发展是否有利？	有利		
	无利		
	不知道		
9.您对本项目建设持有的态度是什么？	支持		
	不支持		
	不表态		

注：该表为通常情况下的风险调查问卷，根据具体项目需要灵活调整。

表3-13　周边社区群众态度分布表（示例）

风险调查圈	覆盖地区	支持率	中立率	反对率
一级调查圈	一级调查圈的地区 A			
二级调查圈	二级调查圈的地区 B			
	二级调查圈的地区 C			
三级调查圈	三级调查圈的地区 D			
	三级调查圈的地区 E			
	三级调查圈的地区 F			
合计	—			

注：该表为通常情况下的态度分布设计，根据具体项目需适当调整。

第四节　社会稳定风险全监测：动态的"风险点清单"

社会稳定风险评估与管理是一个动态持续的过程，要对评估结果及时进行跟踪、监测并动态更新。风险监测与动态更新的实质是跟踪、监控、审查、信息采集和工作调整，以及再监测、再跟踪、再调整、再评估、再控制的动态循环过程。

一、社会稳定风险全监测的机理

针对风险的全监测,把握社会稳定风险的动态,是开展稳评和稳管的基础要件。一方面是通过风险监测提供并更新社会稳定相关的风险实时状况;另一方面也提供了风险分析和定级的决策依据,同时也是社会稳定风险管理的实施依据。因此,风险全监测,必然贯彻着整个稳评和稳管的全过程。

☞ **实例21:社会稳定的全风险"信息网"**

在北京市朝阳区的社会稳定创新项目中,采用了社会稳定风险的"信息网"建设,主要包括以下三个部分:一是属地政府和相关部门提供关于人、地、事、物的相关资料,二是网络舆情分析了解社会心态,三是专业研究机构提供专业性知识。在此基础上,建立重点人情况资料库、重点矛盾纠纷资料库、社会公共安全基本情况资料库、涉稳事件处置案例库三个子库。其中,属地政府与相关部门提供关于人、地、事、物的相关资料,可分类别完成:自然灾害类(由民政部门牵头提供)、公共卫生类(由卫生部门牵头提供)、社会安全类(由公安机关牵头提供)、事故灾难和安全生产类(由安监部门牵头提供)。

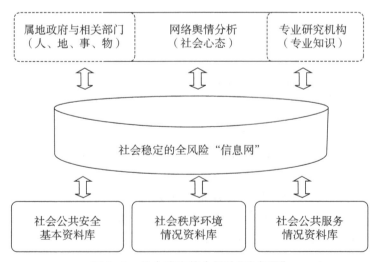

图3-3 社会稳定的全风险"信息网"

来源:唐钧:《政府风险管理——风险社会中的应急管理升级与社会治理转型》,中国人民大学出版社2015年版。

社会稳定风险全监测,主要包括两个方向:一是原有风险的动态监测,二是新生风险的动态更新。

二、社会稳定风险全监测的应用

社会稳定风险全监测,在实际操作中,主要包括五个要素:人、地、物、事、环,见表3-14。

表3-14 社会稳定风险全监测的五要素

监测要素	主要内容
人	风险人物,包括:"重点人"等
地	风险地点,包括:敏感的地点等
物	风险物品,包括:重要文物等
事	风险事件,包括:其他国家或地区的同类事件等
环	风险环境,包括:国际环境、政策环境等

注:该表为不完全概括,具有相应的误差。

☞ **实例22:敏感项目的全监测**

以某敏感项目(包括:PX等化工项目、涉核项目、垃圾场/站项目、医疗项目、其他可能污染环境等项目)为例,提供风险全监测的示例,见表3-15。

表3-15 某敏感项目的"人地物事环"风险全监测(示例)

监测要素	风险界定	风险点内容
人	辖区内可能导致社会稳定风险的人	(1)有刑事犯罪可能的社会人员; (2)冒用宗教和邪教等非法组织和人员; (3)可能引发大规模群体性事件的群体和人员; (4)肇事精神病人等。[①]

---

① 《加强重点人员管控,创造和谐社会环境》,大同县党政信息网,2012年9月13日,http://www.dtx.gov.cn/dzyw/bmxx/2012-09-13/1712.html。

续表

监测要素	风险界定	风险点内容
地	辖区内可能导致社会不稳定的风险	所在村(社区)、乡(镇、街道)、区、县、市等的敏感地点,例如:政府所在地等。
物	辖区内易引发群体纠纷或社会关注的物品	(1)爆炸性、易燃性、腐蚀性、毒性、强酸碱性和放射性、挥发性的危险物品问题; (2)枪支、警械、管制刀具等违禁物品问题; (3)城市生命线工程问题等。
事	辖区内易引发社会稳定风险的事件	(1)发生反对敏感项目的群体事件; (2)影响社会稳定事件,例如:拆迁、征地补偿、裁员; (3)关乎民生的政策行为,例如:涨价、限价、收费、限行等。
环	国内外易导致社会风险的环境因素	(1)相关国家政策、法规、规划的变动情况; (2)国外同类项目发生的事故,引发国内连锁反应; (3)项目受到媒体的舆论反对的风险; (4)媒体对项目进行负面引导的风险; (5)项目受到周边群众的舆论反对的风险等。

注:该表为不完全概括,具有相应的误差。

社会稳定风险全监测,以形成动态的"风险点清单"为最终目标。应用上述人地物事环五要素,结合稳评和稳管的五要素菱形模型,可形成真正意义上的社会稳定风险的动态"风险点清单",见表3-16。

表3-16 社会稳定风险的动态"风险点清单"(示例)

	人	地	物	事	环
意愿度	风险新动态 新生风险点 发生时间、地点等要素 风险上报、传达等要素 监测者姓名等要素	同前	同前	同前	同前
支持度	同上	同上	同上	同上	同上

续表

	人	地	物	事	环
容忍度	同上	同上	同上	同上	同上
反对度	同上	同上	同上	同上	同上
承受度	同上	同上	同上	同上	同上
应急力	同上	同上	同上	同上	同上
防范力	同上	同上	同上	同上	同上
公关力	同上	同上	同上	同上	同上
公信力	同上	同上	同上	同上	同上
责任力	同上	同上	同上	同上	同上

注：该表为通用模板，根据情况需灵活调整。

第四章 社会稳定风险分析

社会稳定风险分析是基于风险识别的初步结论,对风险从后果预测、可能性分析、对冲分析三个方面进行深入的分析,并为之后的风险定级与研判提供充足依据。

社会稳定风险分析是指针对待评事项,综合应用客观主观分析、内部外部分析、静态动态分析等方法,确定适用的社会稳定风险分析清单,并实施分析。

第一节 "客观—主观"风险分析

一、"客观—主观"风险分析的机理

(一)客观和主观分析的比较

社会稳定风险的客观分析,是指在风险识别的基础上,通过构建"全要素框架",形成评估项目的"风险分析清单",应用排除法,逐项比对和分析。

社会稳定风险的主观分析,是指充分发挥专家的经验,通过会商研判等方式,针对评估项目可能导致的社会稳定风险,进行模拟和分析。两者对比,见表 4-1。

表 4-1 客观分析和主观分析的对比表

	客观分析	主观分析
机理	先建构,后比对	先假设,后解构
方式	风险识别和全监测	会商、研判、模拟情景、同类案例启示等

续表

	客观分析	主观分析
方法	排除法为主	头脑风暴法为主
关键	风险清单为主	专家经验为主
误差	技术误差为主	经验误差为主

注：该表为不完全概括，具有相应的误差。

(二) 客观和主观分析的适用

根据分析对象的差异，社会稳定的风险分析可划分为客观分析和主观分析两类。社会稳定风险的客观分析，主要是基于已真实发生的"过往风险"和现实中的真实状况，综合形成的具有较强客观性分析总和。

社会稳定风险的主观分析，主要是基于愿力状况、民众态度、公共关系状况等相对主观的状况，综合形成具有较强主观性的分析总和。

结合稳评和稳管的五要素菱形模型，可将十项因素列联，呈现出适用发布状况，见表4-2。

表4-2 社会稳定风险的客观和主观分析适用表（示例）

	客观分析	主观分析
意愿度	—	现实中各相关利益群体的愿力状况
支持度	现实的风险防治支持保障程度等	—
容忍度	现实中的对于风险项的容忍程度等	—
反对度	—	现实中各相关利益群体的反对原因、反对程度等
承受度	—	现实中各相关主管部门、责任单位和相关利益群体的承受能力

续表

	客观分析	主观分析
应急力	现实中的真实应急力量,一案三制的状况等	—
防范力	现实中的风险防范力量,预防预警状况等	—
公关力	—	现实中各相关主管部门、责任单位的公关状况和各相关利益群体的认同状况
公信力	—	现实中各相关主管部门、责任单位的公信力状况
责任力	现实中的责任管理的明确和管理制度的建立健全状况等	—

注:该表为通用模板,根据具体稳评项目需作适当调整。

在现实操作中,有些风险项和风险因素的风险,兼有客观分析和主观分析的双重属性,需要根据实际情况,统筹兼顾地开展全面和深入的风险分析。

(三) 客观和主观分析的发散式排查

社会稳定风险的发散式排查分析,是指综合应用稳评稳管菱形模型的十要素,结合合法性、合理性、可行性、可控性等指标,列联排查,可发散式地排查社会稳定风险。见表4-3。

表4-3 社会稳定风险的要素排查分析

	合法性	合理性	可行性	可控性	其他需研判项
意愿度		?			
支持度	?				
反对度				?	
容忍度			?		
承受度			?		
应急力				?	
防范力				?	

续表

	合法性	合理性	可行性	可控性	其他需研判项
公关力		?			
公信力	?				
责任力				?	

注:"?"表示待排查项;上表为通用模板,具体项目可能需调整。

稳评稳管菱形模型的十要素,还可结合属地的责任,进行发散式分析。见表4-4。

表4-4 社会稳定风险的主体排查分析

	网民	周边居民	项目管理层	属地管理层	顾问专家
意愿度		?	?	?	?
支持度		?	?	?	?
反对度	?	?	?	?	?
容忍度	?	?	?	?	?
承受度			?	?	?
应急力				?	?
防范力			?	?	?
公关力				?	?
公信力				?	?
责任力			?	?	?

注:? 表示待排查项;上表为通用模板,具体项目可能需调整。

二、"客观—主观"风险分析的应用:"风险分析清单"

"风险分析清单"的构建,目标是为了社会稳定风险分析的全面性、完整性和系统性,其构建路径和方法,见表4-5。

表 4-5 "风险分析清单"的构建

构建路径	构建方法	特征
1. 围绕稳评目标	通过对评估对象的建设与管理目标进行分析,罗列可能影响目标实现的风险。	结果导向,形成阻碍目标达成的风险分析清单
2. 依据法律法规	通过对与评估对象相关的法律法规、部门规章等约束机制的梳理,罗列风险。	过程导向,硬约束,形成违法违规的风险分析清单
3. 参照组织机构的三定方案	通过对涉及评估对象的组织管理中各职能部门/岗位的业务管理范围和工作职责的梳理,罗列产生风险的组织层级及岗位,罗列出风险。	过程导向,形成以内部承受力为主的风险分析清单
4. 对照工作流程	通过评估对象的组织管理过程中涉及流程的分析,罗列风险。	过程导向,形成以内部责任力为主的风险分析清单
5. 对照稳评和稳管的五要素菱形模型	通过评估对象所涉及的稳评和稳管五要素菱形模型的十项要素,对照并罗列分析。	结果导向,形成全面的风险分析清单

注:该表为不完全概括,具有相应的误差。

在实践操作中,"风险分析清单"的呈现可以具体和清晰,见表 4-6。

表 4-6 风险分析清单(示例)

序号	风险点	风险发生阶段	所属风险领域/类型	可能造成的风险损失/后果	涉及的责任部门或岗位	涉及的利益相关群体	其他
1							
2							
3							
…							

注:该表为不完全概括,具有相应的误差。

实例23：春节期间典型社会风险的客观分析

唐钧：春节期间的十大社会风险预警

中国人民大学危机管理研究中心主任唐钧认为，这些火灾及社会危险事件或事故的发生，都是因为政府及相关部门缺乏风险评估或风险管理所致。

今年1月，唐钧出版了自著的新书《政府风险管理——风险社会中的应急管理升级与社会治理转型》。"转型期的综合社会问题常现，要求政府必须做好风险管理，不仅要降低民众的生命财产安全损失风险，更要提升民众评议政府的满意度。"唐钧告诉法治周末记者。

"我国正处于风险的高发期，风险是危机的因素和前奏。当前社会已经有三重危机源，一是死亡人数和经济损失的危机，二是社会负面影响和社会恐慌的危机，三是信任危机。但是，一些政府部门还并未认识到后两者的危机严重程度。因此政府风险管理要用两个维度来考量：一是公共安全和死伤的降低，二是公信力和民众满意度的提升。从这几年的实践来看，风险管理不当实际上就是导致危机爆发的根本原因。"唐钧说。

结合连续3年、每年2000多个社会风险典型案例的风险库数据，唐钧作出春节期间的社会风险预警。

"政府的风险管理，难就难在社会责任重和管理范围大。"唐钧建议，政府风险管理在起步阶段，衡量的标准是能否"保底"：一是确保重大特大风险尽量少出或不出；二是确保以往犯过的错误不要再犯。

春节期间，政府风险防控要着重做好两大类的风险防控：一是严控公共安全风险，二是严防公共服务风险。

公共安全风险，着重体现在规避人员死伤、财产损失、社会秩序失控。

公共安全的风险预警一：春节前的盗窃事件。例如，乘坐公共交通工具时需注意防盗。

公共安全的风险预警二：春节前后的交通事故。要防止路面交通事故的发生,遇到大雪、大雾而追尾、翻车,春节期间的醉驾引发的公共安全事故等。

公共安全的风险预警三:春节期间的火灾。特别是防止儿童燃放鞭炮时引爆下水井中的沼气等。

公共安全的风险预警四:公共场所的安全事故。例如:踩踏事故,电梯事故等。

公共安全的风险预警五:公共空间易暴发传染病。例如,近期北京东城区爆发麻疹疫情。

公共安全的风险预警六:恐怖袭击。例如,去年发生的云南火车站砍人事件等。

公共服务风险,着重体现在规避民众对服务的不满意和投诉抗议方面。

公共服务的风险预警一:春运。从放票开始,民众已经在投诉抢不到回家的票,以及公共交通工具的服务质量亦产生风险等。

公共服务的风险预警二:春节期间的公共医疗服务。医疗服务点、值班人员、必要医疗物资的供给是否充足,能否应对突发传染病、大规模伤亡事故等。

公共服务的风险预警三:春节期间公共场所举办活动的公共服务。可能涉及公园、广场等收费问题,洗手间问题,盲人等残疾人服务问题等。

公共服务的风险预警四:春节期间,食品安全事故。如日常食品的供应,及食品的质量监管等。

来源:唐钧:《春节期间的十大社会风险预警》,《法治周末》2015年2月10日,http://www.legalweekly.cn/index.php/Index/article/id/6967。

三、"客观—主观"风险分析的应用:"最好—最坏可能性分析"

"客观—主观"风险分析在实践的应用,在时间空间限制的情况下,会被简化为"最好—最坏可能性分析"。

"最坏情况"的可能性分析,是指在对所有风险进行总体分析的基础上,需要进行角色换位下的思考与权衡,考虑最高危风险因素与最极端人群（包括个人或群体）可能引致风险事件产生不良后果的可能性,即"最坏"的可能性分析。

"最坏"的可能性分析标准主要包括:内部风险管理的最"短板"因素;外部最极端个人与群体的行为和最高危风险因素。

"最好情况"的可能性分析,是指在对所有风险进行总体分析的基础上,需要进行角色换位下的思考与权衡,考虑最支持的群体和最大的利好因素,即"最好"的可能性分析。

"最好"的可能性分析标准主要包括:法律法规的健全;执法的到位;风险管理的落实;等等。

表4-7 相关利益群体的"最好—最坏可能性分析"(以拆迁为例)

相关群体	最好可能性分析	最坏可能性分析
利益相关个体	短期内得到经济补偿; 长期内改善居住与发展环境。	短期内失去被拆迁住房; 长期内对未来存在焦虑。
属地管理政府	长期内促进环境秩序的改善和公共服务的完善。	短期内引发矛盾纠纷,甚至导致社会不稳定,并需承担补偿等经济成本。

注:该表的可能性分析基于正常群体开展,具有群体分类研究的相应误差。

"最好—最坏可能性分析"适用于依据客观和主观情况预测最为极端的后果,但也容易忽略整体的风险状况,因此要明确"最好—最坏可能性分析"相应的误差。

四、"客观—主观"风险分析的典型工具:"概率—损失"分析

社会稳定风险的客观分析和主观分析,目前操作中较多使用的典型工具,是"概率—损失"分析(PR分析)。

"概率—损失"分析是较为典型的应用"客观—主观"风险分析的工具,通过客观分析和主观分析相结合,可以得出主要风险项在坐标中的定位。

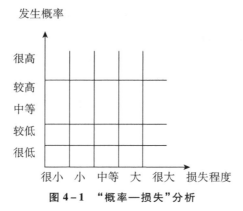

图 4-1 "概率—损失"分析

在实际操作过程中,损失分析应结合稳评和稳管的五要素菱形模型,综合财产损失、人员死伤、社会影响等多维风险因素,全面分析。见表 4-8。

表 4-8 损失分析(示例)

领域	损害参数	参数描述	单位
人	死亡人数	因风险事件而遇难的人数(包括失踪人数)	人
	受伤人数	因风险事件而受伤,须接受医疗机构和医护人员治疗的人数	人
	暂时安置人数	因风险事件而需要暂时转移安置或紧急疏散的人数	人
	长期安置人数	因风险事件而失去住处,需要在原地或异地重建的人数	人
经济	直接经济损失	因风险事件而造成的房屋、室内外财产、基础设施和三大产业损失的总和	单位货币
	间接经济损失	因风险事件而造成的间接经济损失的综合	单位货币
	应对成本	应对风险事件所投入的各种费用总和	单位货币

续表

领域	损害参数	参数描述	单位
基础设施	饮用水中断	风险事件造成饮用水中断的时间及受影响的居民	时间；户数
	电力中断	风险事件造成电力中断的时间及受影响的居民	时间；户数
	交通中断	风险事件造成交通中断受影响的人数	人数
	通讯中断	风险事件造成通讯中断受影响的时间	时间
生态环境	保护区的破坏	因风险事件而遭到破坏的保护区	面积比例
	水域影响	因风险事件而遭到破坏的表面水域或海里的生存空间	公里；公顷
	土地影响	因风险事件而遭到破坏的耕地、林地、草地、工业用地、城市用地等	公顷
	大气影响	因风险事件而遭到破坏的大气	超标倍数；影响人数
社会舆论	负面社会舆论	风险事件对于社会舆论的负面影响	传播度、关注度等
社会环境	社会生活中断	风险事件对民众生活的影响	程度
	社会管理影响	风险事件对公共事务的影响	程度
	社会心理影响	风险事件对民众心理的影响	程度

注：该表为不完全概括，具有相应的误差；根据具体稳评项目需作适当调整。

☞ 实例24：利益损失分析

在实践操作中，利益损失是关联综合因素的社会问题，因此利益损失分析也需要从多维度考量。

表 4-9 利益损失分析

类型	利益损失的风险	风险等级
直接利益损失	必然引发争取利益弥补的行为	高
相对被剥夺	极易引发争取平等利益的行为	中
将来可能利益损失	易引发避免利益受损的行为	低

注：根据正常群体设置，具有相应的误差。

☞ 实例 25：铁路突发公共事件的"概率—损失"分析

铁路突发的公共事件主要包括铁路行车风险、铁路防洪风险、铁路防寒除雪风险、铁路火灾风险、铁路突发公共卫生风险以及铁路群体性事件风险等六个领域。可能发生的风险事件包括自然灾害、公共卫生事件、事故灾害、各种类型突发爆炸事件、各种暴力事件、过街天桥跳桥事件、上方人员聚集事件、出租车聚集事件与设备设施故障。

可采用头脑风暴法与专家打分法，邀请技术、安全专家对铁路突发公共事件发生的后果影响打分，假设定义技术专家权重为60%，安全专家权重为40%，获得调查问卷后通过加权平均法得到风险发生可能性与后果影响的分值。对于铁路突发公共事件风险可能性分析，选择历史资料数据分析法进行分析。

风险可能性等级研判

综合考虑相关因素，将风险可能性划分为五级。Ⅰ级：基本不可能发生（每10年发生不超过3次）；Ⅱ级：较不可能发生（每年发生不超过3次）；Ⅲ级：可能发生（每月发生不超过3次）；Ⅳ级：很可能发生（每周发生不超过3次）；Ⅴ级：肯定发生（每天发生）。铁路突发公共事件风险可能性评估分析见表4-10。

表 4-10 铁路突发公共事件可能性评估分析表

序号	铁路突发公共事件	风险源	可能性等级
1	自然灾害造成铁路中断	旅客滞留	Ⅲ
2	公共卫生事件	疾病传播	Ⅰ

第四章 社会稳定风险分析

续表

序号	铁路突发公共事件	风险源	可能性等级
3	事故灾害	火灾	Ⅲ
4	各种类型的突发爆炸事件	爆炸	Ⅱ
5	各种暴力突发事件	暴力劫持	Ⅰ
6	过街天桥发生跳桥突发事件	跳桥	Ⅲ
7	上访人员聚集滋事	上访	Ⅱ
8	出租车聚集事件	聚集滋事	Ⅱ
9	设备设施故障	铁路设备设施破坏	Ⅲ

风险后果等级研判

对于铁路突发公共事件风险后果评估,选择专家调查法进行分析。根据铁路突发公共事件严重程度,风险后果划分为五级。Ⅰ级:影响很小,0—20分;Ⅱ级:一般,21—40分;Ⅲ级:较大,41—60分;Ⅳ级:重大,61—80分;Ⅴ级:特别重大,81—100分。根据上述指标,邀请专家打分,得到各项风险后果的平均得分,即风险后果评估得分,得出各风险源的风险后果的等级。见表4-11。

表4-11 铁路突发公共事件后果评估分析表

序号	铁路突发公共事件	风险源	后果定级
1	自然灾害造成铁路中断	旅客滞留	Ⅱ
2	公共卫生事件	疾病传播	Ⅴ
3	事故灾害	火灾	Ⅲ
4	各种类型的突发爆炸事件	爆炸	Ⅱ
5	各种暴力突发事件	暴力劫持	Ⅰ
6	过街天桥发生跳桥突发事件	跳桥	Ⅲ
7	上访人员聚集滋事	上访	Ⅱ
8	出租车聚集事件	聚集滋事	Ⅱ
9	设备设施故障	铁路设备设施破坏	Ⅰ

项目风险等级研判

铁路突发公共事件风险等级表如表4-12所示,通过风险评估得知,火灾、疾病传播是铁路突发公共事件风险较高的风险源。如何预防这些高危风险源转化为突发公共事件尤为重要。

表4-12 铁路突发公共事件风险等级表

序号	铁路突发公共事件	风险源	风险等级
1	自然灾害造成铁路中断	旅客滞留	中
2	公共卫生事件	疾病传播	高
3	事故灾害	火灾	高
4	各种类型的突发爆炸事件	爆炸	低
5	各种暴力突发事件	暴力劫持	低
6	过街天桥发生跳桥突发事件	跳桥	低
7	上访人员聚集滋事	上访	低
8	出租车聚集事件	聚集滋事	低
9	设备设施故障	铁路设备设施破坏	低

注:该实例根据相关材料整理,具有相应的误差。

第二节 "内部—外部"风险分析

一、"内部—外部"风险分析的机理

社会稳定风险分析,根据针对对象的不同,可划分为内部分析和外部分析两类。内部分析针对责任单位、相关管理部门实施分析;外部分析则针对社会组织、民众等实施分析。

结合稳评和稳管的五要素菱形模型,可将十项因素列联,用于风险分析,见表4-13。

表4-13 社会稳定风险的"内部—外部"分析适用情况(示例)

	内部分析	外部分析
意愿度	分析责任单位、相关管理部门的愿力	分析社会组织、民众的愿力

续表

	内部分析	外部分析
支持度	分析责任单位、相关管理部门的支持保障力度	—
容忍度	—	分析社会组织、民众的容忍程度
反对度	分析责任单位、相关管理部门的反对意见	分析社会组织、民众的反对状况
承受度	分析责任单位、相关管理部门的承受能力	—
应急力	分析责任单位、相关管理部门的应急处突的能力	
防范力	分析责任单位、相关管理部门的预防预警等方面的能力	
公关力	分析责任单位、相关管理部门的沟通、谈判、宣传等能力	
公信力	分析责任单位、相关管理部门的公信力状况	
责任力	分析责任单位、相关管理部门的责任管理状况	

注：上表为通用模板；根据具体稳评项目需作适当调整。

在实践操作中，有些因素是兼有适合内部分析和外部分析的双重属性，需要根据实际情况，统筹兼顾。

在实践操作中，内部风险分析的责任单位，及其相对应的风险项，可以形成通用的分析模板，见表4-14。

表4-14 内部风险分析的责任单位和风险项（示例）

内部的责任单位	内部的风险分析项
所在的省和市	本地国民经济发展规划、社会格局、政策扶持或限制情况等
政法委（维稳、综治）、公安局、信访	本地社会治安和社会矛盾特点，项目可能的稳定风险及其应对措施

续表

内部的责任单位	内部的风险分析项
发改委	本地经济社会发展现状、产业政策和发展规划,对本项目和项目单的建议等
环保局	本项目选址、污染物排放与治理等方面的意见
规划局和国土局	本项目在规划选址、土地征用等方面的意见
其他政府管理部门(土地局、建设局、绿化办、扶贫办、妇联等)	职责范围内所涉及的风险因素,例如:贫困人群的状况等
基层组织(受项目直接影响的村委会、居委会、镇政府、街道办事处、开发区管委会等)	管辖范围内所涉及的风险因素,例如:辖区的历史遗留问题、村规民约等

注:该表为不完全概括,具有相应的误差。

在实践操作中,社会稳定风险的内部分析方法,也可总结出来,供参考借鉴。见表4-15。

表4-15 社会稳定风险的内部分析方法(示例)

类型	具体操作
全面排查法	应用风险点库和风险关联库,分析两方面内容:一是评估对象所在区域目前存在的各类风险隐患;二是国内乃至世界范围内的已有各类涉稳事件案例的发生原因、处置过程、成功经验和失败教训。
抓大放小法	应用风险点库,抓大放小,对于风险环境中重点相关的信息进行分析,以挖掘风险,分析风险。
换位思考法	应用风险关联库,通过换位思考,从他(她)们的站位出发,模拟和分析风险。
标杆比对法	应用风险点库和风险关联库,通过针对预先设置的标杆参数,进行对照分析。
案例类比法	通过收集与本稳评项目同类型或具有可类比性的案例的相关情况,对其风险进行对比性分析,绘制风险地图,掌握风险事件发展规律和关键控制点,并应用于本评估对象的风险识别。

续表

类型	具体操作
头脑风暴法	邀请专家代表,充分交流对相关风险的看法,让专家尽可能多地罗列出可能存在的风险,作为进一步分析的基础。
情景设置法	对评估对象所处环境及未来可能出现的情景及其风险状况进行推断、预测,识别出潜在风险。

注:该表为不完全概括,具有相应的误差。

二、"内部—外部"风险分析的应用:利益相关分析

"内部—外部"风险分析,由于内部基本处于既定状态,因此更大程度上是取决于外部风险分析;而相关利益群体的分布和特征在很大程度上深刻影响着社会稳定风险,尤其是相关利益群体所做的极端反应将直接影响到社会稳定风险。

因此,在社会稳定风险分析中,需针对利益相关群体进行动态预测和全面分析。直接显性的利益相关群体往往只是"冰山一角",而隐藏在"冰面"下的其他利益相关群体及其带来的风险隐患则更加巨大,容易把"最好"转换为"最坏",见图4-2。

图4-2 "冰山效应"下的利益相关群体示意图

利益相关分析是指根据利益相关群体的基本要素,进行利益相关群体的社会关系、述求、心态、态度、矛盾冲突、维权意识等方面的分析,从而把握社会稳定风险的系统状况和重要变化。

表 4-16 利益相关分析

分析项	主要方法	作用
利益相关群体的社会关系分析	(1)对不同利益相关群体之间的关联网络、社会网络、社会资本等因素进行分析,分析其对项目的影响;(2)对于影响社会群体的行为和态度的道德规范、价值观念、信仰体系等要素,也进行纳入分析。	分析"最好—最坏"的社会关系格局
利益相关群体的述求分析	(1)绘制各利益相关群体不同的利益诉求、期望、心理、行为反映的特征图表;(2)可采用小组座谈会等方式调查利益诉求的合法性与合理性;(3)进行评价和分析,得出结论。	分析"最好—最坏"的述求
利益相关群体的心态分析	(1)全面覆盖:包括受益方和受损方;包括核心利益相关群体、重要利益相关群体、一般利益相关群体与旁观者;重视目前已确定的利益相关群体、预期的利益相关群体和潜在的利益相关群体; (2)动态追踪:关注利益相关群体的构成变动,掌握其心态的变化规律,预测变动趋势; (3)同类比较:参考同类利益群体的心态分析成果,遵循一般规律,进行同类借鉴。	分析"最好—最坏"的心态动态
利益相关群体的态度分析	(1)分析不同利益群体对项目建设运行的基本反应;(2)分析不同利益群体对补偿的要求;(3)分析不同利益群体对附加条件的要求等。	分析"最坏"的态度
利益相关群体的维权意识分析	(1)分析社会地位比较低的弱势群体的维权意识;(2)分析社会地位比较高的强势群体的维权意识;(3)分析本地区的弱势群体与强势群体的获益差距等。	分析"最坏"的可能性
利益相关群体的矛盾冲突分析	(1)对利益相关群体之间、利益相关群体和项目之间在利益、价值观、心理感受等方面存在的矛盾冲突进行分析;(2)结合利益相关群体的行为表现和反应,分析矛盾的大小和冲突的可能性。	分析"最坏"的矛盾冲突

注:该表为不完全概括,具有相应的误差。

三、"内部—外部"风险分析的应用：网民心态分析

由于利益相关分析的整体复杂性，"内部—外部"风险分析在短期内的应用在很大程度上，用网民心态分析来替代。但同时也要根据网民的特征，明确网民与整体利益群体的差异，以及网民心态分析依附于虚拟空间的显性误差。

（一）网民舆论的风险分析

网民舆论的风险分析，在实践操作中，主要包括：网民舆论的时空分析、民意分析、社会环境分析。

1. 网民舆论的时空分析

在定量分析的基础上，对网络舆论事件、话题和现象在时间历史重大关联性和地域空间重大关联性方面的考察，即对舆论是否发生在敏感时间和重要地点做初步分析判断。

时空风险分析首先是指在参与评论的网民地域分布定量分析基础上，考察舆论发生地区和波及地域范围。包括舆论发生地域是不是政治、经济、文化中心城市，舆论发酵和传播的波及地域是否广泛，是否在国内其他重要地区引发连锁反应等。

时空风险分析其次是指在评论时间分布基础上，考察舆论发生时间是否处于重大节日或重要活动期；是否迁延日久，仍未平息；时间发展出于何种舆论发展时期等。

2. 网民舆论的民意分析

民意风险分析，是指对于舆论事件、话题、现象相关的媒体报道和评论倾向性和网络言论倾向性的分析考察。建立在对舆论总倾向和网民态度定量分析、网民地域分布定量分析的基础上。

民意风险分析主要范围包括以下四个方面：一是关注该舆论事件的人群范围；二是媒体的关注度；三是媒体与网民对舆论事件当事人、责任方的态度及其程度；四是网民对事件本身的反应程度，是认知和态度层面还是已经上升到显示行动层面。

3. 网民舆论的社会环境分析

社会环境风险分析是指把孤立的舆论事件置于社会系统和矛盾运动的结构中，进行深入考察，是对网络舆论进行定性分析的主要内容。社会环境风险分析是网络舆论分析的最后环节，是对时空分析

和民意分析的深化。

社会环境分析一方面需要充足的舆论案例支撑以及舆情事件本身具体和真实的细节佐证；一方面又充分利用心理学、社会学、统计学、新闻传播学、公共管理等学科理论方法。

社会环境分析的内容一般包括以下三个方面：一是评估网络舆论的风险程度，即舆论事件引发群众的反应程度，是认知层面、表达态度还是会走向实际行动乃至引发社会骚乱；二是评估舆论反映的群众的利益诉求，保底需求有哪些，超额需求有哪些，列出群众的需求清单；三是分析舆论反映的社会心态，正向的社会心态具体体现为哪些心理与情绪；负向的社会心态具体体现为哪些心理与情绪。

基于上述网民舆论的时空分析、民意分析、社会环境分析，可形成网民舆论的综合风险分析，见表4-17。

表4-17 网民舆论的综合风险分析（示例）

监测指标(4类)	监测要素(13项)	监测项(36项)
1. 发布者状况	1.1 发布者的影响力	1.1.1 业界地位
		1.1.2 社会地位
		1.1.3 粉丝数量
		1.1.4 关注群体
		1.1.5 转载量
		1.1.6 关系网
	1.2 活跃度	1.2.1 发帖量
		1.2.2 回帖数
	1.3 价值观	1.3.1 舆情所反映出来的价值观
2. 舆论状况	2.1 信息主题类别	2.1.1 涉评估项目审批
		2.1.2 涉评估项目的事故
		2.1.3 涉评估项目的知识普及
	2.2 关注度	2.2.1 参与评论人数
		2.2.2 点赞数量
	2.3 信息主题危害度	2.3.1 高、中、低、无
	2.4 舆情形式	2.4.1 照片
		2.4.2 视频
		2.4.3 录音
		2.4.4 文字

续表

监测指标(4类)	监测要素(13项)	监测项(38项)
3.受众互动状况	3.1 负面指数	3.1.1 回帖总数
		3.1.2 负面回帖总数
		3.1.3 中性回帖总数
	3.2 受众影响力	3.2.1 国内
		3.2.2 国外
	3.3 参与频度	3.3.1 点击量
		3.3.2 评论数
		3.3.3 回复量
		3.3.4 转载量
	3.4 网民分布状况	3.4.1 网民分布在某省、市、县的状况
4.传播状况	4.1 传播方式	4.1.1 报纸媒体
		4.1.2 杂志媒体
		4.1.3 电视媒体
		4.1.4 广播媒体
		4.1.5 网络媒体
	4.2 舆情传播度	4.2.1 转载量
		4.2.2 报道次数

注：该表为不完全概括，具有相应的误差；根据具体稳评项目需作适当调整。

(二) 网民心态分析的实际操作

网民心态，是指在网民舆论的基础上，总结"最大公约数"，形成能够在一定程度上代表社会心态的民意汇总。

表4-18 某项目的网民心态分析(示例)

典型的网民情绪(6类)	典型的网民心态(12种)
1.畏惧	1.1 对该项目的畏惧
	1.2 对所有未知事物的畏惧

续表

典型的网民情绪(6类)	典型的网民心态(12种)
2.怀疑	2.1 对责任单位的怀疑 2.2 对属地管理部门承受力的不信任
3.反对	3.1 邻避效应(Not In My Back Yard)的心理 3.2 绝对反对的逆反心态
4.担忧	4.1 对可能产生的事故的担忧 4.2 对可能产生的纠纷的担忧
5.中立	5.1 不反对 5.2 无明确意见
6.乐观	6.1 支持该项目 6.2 支持所有官方项目

注:该表为不完全概括,具有相应的误差。

表4-19 某项目的网民支持心态分析(示例)

支持原因(4类)	具体支持因素(8种)
1.理性	1.1 对该项目有着科学的了解和认识 1.2 对极端言论的反感,进行了理性思考
2.信任	2.1 对责任单位的信任 2.2 对属地管理部门的信任
3.自利	3.1 该项目有助于提高个人收入、降低生活成本 3.2 该项目能够带来生活便利,提高生活质量
4.利国	4.1 该项目能带动地区经济发展 4.2 该项目能增进国家利益

注:该表为不完全概括,具有相应的误差。

四、"内部—外部"风险分析的典型工具:"责任—影响"分析

社会稳定风险的"内部—外部"风险分析,当前的典型工具是"内部责任—外部影响"分析(responsibility-influence,简称RI分析),外部影响主要是指"社会影响"(social influence),可形成实用的分析工具,见图4-3、表4-20。

第四章　社会稳定风险分析

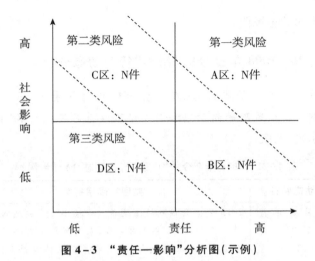

图 4-3　"责任—影响"分析图（示例）

表 4-20　"责任—影响"的风险分析表（示例）

等级 项目	第一类风险	第二类风险	第三类风险
所处区域	A 区	B 区；C 区	D 区
风险数量	N 件	N 件	N 件
风险列表	（1） （2） （3） （4） （5）	（1） （2） （3） （4） （5）	（1） （2） （3） （4） （5）
风险分析	高危风险	中危风险	低危风险

注：该表为不完全概括，具有相应的误差。

第三节　"静态—动态"风险分析

一、"静态—动态"风险分析的机理

社会稳定的静态风险，是指以固定的风险点，以及根据风险关联形成的"风险地图"。社会稳定的动态风险，是指在静态风险的基础上，实时关注风险的新动态和新生风险，应用连锁反应的机理，把握

社会稳定的动态风险。

☞ **实例 26：2008 年至今的"闹事"行为动态分析**

2008 年至今的闹事行为，在社会治理的大背景下，每一年的闹事行为都呈现出风险的新动态和新生风险。进而可以形成"闹事"行为动态分析，见表 4-21。

表 4-21　2008 年至今的"闹事"行为动态分析（示例）

年份	动态特征	典型的闹事行为
2015	司法改革背景下的"社会倒逼"	2015 年全面推进司法改革，"社会倒逼"被纳入法制轨道。例如：2015 年 4 月 4 日，来自黑龙江省绥芬河市 30 余名个体出租车司机，在王府井喝农药自杀，反映出租车续租及换车等个人诉求；4 月 28 日，北京市公安局官方微博"平安北京"发布消息称，6 名在公共繁华地区喝农药滋事的黑龙江籍非访人员被检察机关以涉嫌寻衅滋事罪批准逮捕。警方表示，对通过采取此类违法行为寻衅滋事，企图达到个人利益诉求的人员，将严厉打击处理。①
2014	治理网络背景下的"社会倒逼"	2014 年启动网络治理，"社会倒逼"被规范化管理，但延续了前几年的造谣传谣等方式。例如：2015 年 4 月 24 日，网络上一段"交警打人"的视频迅速流传，在该视频中，一名身穿制服的交警正在推打一名抱着小孩的妇女。当地警方通报，网络流传的视频经过剪辑，完整视频显示：在该交警制服这名女子之前，交警在执法过程中被该女子先扇了一个耳光，将其眼镜打落在地。②
2013	网络"社会倒逼"	2013 年，针对现实中的社会热点事件，网民们通过网络上的多种方式方法进行倒逼，督促从严从快地查处。例如："校长带小学生开房"事件后网络上出现的"校长开房找我"事件等。

---

① 《非访人员来京喝农药被批捕，为黑龙江籍和贵州籍》，人民网，2015 年 4 月 29 日，http://society.people.com.cn/GB/n/2015/0429/c1008-26923344.html。

② 《网络热传交警打人视频　原为被扇耳光后还手》，腾讯网，2015 年 4 月 25 日，http://news.qq.com/a/20150425/000005.htm。

续表

年份	动态特征	典型的闹事行为
2012	"人肉搜索""扒粪运动""泼粪行为"	2012年开始"人肉搜索""扒粪运动"流行起来,并出现了造谣、传谣等"泼粪行为"。例如:2012年3月16日,厦门市思明辖区城管部门在鹭江辖区对占道经营商贩进行整治过程中遭遇当事人阻挠。接到报警后,鹭江派出所出警依法进行现场处置,在处置过程中,民警被当事人咬伤手臂。事发后,一名叫"男妇联主任"的网友在"优酷视频网"上发布"厦门城管暴力执法激起民愤"的视频资料,声称厦门城管暴力执法,殴打无辜小贩,并加以不实评论和恶意渲染,引发网友热议。案发后,"男妇联主任"被依法予以行政处罚。①
2011	送锦旗	2011年网络出现有人向某单位送写有负面内容的锦旗,此后送锦旗常被效仿,锦旗的文字内容也多有创新,起到了吸引眼球的效果。例如:2013年12月31日,郑州6位市民手持锦旗,锦旗上写着"损人利己"几个大字,送给一家银行。他们住在银行后面,因银行安装的8个空调室外机噪音大,废水排放到胡同,引起他们不满,多次交涉未果决定送另类锦旗。②
	"救父嫁女"	2011年1月1日,网友"郭寒韵"在天涯发帖称,其父郭元荣14年前因举报当地官员相关问题,被公安局关进十堰市茅箭精神病院,家属屡次想将其接回家但未能成功,至今已被关14年。该网友表示,谁能救出其父,"姿色尚可,至今守身如玉"的她愿以身相许。该帖迅速引发网络关注。1月3日,十堰市茅箭医院精神科证实该院确有此病人。帖子出来后,竹溪县当地官员找家属谈判,同意放人,但对郭元荣出来后的待遇及补偿问题未谈拢。后经媒体调查证实,整个"'郭寒韵'发帖救父"的所谓网络曝光事件,其实是湖北省十堰市两位网民彭宝泉、陈永刚为了救出这个与之有相同经历的人,共同策划和精心包装的,事实上并不存在郭寒韵此人。③

① 《厦门网友散播城 管打人不实视频被抓》,《中国日报》2014年4月14日,http://www.chinadaily.com.cn/hqgj/jryw/2012-04-14/content_5681333.html。

② 《银行8台空调轰鸣扰民 被送锦旗:损人利己》,千龙网,2013年12月31日,http://www.qianhuaweb.com/content/2013-12/31/content_4543994.htm。

③ 《网友"卖身救父"帖引爆网络,被关14年的"精神病人"今日获自由——"郭寒韵"原是"郭喊冤"》,《羊城晚报》2011年1月4日,http://www.ycwb.com/ePaper/ycwb/html/2011-01/04/content_1010587.htm。

续表

年份	动态特征	典型的闹事行为
2010	行为艺术	2010年为了抗议某市拆迁,中外艺术家开展了行为艺术展,此后常被效仿。
2009	集体下跪	2009年某事件中,媒体曝光了集体下跪的情形,之后成为施压的方式,近几年出现:农民们集体下跪、教师集体下跪、法学教授带领学生集体下跪等事件。2014年6月30日,在成都市武侯区航空路新希望大厦外,一名身绑玫瑰花的男子携14名大学生集体下跪,他们手持玫瑰,并举出广告牌向某企业家借款100万治病,广告牌上还写着"借我100万,我打工还你一辈子"的字样。①
2008	"俯卧撑" "打酱油"	2008年某次采访捧红了"打酱油",瓮安6·28事件炒热了"俯卧撑",成为当年的网络热词。此后经常被使用。

注:根据风险识别和风险全监测系统汇总而成,具有相应的误差。

二、"静态—动态"风险分析的应用:连锁反应分析

社会稳定风险的演变具连锁反应效应,单个风险爆发后因自身发展或应对不当往往引发其他关联风险爆发,引发次生和复合性危机,导致危害的蔓延,如图4-4。

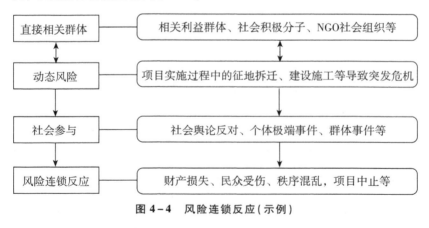

图4-4 风险连锁反应(示例)

---

① 《白血病大学生携14人集体下跪 向富豪借100万》,光明网,2014年7月2日,http://life.gmw.cn/2014-07/02/content_11817018.htm。

因此,社会稳定风险间的强关联性,要求风险分析要采用动态分析方法,重视风险连锁反应效应,能较好地分析连带风险和次生风险。

表 4-22　社会稳定动态风险的连锁反应分析

	分析项(示例)
"事"的连锁反应分析	根据社会风险导致连锁反应的路线发布和各自的概率大小,可绘制出相关连锁反应的分布图,进而在社会风险评估过程中,对于相关的风险路径和风险要点,有针对性地进行按路径评估和按要点评估,尽可能多的覆盖相关联的风险点,并绘制出相关连锁反应的分布状况。
"人"的连锁反应分析	根据利益的直接关联或间接关联的远近关系,可绘制出相关利益群体的分布图,进而根据人物的风险状况和人物关系,可绘制出人际网络的风险分布。

注:该表为不完全概括,具有相应的误差。

☞ 实例 27:日本"3·11"核事故的风险连锁反应分析

2011 年日本"3·11"大地震导致的福岛核事故,令全球关注核安全问题。2013 年 3 月,日本在大地震两周年前夕再出现反核游行,而法国、德国各地也有近 5 万民众发起反核示威游行,德国抗议民众于四个地点集会,要求立即停止德国九座仍在运转的核子反应炉,而北部城市希德斯罕,抗议民众组成人链,要求附近的核电厂停止运作;另外,以核为主题的"纽约和平电影节"在美国纽约开幕,上映描写福岛核事故灾民等纪录片,到场人士呼吁关闭核电站和废除核武。

继台湾地区 3 月 8 日有 20 万人上街反核外,法国和德国各地共计有近 5 万民众发起反核游行,德国政府本计划在 2022 年前关闭所有核电厂,但示威人士要求立即停止所有核子反应炉,活动发起人表示有 2.8 万参加示威游行;而在法国巴黎,26 个当地反核团体发起活动,约 2 万名示威民众组成人链,游行民众在巴黎 18 个地点聚集,同时手牵手游行,高喊"不要再有核电厂""不要再有福岛"等口号。

在经济全球化与一体化的当下,风险连锁反应往往具有全球化效应,某一区域性的风险事件可能导致其他区域甚至全球性的相关风险发生兑现。对此,对于核安全、民族问题、人权问题等全球性问题进行风险评估时,需着重分析其全球性下的风险连锁反应。

三、"静态—动态"风险分析的典型工具:风险升级预测

社会稳定风险的升级,尤其是量变到质变的性质转变,是稳评和稳管的关键项。因此,当前"静态—动态"风险分析的典型工具是风险升级预测分析,用于绘制风险升级状况,并可进行预测和及时预警。

☞ **实例28:社会稳定的风险升级预测**

表4-23 社会稳定的风险升级预测(示例)

风险行为预测	风险预警	分析类型
(1)现场集体的极端行为	高危	现场实地风险分析
(2)现场个体的极端行为		
(3)现场集体的行为艺术		
(4)个体现场的行为艺术	中危	虚拟空间风险分析
(5)召集现场		
(6)网上引发较大规模关注	低危	
(7)网上讨论		
(8)个体网上发帖		

注:根据近年来国内外社会稳定事件汇总,具有相应的误差。

第五章 社会稳定风险定级

社会稳定风险定级,是指在风险识别和风险分析提供的风险程度的基础上,再结合社会稳定管理的内部控制和外部合作的承受能力,通过对照排查法、定量计算法、综合研判法,得出待评事项的风险等级。

第一节 社会稳定风险定级的机理

一、社会稳定风险定级的依据

社会稳定风险的定级依据具有多维度的特征,见表5-1。

表5-1 社会稳定风险的定级依据

定级依据	操作方法	操作难点
因"事"定级	依据法律、行政法规、部门规章等,针对事件,依法定级	法律法规未有明文规定;"负面清单"未见罗列等特殊情况
因"人"定级	依据利益相关群体的风险识别、风险分析;依据"风险升级预警图"研判定级	利益相关的复杂性,主观感受的不确定性等
因"后果"定级	依据"概率—损害"分析,依据可能导致后果的等级,研判定级	社会风险的关联度高;连锁反应机理复杂等
因"社会影响"定级	依据"责任—影响"分析,依据新闻价值、媒体敏感度,预估社会影响程度,研判定级	对专家的风险敏感性、综合素质的要求高;虚拟空间的不确定因素较大等

续表

定级依据	操作方法	操作难点
因"承受度"和"责任力"定级	依据责任单位和属地的承受能力、社会稳定管理的履责状况,研判定级	承受度易受愿力影响而主观提升;责任力易受公信力影响而客观下降等

注:根据通常情况下设置,具有相应的误差。

二、社会稳定风险定级的三个等级

表5-2 社会稳定风险定级的三个等级

	国家发改委的设定	卫生部的设定	稳管策略
高风险	大部分群众对项目有意见、反应特别强烈,可能引发大规模群体性事件	政策分歧较大、矛盾隐患集中、稳定风险大的重大事项,列入高风险管理,暂缓推出,避免因决策不当引发群体性事件	终止或整改后,再稳评
中风险	部分群众对项目有意见、反应强烈,可能引发矛盾冲突	对群众欢迎但存在异议,有一定稳定风险的重大事项,列入中度风险等级管理,对重大事项重新研究修订,待条件成熟后再行启动实施	终止或整改后,再稳评
低风险	多数群众理解支持但少部分人对项目有意见,通过有效工作可防范和化解矛盾	对群众欢迎、条件成熟且风险低的重大事项,列入低风险管理,加快推进实施	实施项目,并开展稳管

三、社会稳定风险管理对风险定级的贡献

社会稳定风险管理在风险定级中起着重要作用。风险等级的转换,重要因素有加强管理、利好因素、理念改观和习惯变化等多重因素。

实例29：利好因素的风险对冲

在特定的环境中，会产生特定的利好因素，形成风险对冲效应。见下表。

表5-3 利好因素的风险对冲（示例）

利好因素（示例）		风险对冲效应	影响风险等级
外部	同期发生更具社会影响力的事件	同期的更具社会影响力事件将转移社会注意力，降低本项目的敏感度。例如：日本3·11地震海啸、美国9·11事件等吸引了全世界的持续关注。	短期内关注度降低，但风险等级不变
	更大危害风险源的出现	由于更大危害风险源的出现，导致本项目的潜在好处被认可。例如：雾霾趋于严重时，核能的优势就被反衬得更显著，其认可度也随之提升。	项目支持度提升，风险等级可能改变
内部	内部员工的工作生活场所，距离风险源最近	内部员工是最了解风险状况的群体，出于趋利避害的本能，内部员工由于工作和生活场所距离风险源最近，因此也是降低风险的最积极群体，有助于降低周边民众的顾虑。	项目承受度提升，风险等级趋于降低
	属地领导搬至风险源附近居住生活	属地领导是最有能力降低风险源的群体之一，也是最了解风险内部情况的群体之一；若属地领导搬至风险源附近居住生活，则是切实降低甚至打消周边民众顾虑的一项措施。	项目承受度极大提升，风险等级降低

注：该表为不完全概括，具有相应的误差。

在社会稳定风险等级改变的过程中，外部利好因素经常是不可控的随机因素，内部利好因素实质上属于社会稳定风险管理的范畴。因此，就改变风险等级而言，最主要并且可控的工具还是社会稳定风险管理。见表5-4。

表 5-4 社会稳定风险的等级改变

类型	最坏可能	等级改变和保持低危的主要原因	最好可能
低危风险	最坏情况处于可控、可承受的范围	1. 社会稳定风险管理 （1）显性风险的预案 （2）短期风险的防治 （3）内部风险控制 （4）外部风险合作 2. 国内外利好因素存在	最好情况可基本实现，各方均可明显获益
中危风险	最坏情况处于可能失控、局部不能承受的范围	1. 社会稳定风险管理 （1）内部风险控制 （2）外部风险合作 2. 国内外利好因素出现	最好情况基本抵消最坏可能的损失，有些利益方略有受损
高危风险	最坏情况处于不可控、无法承受的范围	1. 风险观念的转型 （1）更大损害的规避 （2）高危风险的习惯 2. 社会稳定风险管理 3. 国内外利好因素出现	最好情况无法抵消最坏可能的损失，多数利益方利益受损

注：该表为不完全概括，具有相应的误差。

因此，社会稳定风险管理，无论对于保持低危等级的风险状况，还是努力从高危、中危等级转变为低危等级，都起着重要甚至关键的作用，见表 5-5。

表 5-5 社会稳定风险管理的贡献

	项目	风险干预	对社会稳定的贡献	对风险等级的贡献
风险内控	民本	阻止风险升级；增公信力	降反对度	高危降中危；中危降低危；维持低危等级
	综治	减轻损害；增应急力	增支持度	
	规范	切断连锁反应；增防范力	增支持度	
	负责	降低发生概率；增责任力	增承受度	

续表

	项目	风险干预	对社会稳定的贡献	对风险等级的贡献
风险外合	群防群治	社会共担风险责任;增承受度	增防范力	高危降中危;中危降低危;维持低危等级
	公共关系	风险预警和阻止升级;增意愿度	增公关力	
	纠纷调解	维护利益相关群体;降反对度	增公信力	
	风险文化	增强风险抵御能力;增容忍度	增应急力	

注:主要依据经验研究而成,具有相应的误差。

在实践操作中,社会稳定风险管理在降低风险等级时,最主要的措施是通过责任承担来控制风险。见表5-6。

表5-6 通过风险控制降低风险等级(示例)

序号	风险发生阶段	风险点	风险应对目标	风险应对方法 防	风险应对方法 治	实施时间和要求	责任主体	协助单位	风险等级变化
1									
2									
3									

注:根据具体稳评项目需适当调整。

第二节 社会稳定风险定级的主要方法

社会稳定风险定级,可主要采取三种方法开展:对照排查定级法,定量计算定级法,综合研判定级法。

表5-7 社会稳定风险定级的主要方法比较

	对照排查定级法	定量计算定级法	综合研判定级法
机理	通过对照显性风险列表,逐一排查风险并定级	通过定量计算风险并定级	包括定量计算法和对照排查法,通过定量、排查、会商等多种方法,综合研判确定风险等级

续表

	对照排查定级法	定量计算定级法	综合研判定级法
关键	风险点识别;风险分析清单;等	定量数据(包括问卷调查数据等);等	"客观—主观"分析;"内部—外部"分析;"静态—动态"分析;等
优势	便捷、高效	摒弃主观干扰	智能、高效
劣势	易忽略动态风险	易忽略某些重要的社会风险	易带有某些固化的主观干扰

注:根据实践经验总结,具有相应的误差。

在实践操作中,稳评的三种方法既有适用条件,也具有相应的误差,见表5-8。

表5-8 稳评定级方法的适用与误差

	适用范围	主要误差
对照排查定级法	风险库完善;评估对象为封闭环境;风险环境较好;社会秩序良好;等	忽略动态风险,忽略风险关联等
定量计算定级法	定量数据能获取;风险环境较好;社会秩序良好;等	信度,效度等
综合研判定级法	重特大项目;敏感项目;风险环境复杂的项目;等	客观的信度、效度,主观的固化、狭隘等

注:根据实践经验总结,具有相应的误差。

一、对照排查定级法:同类案例分析

(一)收集同类案例,分析涉稳风险

通过收集项目同类型的案例情况,对其社会稳定风险进行分析。以建筑项目类的社会稳定风险为例,具体内容可参考表5-9:

表 5-9　建筑项目类案例社会稳定风险分析

序号	同类案例	社会稳定风险分析	案例来源
1	北京市东四环线轻轨工程遭沿线部分居民反对（2014年）	部分居民认为工程可能存在噪音、安全和破坏环境等问题，联名反对该项目。	山西省环境保护厅网站，http://www.sxhb.gov.cn/news.do?action=info&id=41450
2	浙江省余杭区九峰垃圾焚烧厂营建遭到民众反对（2014年）	2万多人联名反对，周边居民发生规模性聚集，并封堵02省道和杭徽高速公路，一度造成交通中断，多人受伤。	凤凰网，http://news.ifeng.com/a/20140512/40251250_0.shtml
3	福建省厦门市PX项目引发网络舆论危机（2014年）	政府提案经媒体报道、各大权威网站、博客、论坛转载，网络舆论沸沸扬扬；居民通过网络、手机等号召集体"散步"，引起市民恐慌，进行集体游行。	人民网，http://yuqing.people.com.cn/n/2014/0605/c210114-25108215.html
4	湖北省武汉市武汉百余车辆游街反对变电站（2014年）	百余辆小车挂着"复地无耻销售欺诈"等标语在湖北省徐东大街东湖中学一带车游维权，抗议东湖复地在小区和学校旁建大型电站，有车后面绑着充气娃娃"充气娃娃送给你莫强奸民意"。	观察者网，http://www.guancha.cn/local/2014_08_10_255124.shtml
5	广东省化州市丽岗镇及附近部分群众反对在该镇建设殡仪馆（2014年）	约500多名群众在镇里的丽岗圩聚集，引发周边群众围观。	化州市政府网站，http://www.huazhou.gov.cn/view-14551.html
6	中核集团鹤山项目被迫停止（2013年）	官方首次对此项目进行社会稳定风险评估公示即引起民众强烈不满，造成核泄漏恐慌，遭到民众联名反对。	人民网，http://politics.people.com.cn/n/2013/0715/c14562-22194186.html

(二) 提取风险点,形成风险点清单

根据同类案例分析,可对社会稳定风险进行初步识别,提取可能的风险点,列出风险点清单,以建筑项目类的社会稳定风险点清单为例。建筑项目类社会稳定风险共 4 大风险类别,9 个风险领域、46 个风险点,具体内容如表 5-10 所示。

表 5-10 建筑项目类社会稳定风险点清单

风险类别: 4 类	风险领域: 9 个	风险点:46 项	是否为项目相关风险
1. 项目筹划阶段的风险	1.1 政策规划和审批程序中的风险	(1)立项、审批程序的合法性风险 (2)项目与产业政策、发展规划相矛盾的合理性风险 (3)规划选址的合理性风险 (4)规划设计参数的合理性风险 (5)立项过程中公众参与不足的风险	待分析
	1.2 土地房屋征收补偿的风险	(1)土地房屋征收征用范围的合理性风险 (2)土地房屋征收征用补偿资金不足的风险 (3)被征地农民就业生活的风险 (4)安置房源数量和质量的风险 (5)土地房屋征收征用补偿标准不合理的风险 (6)土地房屋征收补偿程序和方案不合理的风险 (7)拆除过程中与群众发生冲突的风险 (8)特殊土地和建筑物的征收征用的风险 (9)管线搬迁及绿化迁移方案的合理性风险 (10)施工损害其他建筑物的赔偿风险	待分析
	1.3 技术与经济方案的风险	(1)工程方案的合理性风险 (2)工程方案的可行性风险 (3)资金筹措和保障的风险	待分析

续表

风险类别： 4类	风险领域： 9个	风险点:46项	是否为项目相关风险
2.项目建设过程中的风险	2.1 破坏生态环境的风险	（1）产生劳动纠纷的风险 （2）发生安全事故的风险 （3）影响公共交通的风险 （4）噪音扰民的风险 （5）产生固体污染的风险 （6）产生水体污染的风险 （7）产生扬尘与大气污染的风险 （8）产生光污染的风险 （9）产生电磁辐射和热辐射的风险 （10）改变公共开放活动空间、水系、生态环境和景观的风险 （11）水土流失的风险 （12）破坏古墓、文物的风险 （13）破坏生态多样性的风险	待分析
	2.2 项目建设规划与管理不当的风险	（1）施工方案的合理性风险 （2）文明施工的风险 （3）质量管理的风险 （4）安全管理的风险 （5）社会稳定风险管理体系的风险	待分析
3.项目投入运营后的风险	3.1 破坏生态环境的风险	（1）水体污染的风险 （2）大气污染的风险 （3）土地污染的风险	待分析
	3.2 影响经济社会的风险	（1）对周边土地、房屋价格产生不良影响的风险 （2）对公共配套设施的产生不良影响的风险 （3）出现流动人口管理问题的风险 （4）出现流动车辆管理问题的风险	待分析

续表

风险类别：4类	风险领域：9个	风险点：46项	是否为项目相关风险
4. 媒体和群众舆论风险	4.1 媒体舆论的风险	(1)项目受到媒体的舆论反对的风险 (2)媒体对项目进行负面引导的风险	待分析
	4.2 周边群众舆论导向	项目受到周边群众的舆论反对的风险	待分析

注：依据同类典型案例总结提取风险点，具有相应误差。

（三）针对评估项目，筛选具体风险

根据同类型案例分析得出的社会稳定风险点清单，结合评估项目的具体情况和其他案例的异同之处，增减相应的风险点，得出本评估项目的具体风险。

二、定量计算定级法：精确计量风险

对风险进行定量计算定级，需定量计算风险值，分为单个风险点的定量计算和汇总单个风险点风险值的整体风险值计算，最终根据相应标准确定风险等级。

（一）单个风险点的计算定级

针对风险点清单中的单个风险点，通过对风险发生的可能性即发生概率（P）与风险可能导致的后果即影响程度（I）进行计算定级，获取每个单个风险点的风险等级（R）的研判。

1. 单个风险点发生概率的计算定级

风险发生概率（possibility，简称P）风险值的风险值范围是0—100%，风险值越大，表示发生风险的概率就越高。风险发生概率的计算方法有两种：一是主观研判确定法，根据同类案例的研判情况、项目实际工作的经验、专家学者的专业知识等，对风险发生概率进行量化评估；二是民众调查认定法，以利益相关群体对本项目的关注程度为标准，可根据问卷调查中的相关数据为计算依据。

风险发生概率根据量化的风险值可对应划分为五级，具体见

表 5–11：

表 5–11　风险发生概率定级的标准

等级		定性描述	定量标准
V	很高	几乎确定发生/常常会发生	81%—100%
Ⅳ	较高	发生的可能性较大/较多情况下发生	61%—80%
Ⅲ	中等	有可能发生/某些情况下发生	41%—60%
Ⅱ	较低	发生的可能性较小/较少情况下发生	21%—40%
Ⅰ	很低	几乎不可能发生/一般情况下不发生	0—20%

2. 单个风险点后果影响程度的计算定级

风险后果影响程度(influence,简称 I)风险值的风险值范围是 0—100%,风险值越大,表示风险的不良影响就越大。影响程度以风险发生后对项目的影响大小为计算依据,具体计算方法有两种:一是根据项目建设周期(以 100 年为标准,周期为 N 年则其对项目的影响程度为 N%)来计算;二是根据项目可能造成的社会负面影响(参考社科院蓝皮书《形象危机应对报告》(2013–2014)中对"社会责任事故"的定义与研判)来计算。

风险后果的影响程度根据量化的风险值可对应划分为五级,具体见表 5–12：

表 5–12　风险后果影响程度定级的标准

等级		定性描述	定量标准
V	很大	对项目建设造成一定负面影响,需要通过长时间的努力才能消除,且需付出巨大代价	81%—100%
Ⅳ	较大	对项目建设造成一定影响,需要通过较长时间才能消除,并需付出较大代价	61%—80%
Ⅲ	中等	对项目建设造成一定影响,需要通过一定时间才能消除,并需付出一定代价	41%—60%
Ⅱ	较小	对项目建设造成一定影响,但可在短期内消除	21%—40%
Ⅰ	很小	对项目建设造成很小影响,可自行消除	0—20%

3. 单个风险点风险等级的计算定级

风险等级(rank,简称 R)的风险值为风险发生概率(P)的风险值和影响程度(I)的风险值的乘积,即 R = P × I。以某待评事项的社会稳定风险为例,单个风险点风险等级的量化计算如表 5-13:

表 5-13 单个风险点风险等级的量化计算情况

风险类型	风险点	发生概率 (P)	影响程度 (I)	风险等级 (R)
1. 项目对本地区发展的影响	1.1 待评事项对本地区经济的影响			
	1.2 待评事项对本地区文化的影响			
	1.3 待评事项对本地区社会生活的影响			
2. 项目合理性	2.1 待评事项与本地区自然社会环境的适应性			
	2.2 待评事项对本地区自然社会环境的影响			
3. 项目合法性	3.1 政策规划符合性			
	3.2 前期程序合法性			
	3.3 施工程序合法性			
4. 项目施工建设期间可能产生的风险	4.1 劳动纠纷			
	4.2 安全问题			
	4.3 交通问题			
	4.4 噪音扰民			
	4.5 固体污染			
	4.6 水体污染			
	4.7 扬尘与大气污染			
	4.8 光污染			
	4.9 拆迁风险			
5. 待评事项投入运营后可能产生的风险	5.1 水体污染			
	5.2 大气污染			
	5.3 土地污染			
	5.4 流动人口管理问题			
	5.5 流动车辆管理问题			

续表

风险类型	风险点	发生概率(P)	影响程度(I)	风险等级(R)
6.待评事项的媒体和群众舆论反对的风险	6.1 媒体舆论反对的风险			
	6.2 周边群众舆论反对的风险			

风险等级对应计算的风险值越大,表示风险等级越高。按照R值大小,划分为五级,具体见表5-14:

表5-14 风险等级标准表

等级		定性描述	定量标准
Ⅴ	很高	风险发生概率很高,负面影响很大	81%—100%
Ⅳ	较高	风险发生概率较高,负面影响较大	61%—80%
Ⅲ	中等	风险发生概率中等,有一定负面影响	41%—60%
Ⅱ	较低	风险发生概率较低,负面影响较小	21%—40%
Ⅰ	很低	风险发生概率很低,负面影响很小	0—20%

注:以上等级标准适用于通常社会环境中的风险状况。

根据上表的数据情况,参考相应指标,得出风险等级的具体研判情况。以建筑项目的社会稳定风险为例,具体可参考表5-15。

表5-15 单个风险点的风险定级

风险类型	风险点	R的风险值	R的等级
1.待评事项对本地区发展的影响	1.1 对本地区经济的影响		
	1.2 对本地区文化的影响		
	1.3 对本地区社会生活的影响		
2.待评事项合理性	2.1 与本地区自然社会环境的适应性		
	2.2 对本地区自然社会环境的影响		
3.待评事项合法性	3.1 政策规划符合性		
	3.2 前期程序合法性		
	3.3 施工程序合法性		

续表

风险类型	风险点	R的风险值	R的等级
4.待评事项施工建设期间可能产生的风险拆迁风险	4.1 劳动纠纷		
	4.2 安全问题		
	4.3 交通问题		
	4.4 噪音扰民		
	4.5 固体污染		
	4.6 水体污染		
	4.7 扬尘与大气污染		
	4.8 光污染		
	4.9 拆迁风险		
5.待评事项投入运营后可能产生的风险	5.1 水体污染		
	5.2 大气污染		
	5.3 土地污染		
	5.4 流动人口管理问题		
	5.5 流动车辆管理问题		
6.待评事项的媒体和群众舆论反对的风险	6.1 媒体舆论反对的风险		
	6.2 周边群众舆论反对的风险		

4．重点风险点的分析

根据风险等级的计算与研判得出响应的风险值 R，将 R 值进行由高到低的排序，排在前列或风险等级为 Ⅴ、Ⅳ、Ⅲ 的为本项目的重点风险，对重点风险进行进一步分析并提出相应的具体稳定风险管理措施。具体内容可参考表 5-16。

表 5-16 重点风险点的分析

排序	风险点	风险等级	风险管理措施
1		×%	
2		×%	
3		×%	
……		×%	

（二）整体风险的计算定级

项目整体风险定级，是指根据对项目的所有单个风险点的风险等级,对项目整体和综合风险情况进行评估与研判。

项目整体风险定级通常采用定量、定性相结合的方法,对项目整体风险等级进行计算定级,具体包括以下步骤:

第一,确定单个风险点的风险等级(R);

第二,确定单个风险点的权重(W),根据风险调查结果与相关法律、法规、政策、标准等,并结合同类案例风险状况与评估的相关经验,综合确定单因素的风险点的权重 W,W 的数值范围是 0—100%,风险值越大,表示该风险点的重要性就越大;

第三,确定项目整体风险指数 T,项目整体风险指数 $T = \sum W * R$,即所有单因素的风险点的风险等级与权重乘积之和。

以某待评事项社会稳定风险为例,具体情况可参考表 5-17。

表 5-17 整体风险的计算定级

风险类型	风险因素	风险等级(R)	权重(W)	风险指数(T)
1. 对本地区发展的影响	1.1 对本地区经济的影响			
	1.2 对本地区文化的影响			
	1.3 对本地区社会生活的影响			
2. 合理性	2.1 与本地区自然社会环境的适应性			
	2.2 对本地区自然社会环境的影响			
3. 合法性	3.1 政策规划符合性			
	3.2 前期程序合法性			
	3.3 施工程序合法性			
4. 施工建设期间可能产生的风险拆迁风险	4.1 劳动纠纷			
	4.2 安全问题			
	4.3 交通问题			
	4.4 噪音扰民			
	4.5 固体污染			
	4.6 水体污染			
	4.7 扬尘与大气污染			
	4.8 光污染			
	4.9 拆迁风险			

续表

风险类型	风险因素	风险等级(R)	权重(W)	风险指数(T)
5.投入运营后可能产生的风险	5.1 水体污染			
	5.2 大气污染			
	5.3 土地污染			
	5.4 流动人口管理问题			
	5.5 流动车辆管理问题			
6.媒体和群众舆论反对的风险	6.1 媒体舆论反对的风险			
	6.2 周边群众舆论反对的风险			
合计			100%	T

待评事项整体风险指数 T 根据量化计算的风险值范围是 0—100%,可分为五个等级,作为综合评判项目整体风险的参考标准。以建筑项目为例,其参考标准具体见表 5-18。

表 5-18 待评事项的整体风险等级的参考标准

风险等级	总体评判标准	风险点等级评判标准	整体风险指数评判标准
高(重大负面影响)	大部分群众对待评事项建设实施有意见,反应特别强烈,可能引发大规模群众事件。	2个以上很高或5个及以上较高等级的风险点	>64%
中(较大负面影响)	部分群众对待评事项建设实施有意见,反应强烈,可能引发矛盾冲突。	1个以上很高或2—4个较高等级的风险点	36%—64%
低(一般负面影响)	多数群众对待评事项建设实施表示理解支持,少部分群众对项目建设实施有意见。	1个以上很高或1—4个中等等级的风险点	<36%

三、综合研判定级法:研判民众反对意见和"反对度—承受力"状况

社会稳定风险定级的综合研判,是指依靠科学的评估规划,依据全面的风险识别,结合主观客观、内部外部、静态动态分析,预估风险内部控制和外部合作的状况,并通过内控和外防先行干预社会稳定风险,进而做出风险定级,并在社会稳定风险评估机制的基础上持续运行。

在最后环节的综合研判定级法,尤其需要重点研判民众反对意见和"反对度—承受力"状况。

(一)研判民众反对意见

民众反对意见的研判,综合来源于同类案例分析、问卷调查、实地访谈、虚拟空间的舆情分析等方法,具体详见表5-19、5-20:

表5-19 周边居民反对意见的研判方法

序号	研判方法	具体说明
1	同类案例的大数据分析	对与项目相类似或同类型的其他案例进行分析,分析可能出现的民众反对意见,应用于本项目。
2	问卷调查的统计分析	依据同类案例情况和评估项目情况,形成调查问卷向民众发放,以了解其反对意见。
3	实地访谈的针对性分析	和民众进行实地的面对面交谈,了解其反对意见。
4	虚拟空间的舆情分析	对项目在虚拟空间中媒体和群众的舆论风险进行监测、搜索和调查,了解其反对意见。

表5-20 周边群众反对意见研判

	意见所处阶段		对意见的定性			化解意见的可控性	
	实施中	建成后	合法性	合理性	特殊性	内部控制情况	外部合作情况
意见1							
意见2							
意见3……							

注:根据通常情况设置,根据具体项目需适当调整。

(二) 研判"反对度—承受力"状况

社会稳定风险的"反对度—承受力"风险分析,是指在综合研判阶段,重点分析反对的情况和承受能力的情况,作为定级的重要依据,见图5-1、表5-21。

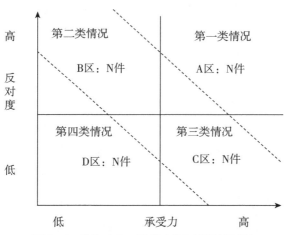

图5-1 "反对度—承受力"分析图(示例)

表5-21 "反对度—承受力"状况分析表(示例)

等级 项目	第一类情况	第二类状况	第三类状况	第四类状况
所处区域	A区	B区	C区	D区
风险数量	N件	N件	N件	N件
风险列表	(1) (2) (3) (4) (5)	(1) (2) (3) (4) (5)	(1) (2) (3) (4) (5)	(1) (2) (3) (4) (5)
风险定级	有争议	建议中止	建议通过	有争议

注:该表为不完全概括,具有相应的误差。

"反对度—承受力"状况分析提供了风险定级的研判方法,在通常的情况下的结果如下:

A区表示承受力高但反对度也高。建议分为两种情况处理:

(1)反对度来自极个别人士,项目合法且符合整体民众利益,可先试点,若运行良好且未出现稳定风险,可重启稳评,通过后正式实施;

(2)反对度来自较大规模民众,项目合法且符合民众长远利益,先暂缓,积极争取民众的认可和支持,再重启稳评,通过后正式实施。

B区表示承受力低而反对度高,建议中止。

C区表示承受力高而反对度低,建议通过。

D区表示承受力低但反对度也低,有待研究其他项后再定。

需要强调的是,"反对度—承受力"状况分析很大程度上取决于社会稳定风险管理的状况,也就是社会稳定风险内部控制(本书第六章)和外部合作(本书第七章)的状况,需要综合研判内控能力和外合状况,才能从整体上给出科学、全面的风险定级,见表5-22。

表5-22 社会稳定风险管理对定级的贡献

	项目	风险干预	对社会稳定的贡献	对风险等级的贡献
风险内控	坚持民本	阻止风险升级;增公信力	降反对度	高危降中危;中危降低危;维持低危等级
	综合治理	防范风险和减轻损失;增应急力	增支持度	
	工作规范	降低发生概率;切断连锁反应;增防范力	增支持度	
	责任落实	责任到位,追责倒逼;增承受力	降风险度	
风险外合	公共关系	有效沟通和阻止升级;增意愿度	增公关力	高危降中危;中危降低危;维持低危等级
	群防群治	社会共担风险责任;增承受度	增防范力	
	矛盾化解	降低民众损失;降反对度	增承受力	
	舆论引导	增进社会正能量;弘扬公信力	增公信力	

注:主要依据经验研究而成,具有相应的误差。

第三节 社会稳定风险定级的风险

一、愿力干预定级的风险

社会稳定风险评估过程中,意愿是增强稳定风险承受度的重要因素。没有意愿或意愿不足,将导致稳定风险;但是仅仅有意愿,却没不能支撑起现实中真实的承受度。

鉴于在稳评过程中,经常遭遇到愿力干预定级的风险。此时,不能完全服从于愿力,而是建议开展再次稳评,评估在意愿增加的情境下,支持度、容忍度、反对度、承受度的相应变化,并且再次评估应急力、防范力、公信力、公关力、责任力的相应变化,然后再综合研判,进行社会稳定的风险定级。

☞ 实例30:"弃婴岛":多地投入使用,广州已暂停试点

婴儿安全岛是儿童福利机构保护弃婴生存权利的一次尝试与探索。通常情况下,婴儿安全岛设在儿童福利机构门口,岛内设有婴儿保温箱、延时报警装置、空调和儿童床等。岛内接收婴儿后,延时报警装置会在5—10分钟后提醒福利院工作人员到岛内察看弃儿,尽快将婴儿转入医院救治或转入福利院院内安置,即人们常称的"弃婴岛"。

中国儿童福利和收养中心主任李波表示,建立弃婴岛的主要目的是避免婴儿在被遗弃后身心再次受到外部不良环境的侵害,提高遗弃婴儿的存活率,使其能够得到及时治疗和救助。

中国第一个弃婴岛于2011年6月1日在河北省石家庄市社会福利院设立。2013年7月,民政部在总结地方经验的基础上,下发《民政部办公厅关于转发中国儿童福利和收养中心开展"婴儿安全岛"试点工作方案的通知》,要求各地根据实际情况开展弃婴岛试点工作。

目前,河北、天津、内蒙古、黑龙江、江苏、福建等10个省区市已建成25个弃婴岛并投入使用,还有18个省区市正在积极筹建弃婴岛或弃婴观察救治中心。然而随着近日,广州市"婴儿安全岛"宣布暂停试点"婴儿安全岛",又把这一颇受争议的设施推上了舆论热点。

广州暂停弃婴岛试点,50天接收262名弃婴,超极限

2014年3月16日,在试点近50天之际,广州市"婴儿安全岛"试点工作情况通报会宣布:暂停试点"婴儿安全岛",主要原因是短时间

内接收弃婴数量已经超出了福利院承受的极限,需要暂停试点进行总结,并做好已接收婴儿的防疫、分流等工作,条件成熟时再适时重开,重新启用时间另行公告。

据介绍,从2014年1月28日启动弃婴岛以来,截至昨日早上,已接收弃婴262名(已有23名重症患儿离世),全部患有不同程度的疾病,"接收弃婴数量远超过开展试点工作的其他城市同时期的接收数量"。

海南首个弃婴岛月底动工,争取2014年6月前投入使用

2014年2月16日,记者从海南省民政厅社会福利处了解到,海南省民政厅2013年就已经向省财政厅提交了建设"弃婴安全岛"专项资金的申请,待资金到位后将着手建设海南省首家"弃婴安全岛"。

"既然无法改变社会存在弃婴的行为,但我们想方设法改变婴儿被遗弃的后果"。"弃婴安全岛"就是以此为宗旨为弃婴建立的临时"庇护所"。截至目前,全国28个省市已"试水"建立"弃婴安全岛",海南省也正在积极筹建中。

据了解,海南省首家"弃婴安全岛"初步定位于海口市社会福利院门前,借鉴内地"弃婴安全岛"建设、管理经验由海口市社会福利院负责建设、管理。省民政厅社会福利处工作人员告诉记者,在海口建设一个"弃婴安全岛"已列入今年我省民政工作计划中,建成后将把海口市的"弃婴安全岛"作为试点,有效果的话,未来可能会在全省逐步推广。

近日,海口市社会福利院有关负责人明确表示,设于该院的海南省首个"弃婴岛"仍将按计划于本月底动工建设,并预计在今年6月前投入使用。

东莞市民政局:广州暂停弃婴岛,东莞需要更谨慎

根据东莞市民政局的计划,东莞也将力争在今年年内建成"婴儿安全岛",选址在市福利中心门口,设施也与广州的类似。那么,此次广州试点的暂停,是否会影响东莞的建设计划?

昨日,市民政局局长杨东如独家向本报回应称,"由于广州试点暂停,因此东莞需要更加谨慎。有时候好事不一定能达到预期效果。"他坦言,东莞的人口结构更加特殊,因此也存在"婴儿安全岛"

弃婴数量猛增的担忧。

他表示,下一步将向省民政厅请示"婴儿安全岛"的建设问题。而就年内能否如期建成,杨东如表示暂时不能确定。市社会福利中心相关负责人也透露,东莞目前仍在进行调研,待民政部、省民政厅出台指导意见后,东莞才会筹备开建"婴儿安全岛"。

市福利中心相关负责人介绍,目前市社会福利中心共有弃婴(童)800多名,但小孩床位仅有250张。为此,市社会福利中心采取了家庭寄养、模拟家庭养育等方式,分流一部分孩子到中心外居住。对于仍在中心的约500名孩子,则采用租用民居、利用员工宿舍、腾出老人公寓等方式,暂时解决床位紧张的问题。

郑州正加紧建设,争取六一前后试运行

2014年3月18日下午,记者来到郑州市儿童福利院探访,"婴儿安全岛"将建在距儿童福利院大门南侧约100米的地方,目前这块地还空荡荡的。副院长侯晓学告诉记者,安全岛前期的规划、审批已经完成,现在正审核设计图纸,稍后就将开工建设。

"前期工作完成了,建这个小房子会很快。"他说,福利院一直在积极推进这项工作,预计在六一前后试运行。

记者了解到,自2008年郑州市儿童福利院成立以来,5年间收养孤儿和弃婴数量从150名增加到现在的约800名。其中,仅去年一年就接收弃婴100多名。

"这对我们的后勤保障来说是不小的压力,那么多孩子,害怕照顾不过来。"侯晓学说,今后还要接收"婴儿安全岛"里的弃婴,确实压力不小。

他说,年后福利院一直在招聘,主要是缺少康复师和保育员,"其他后勤人员都可以凑合,但这两个工作对个人还是有一定要求的,必须喜欢孩子,还得有足够的耐心。"

而由于福利院的公益性质,员工工资水平多在郑州最低工资水平线上,符合要求又愿意长干的人并不多,"安全岛好建,这些配套的软件是最难办的"。

为此,他呼吁,在国家推进社会保障体系建设的同时,能有更多的社会团体参与到公益活动中来。

江苏"弃婴岛"将继续低调推行

2014年3月18日,江苏省民政厅副厅长钮学兴向记者表示,虽然压力很大,但"弃婴岛"肯定会继续开下去。

"确实,弃婴的骤增,让我们措手不及,给我们医疗护理带来很大压力,新生室目前挂水的接近30个小孩,有的还是早产儿。"南京市社会儿童福利院相关负责人告诉记者,"最近,很多媒体都在追问我们会不会因为压力大,也像广州一样暂停弃婴岛的试点。对此,我的态度很明确,南京暂时不会停止试点,关停弃婴岛是将生命拒之门外。"

南京"弃婴安全岛"已经发挥了积极作用,在客观上确实保障了遭遗弃婴儿的生存权。今年,其他的市县,如果条件具备,也有此需求的,可以开建自己的"安全岛"。对此,民政厅方面会支持,但不作统一要求。

"如今被遗弃的孩子绝大多数患先天疾病甚至重病,我们应该反思儿童保护制度短板。"南京市社会儿童福利院相关负责人表示,这不是一个城市所能解决的,也不是一个单位所能解决的,需要全社会的救助体系建立,确保把好事做好、做到位。

济南弃婴岛选址已敲定,"六一"儿童节投入使用

2014年3月17日,记者从济南市委、市政府新闻发布会获悉,济南弃婴安全岛(又称婴儿安全岛)选址已确定,将设在济南历城区柳埠镇突泉村以南的儿童福利院附近,并于今年"六一"儿童节投入使用。

发布会上,济南市民政局副局长潘传利表示,去年济南、临沂两地成为山东首批建立弃婴安全岛的试点城市,今年济南将建立弃婴安全岛列入民政重点工作。

17日下午,记者来到济南市儿童福利院弃婴安全岛选定的位置,这里位于福利院大门东侧30米处,距离济南市区已经超过20公里。所选地址比紧挨着院墙的公路低了两米左右,目前还没有开始施工。据工作人员介绍,开工之前还要进行相关手续的办理、项目招投标等工作。济南市委、市政府新闻发言人李本海表示,"济南的弃

婴岛将按照高标准设计建造。"

济南市儿童福利院副院长蔡先生表示,弃婴岛将建成两层,第一层存放医疗器械等设备,第二层接收弃婴,安全岛门口会设置一个小广场,方便停车。建成后,安全岛显著位置将张挂用红色亚克力发光警示字体制作的"婴儿安全岛"标识,在103省道适当的交通路口处也会设置指示牌,以便寻找。

乌鲁木齐市"弃婴岛",儿童节前投入使用

据悉,第一座"弃婴岛"将建在乌鲁木齐市儿童福利院南湖分院门前,儿童福利院南湖分院位于南湖二期旭东小区旁,这里距儿童福利院的定点医院——新疆医科大学二附院只有五六分钟车程,可以保证孩子被遗弃后第一时间得到救治。据了解,2014年6月1日前,乌鲁木齐市也将有"弃婴岛"了。

目前,有关"弃婴岛"的建设手续还在审批阶段。待审批通过后,还要通过招标程序,再待天气转暖后开始建设,赶在2014年6月1日前建成并投入使用。预计"弃婴岛"建设费用在10万元左右。

按目前的规划,"弃婴岛"面积6至8平方米,岛内装有空调、婴儿床、专用婴儿保温箱等必需设施;同时布置得比较温馨,贴上卡通画,放上一次性尿布、奶粉等婴幼儿用品。与国内其他城市建设的"弃婴岛"一样,岛内还将安装一个"延时报警"装置,当父母将婴儿放到"弃婴岛"后,在离开时按下"延时报警器",铃声会在父母离开5—10分钟后响起。"弃婴岛"内不会安装摄像设施,也不会放相机,但里面会配备一些宣传设施,宣传"遗弃罪""救助方式"等内容,让遗弃孩子的父母三思以后再作出决定。

来源:《"弃婴岛"发展现状:广州暂停试点　多地近期投入使用》,国际在线,2014年3月19日,http://gb.cri.cn/43871/2014/03/19/5631s4470861.htm。

二、确定风险可控性的风险

社会稳定风险定级的过程中,风险的可控性起着重要的影响判断的作用。

表 5-23　风险可控性的主要分类

类别	控制机理	控制策略
第一类,可消除（规避）的风险	在一定的时期内,通过采取针对性措施,控制风险产生的原因和（或）后果,可以消除（或基本消除）的风险。	消除风险;消除风险源;将风险源隔离等。
第二类,可降低的风险	可通过实施措施或者加强管理进行有效控制,把风险等级降低到可接受程度的风险。	采取措施,完善应急预案,加强应急演练,做好各项应急准备工作;将高危风险降低为中危或低危风险。
第三类,不可控的风险	超出承受力的风险,或不可抗力的高等级风险;无法提前防控或防控等级针对高等级风险无效。	规避风险发生的可能性;降低风险发生的损失;培育风险文化和提升承受力。

注:根据通常情况设定,具有相应的误差。

在实践操作过程中,由于社会风险环境的复杂和变动性,风险可控性的确定本身,也受到多重因素的影响,并处于不断变化中;这也给风险定级带来了风险。

三、特定风险项的加权风险

社会稳定风险具有阶段性的属性,有些风险是在特定或特有的风险;则需要在风险定级时,进行适当的加权,人为降低或增加风险权重。

加权的方法实质上采用的是设置优先原则,是指在定级过程中需要侧重考量的重要因素或指标。在实际操作中,常设置的优先指标包括:国家安全与利益的优先指标、社会秩序与保障的优先指标、公众福祉与公众欢迎的优先指标等。

但就社会稳定风险而言,加权的环节本身也存在着相应的风险。

表 5-24　特定风险项的加权风险

类型	加权的风险（示例）
第一类，特定阶段的风险项	预期短期的风险，可能持续更长，导致风险意外加剧
第二类，特定情境的风险项	特定情况的发生概率，可能出现误差，导致极低概率的大事故
第三类，显性风险对冲的风险项	做了"最好"的打算，却发生"最坏"的后果

注：该表为不完全概括，具有相应的误差。

四、风险等级的发布风险

无论是哪个等级的风险，发布等级的行为，都是高风险的行为，见表 5-25。

表 5-25　社会稳定风险等级发布的风险

风险等级	评估建议	主要风险
高危	否决	（1）对同类其他项目的连锁反应 （2）对具有同类问题的项目的连锁反应
中危	延缓	（1）对延缓问题项的社会关注 （2）对同类项目的连锁反应 （3）对具有同类问题的项目的连锁反应
低危	通过	（1）项目实施后，一旦发生问题的责任人的风险 （2）项目实施后，一旦发生问题的责任单位的风险

注：根据相关社会稳定事件整理汇总，具有相应的误差。

☞ **实例 31：深圳为规避社会不稳定突然限牌，反致公信力风险**

2014 年 12 月 30 日凌晨，深圳官方就"限牌"问题作出回应。面对公众为何"突然限牌"的质疑，回应称若提前公开，极可能引发抢购，引发社会不稳定因素。所以"实施小汽车增量调控措施，必须在短期内迅速实施"。

上月上牌 6.8 万辆 同比增 63%

@深圳微博发布厅于昨日零点54分发布回应。回应称,近几年来,持续加大的交通压力,始终是摆在深圳面前的一道难题。特别是今年以来,道路交通形势尤为严峻。2014年11月,机动车上牌量高达6.8万辆,同比增长63%;12月1—20日,机动车上牌4.2万辆,同比增长132%。按照这种态势,深圳未来两年机动车将新增约100万辆,到2016年底机动车保有量将超过400万辆。"如果不采取暂时限牌措施,将无法阻挡深圳机动车快速增长的势头。到那个时候,深圳交通将积重难返,任何措施都将无法解决深圳的交通难题",回应中称,此次暂时限牌小汽车,恰恰是为了城市的长远发展和市民的根本利益,这将为深圳交通综合治理赢得时间。

"迅速实施是为了降低负面影响"

深圳不限车、不限牌,这是深圳官方曾在多个场合做出的承诺。而此次突然发布"限牌"方案让许多市民措手不及,也成为公众和媒体质疑的焦点。深圳官方专门对此进行回应。

回应称,对小汽车进行增量调控是一项高度敏感的举措,涉及广、影响大,若提前向社会公开,极可能引发小汽车集中抢购,既造成车辆剧增、增加交通拥堵,又引发社会不稳定因素,使限牌政策的实施效果大打折扣。"因此,为有效减缓小汽车增长速度,遏制交通恶化,经过借鉴其他城市的利弊得失,并慎重研究,经提请市人大常委会同意,采取迅速实施增量调控的措施,尽量将负面影响降到最低"。

停车调节费争议大无法推行

停车调节费缘何被叫停?深圳市交委昨日回应了关于限牌的几大焦点问题,并称,深圳将于近期制定并颁布实施《深圳市小汽车增量调控管理暂行规定》,进一步明确深圳小汽车增量调控管理的具体细则。

市交委称,通过听证会的情况看,路外停车场停车调节费存在较大争议,且国家有关部门下发文件未将路外停车场停车调节费列入国家、省两级行政事业性收费管理目录,目前无法推行。因此,通过限牌来遏制小汽车增长,成了现阶段深圳治理交通拥堵的当务之急。

深圳突然限牌是为规避"疯抢"等社会不稳定因素,但是此举导致政府公信力受到质疑。由此,社会稳定风险评估的指标需周全完整,权衡利弊,综合考虑利益相关群体、风险项、风险环境多方面因素。

来源:《南方都市报》2014 年 12 月 31 日, http://paper.nandu.com/nis/201412/31/312927.html。

第六章 社会稳定风险内部控制

社会稳定风险的内部控制,是指为提升社会稳定风险的承受力,责任方和相关管理方,在内部树立坚持民本的观念、实施责任落实、实现工作规范、开展综合治理,从而切实提升以防范力为核心的风险管理成效。

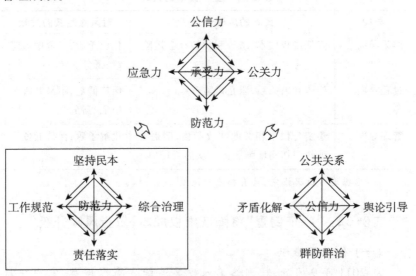

图 6-1 社会稳定风险内部控制及其定位

第一节 坚持民本:阻止风险升级,降反对度

一、坚持民本的机理:保障民众正当权益才能保社会稳定

2012 年 1 月 20 日,中共中央办公厅、国务院办公厅印发《关于建立健全重大决策社会稳定风险评估机制的指导意见(试行)》(中办 2

号文)的通知,将评估范围设定为:凡是直接关系人民群众切身利益涉及面广、容易引发社会稳定问题的重大决策事项;要求应评尽评、全面客观、查防并重、统筹兼顾。

党的十八届三中全会通过的《中共中央关于全面深化改革若干重大问题的决定》明确指出,要"创新有效预防和化解社会矛盾体制。健全重大决策社会稳定风险评估机制。建立畅通有序的诉求表达、心理干预、矛盾调处、权益保障机制,使群众问题能反映、矛盾能化解、权益有保障"。

因此,以民为本在社会稳定风险管理过程中,发挥着实实在在的作用,具体体现在通过保障民生、降低维权成本,来阻止社会稳定风险的升级,全面降低反对度。

表6-1 坚持民本的机理

导向	民本的风险干预	对风险定级的贡献
结果导向	降低维权成本,疏导和化解社会风险	化解矛盾;高危中危降级;低危保持
过程导向	构建和谐关系,阻止风险升级	保持低危,不易升级为中危、高危
管理导向	落实与民本相关的绩效考核,倒逼管理部门切实增强服务民众的责任力	化解矛盾;保持低危

注:根据通常情况设定,具有相应的误差。

实例32:"举证倒置"将降低维权成本,阻止风险升级

(一) 砸冰箱维权

从2011年9月开始,网络名人罗某连续发布微博称,家中先后购买的三台西门子冰箱都存在"门关不严"问题,但是西门子"回避问题"。针对罗某的屡次投诉,西门子家电官方微博曾在2011年10月15日表示歉意,承诺免费上门维修,但始终否认冰箱存在质量问题:"近日网友反映西门子冰箱门偶有不易关闭的现象,我们立即与生产、质控等部门进行了核查,确认不属于质量问题。尽管如此,我们将对遇到有类似情况的用户提供上门检测和维护服务。"

2011年11月20日,罗某和其他一些志愿者来到北京西门子总

部进行维权活动,用铁锤砸烂三台西门子冰箱并递交书面要求行动,督促西门子公司立即改正拒不承认产品问题、推卸责任、忽视消费者诉求的恶劣做法,并召回有问题的冰箱。

2011年11月20日晚间,西门子(中国)有限公司通过官方渠道发表声明称:"11月20日有自称为西门子冰箱产品的消费者在西门子(中国)有限公司位于北京的总部大楼前进行'维权',西门子理解并尊重消费者为维护合法权益所开展的措施,但主张此类措施应在合理、合法的范围内开展,以切实保护消费者合法权益为出发点,以理性的沟通为基础,从而使问题得到有效解决。"①

(二)砸豪车维权

车主王某2011年9月15日在福日集团下属欧利行车行花260万元购买了一辆黑色的玛莎拉蒂总裁,2011年11月1日,到欧利行车行维修车辆,更换配件,在未经车主同意的情况下,欧利行车行使用旧配件当成新配件装在车上,并按新配件的标准收取了2400元。尽管后来车行经理承认了错误行为,但一连几个月都没有解决问题。出于气愤,车主王某决定采用现场砸车的方式,向不良商家宣战。

2013年5月14日,车主将车停放在青岛车展门前,于当日早上10时15分,四名男子手持铁锤砸向这辆玛莎拉蒂,引发媒体关注。对此维权事件,青岛福日汽车回应称2012年12月,因为公司维修人员工作中的失误,造成左前门边缘约长3厘米、宽0.3厘米的掉漆。公司马上赔礼道歉并提出修复和补偿意见,但客户要求过高并不断加码,远远超出沟通、谈判的范围,至事件发生前公司称还在与客户进行不遗余力的沟通。在双方协调未果的情况下,车主不通过正常渠道包括法律渠道解决问题,竟采取公开砸毁世界名车的极端方式制造轰动性事件扩大影响。②

(三)"举证倒置"将降低维权成本

2013年10月25日,十二届全国人大常委会第五次会议表决通

---

① 《罗永浩砸冰箱维权引热议》,新华网,http://news.xinhuanet.com/2011-11/21/c_122313873.htm。
② 《砸车维权,经销商回应称客户要求过高》,齐鲁网,http://news.iqilu.com/shandong/yuanchuang/2013/0516/1534503.shtml。

过了新修改的《消费者权益保护法》,新增了"电器产品举证责任的倒置"这一条例,规定:"经营者提供的机动车、计算机、电视机、电冰箱、空调器、洗衣机等耐用商品或者装饰装修等服务,消费者自接受商品或者服务之日起六个月内发现瑕疵,发生争议的,由经营者承担有关瑕疵的举证责任。"修改后的《消费者权益保护法》自2014年3月15日起施行。①

"谁主张,谁举证"是我国《民事诉讼法》规定的一般证据规则。消费者要想证明某个商品是否存在瑕疵就必须拿出证据来,但因为不掌握相关技术等信息,消费者举证往往非常困难。此次《消法》修改,将消费者"拿证据维权"转换为经营者"自证清白",实行举证责任倒置,确解了消费者举证难问题,减轻了消费者维权的成本。

综上,维权在很大程度上导致了维稳问题,而切实的以民为本,例如"举证倒置"的创举、改变"上访"为"大接访、大走访"等创新,都将在降低维权成本的同时,也阻止了社会稳定风险的升级,有利于社会的稳定。

二、坚持民本的应用:全面保障权益,根源化解矛盾

从社会稳定风险管理的视角,以民为本,全面保障利益相关群体的正当权益,是从根源上消除社会稳定风险的治本之策。

甘肃酒泉坚持把凡是关系广大人民群众切身利益且涉及面广、容易引发影响社会稳定问题的重大决策事项全部纳入评估范围,做到"五个延伸":(1)风险评估主体向下延伸;(2)风险评估着力点从易引发社会矛盾的重点领域向其他领域延伸;(3)风险评估内容从初始注重的重大项目向关系群众切身利益的重大决策、重大政策、重大改革、重大活动延伸;(4)风险评估区域从市、县两级向乡镇、村延伸;(5)风险评估重心从先进县市区向相对薄弱县市区延伸。从而实现维稳工作从"事后处置向事前防范转变、从末端治理向源头预防转

---

① 《修改后的消费者权益保护法,自2014年3月15日起施行》,新华网,http://news.xinhuanet.com/fortune/2013-10/26/c_125602168.htm。

变、由保稳定向创稳定转变"的"三个转变"。①

以近年来影响社会稳定较为严重的劳资纠纷矛盾为例,其根源实际上是劳动关系处理的问题,若仅仅从风险下游进行信访、维稳等具体工作,无法从风险上游的根本上,预防和化解劳资矛盾。而我国正处于经济社会转型时期,劳动关系的主体及其利益诉求越来越多元化,劳动关系矛盾已进入凸显期和多发期,劳动争议案件居高不下,有的地方拖欠农民工工资等损害职工利益的现象仍较突出,集体停工和群体性事件时有发生,构建和谐劳动关系的任务艰巨繁重。因此,构建和谐劳动关系成为防范劳资纠纷的治本之策。

☞ 实例33:劳资纠纷的民本策略:构建和谐劳动关系

为全面贯彻党的十八大和十八届二中、三中、四中全会精神,构建和谐劳动关系,推动科学发展,促进社会和谐;中共中央、国务院于2015年3月制定《关于构建和谐劳动关系的意见》,见表6-2。

表6-2 构建和谐劳动关系以防范劳资纠纷矛盾的创新

要求	主要内容
1.构建和谐劳动关系的工作原则	(1)坚持以人为本。把解决广大职工最关心、最直接、最现实的利益问题,切实维护其根本权益,作为构建和谐劳动关系的根本出发点和落脚点。 (2)坚持依法构建。健全劳动保障法律法规,增强企业依法用工意识,提高职工依法维权能力,加强劳动保障执法监督和劳动纠纷调处,依法处理劳动关系矛盾,把劳动关系的建立、运行、监督、调处的全过程纳入法治化轨道。
2.依法保障职工基本权益	(1)切实保障职工取得劳动报酬的权利; (2)切实保障职工休息休假的权利; (3)切实保障职工获得劳动安全卫生保护的权利; (4)切实保障职工享受社会保险和接受职业技能培训的权利。

---

① 《酒泉市"六化"方案实现稳评工作"大转变"——务实之举、预防之策》,甘肃长安网,2015年3月2日,http://www.legaldaily.com.cn/locality/content/2015-03/02/content_5983436.htm? node=32240。

续表

要求	主要内容
3.健全劳动关系协调机制	(1)全面实行劳动合同制度； (2)推行集体协商和集体合同制度； (3)健全协调劳动关系三方机制。
4.加强企业民主管理制度建设	(1)健全企业民主管理制度； (2)推进厂务公开制度化、规范化； (3)推行职工董事、职工监事制度。
5.健全劳动关系矛盾调处机制	(1)健全劳动保障监察制度。全面推进劳动保障监察网格化、网络化管理，实现监察执法向主动预防和统筹城乡转变。 (2)健全劳动争议调解仲裁机制。坚持预防为主、基层为主、调解为主的工作方针，加强企业劳动争议调解委员会建设，推动各类企业普遍建立内部劳动争议协商调解机制。 (3)完善劳动关系群体性事件预防和应急处置机制。加强对劳动关系形势的分析研判，建立劳动关系群体性纠纷的经常性排查和动态监测预警制度，及时发现和积极解决劳动关系领域的苗头性、倾向性问题，有效防范群体性事件。完善应急预案，明确分级响应、处置程序和处置措施。健全党委领导下的政府负责，有关部门和工会、企业代表组织共同参与的群体性事件应急联动处置机制，形成快速反应和处置工作合力，督促指导企业落实主体责任，及时妥善处置群体性事件。
6.进一步加强领导，形成合力	各级政府要把构建和谐劳动关系纳入当地经济社会发展规划和政府目标责任考核体系，切实担负起定政策、作部署、抓落实的责任。

来源：中共中央、国务院：《关于构建和谐劳动关系的意见》，2015年3月21日。

第二节 责任落实：源头治理，连带联动，增责任力

责任落实是做好社会稳定风险管理的要件，主要原因来自两个方面。一方面是社会稳定风险的所有权，往往难以切分和明确归属，

容易出现疏于防范化解,而导致风险升级的恶性情况。另一方面是管理方的系统运行方式,易导致责任边界的模糊和"习惯性推诿"的顽疾;开放的风险环境中的"安全孤岛""碎片式思维""部门壁垒""利益本位"等问题,也导致了现实中的"联而不动"。

因此,社会稳定风险内部控制中需要全面加强责任管理,既要在静态中分清楚风险责任存量,还要在动态中统筹风险责任增量。

一、责任落实的机理:责任连带,全程负责

社会稳定风险管理中的责任落实,表现在静态和动态两个层面:一是风险上、中、下游的责任连带,形成静态的责任无缝隙;二是条块和属地的风险责任结合,形成动态的立体联动。见表6-3。

表6-3 责任落实的机理

导向	责任落实的风险干预	对风险定级的贡献
风险前置	风险下游向风险中游、风险上游追溯;源头治理,主动防御	主动担责和防范风险;保持低危
责任连带	落实绩效考核,责任倒查追到风险上游	各负其责、规避追责;不易升级为中危、高危
立体联动	条条块块在属地的"风险网络"中构成立体联动,以风险为中心,形成无缝隙的防范和处置	不推不捂、不搁置纠纷;积极化解矛盾;保持低危

注:根据通常情况设定,具有相应的误差。

在社会稳定风险管理过程中,责任管理表现出四个阶段,见表6-4。

表6-4 责任管理的四个阶段

阶段	导向	特征	成效
粗放式管理阶段	突发事件解决导向	明确分责,厘清责任与风险所有权	欠缺联动
规范化管理阶段	风险源导向	细化分类,打破部门壁垒,加强统一领导,实现责任连带	风险责任部门的内部联动

续表

阶段	导向	特征	成效
精细化管理阶段	职能分工导向	精细分类,条块整合与属地管理相结合,实现系统管理	系统内部的上下联动;"纵到底、横到边"
人性化管理阶段	民众满意导向	极端情况分类,重视敏感事件,强化个别处理	系统的内外联动,规范与精细的内部联动基础上,纳入外部的社会联动

来源:唐钧:《政府风险管理——风险社会中的应急管理升级和社会治理转型》,中国人民大学出版社2015年版。

上表表明:责任管理一方面对于社会稳定风险管理至关重要,应加快推进改革创新的步伐,内部整合责任、外部履行服务职责;另一方面也要基于我国国情和改革创新的客观规律,稳步推动社会稳定风险管理的全面提升。

☞ 实例34:稳评报告直报"一把手"的责任管理创新

自2006年起,江苏省淮安市在江苏率先实施重大项目稳定风险评估(以下简称稳评)工作,到2012年8月,已累计完成稳评事项已1560多件,均未发生一起集体访、闹访事件,淮安市信访总量和集访总量在近三年连续保持一成以上的降幅。

从2006年至2012年的6年来,江苏省淮安市逐步形成了"党委统一领导、政府组织实施、主管部门具体负责、综治维稳部门指导考核"的稳评运行机制以及"五步工作法"规范流程。

第一步:确定评估事项、制定评估方案;

第二步:收集社情民意、实施重点论证;

第三步:汇总分析论证、形成专项报告;

第四步:科学运用评估结论、认真落实维稳措施;

第五步:全程跟踪评估事项、做好实施过程中维稳工作。

为防止稳评走过场,杜绝应评不评问题,淮安市从2008年起通过分解下达任务的形式,防止重大项目稳评的遗漏,并从 2009 年起建立起全市土地征收、拆迁安置项目应评尽评的"硬杠杠",建立了全市平安、综治考核一票否决机制以及党政"一把手"总负责制、领导包案制等机制,对因不评、漏评、避评而出现问题的,由市纪委、市监察局直接追究领导责任。

截至 7 月 23 日,淮安全市 2012 年重大事项稳评已完成 117 项,其中召开座谈会 83 场,举行专家论证会 27 场,发放问卷 9446 份,走访群众 9630 人,排查化解重大项目中的社会矛盾 610 件,预防群体性事件 85 起,提供专项解困资金近 750 万元。

过深入推动稳评工作在重大改革、重大政策、重大决策、重大项目上的风险预测和干预机制,对体量大、影响大、与群众利益大、矛盾大的重大事项从源头上掌握全面信息,并建立稳评结论转化运用机制,不仅明确了责任主体,还建立了客观公正处理化解群众诉求的平台,以及增强群众对政府决策支持和信任机制,真正服务了民生建设。淮安市将在部门报送机制基础上,进一步研究制定稳评报告向党政"一把手"直接送达的直报机制,并完善环评、安评等专业性评估机制与稳评工作对接,加大稳评工作在重大项目决策中的权重,促进稳评成果有效转化。

来源:《淮安"稳评报告"拟直报一把手——6 年 1560 件重大项目经稳定风险评估无一集访闹访》,法制网,2012 年 8 月 8 日,http://www.legaldaily.com.cn/Social_management/content/2012-08/08/content_3755867.htm? node=35362。

二、责任落实的应用:主动防御,科学管理

社会稳定风险评估与管理的责任落实,在现阶段的实践操作中,具体体现在两个方面:

在领导组织方面,设计联动机制:党政齐抓共管、各部门协同配合。以江苏淮安市为例,建立了党政齐抓共管、各职能部门(发改委、环保、国土、建设、安检、公安、工商、宣传等)纵向垂直领导、横向分工协作的组织领导体制,各部门既各司其职、各负其责,又在党委统一领导下相互支持、密切配合。

在绩效考核方面,落实责任考核:把社会稳定风险评估工作和目标考核、干部考核相结合,严格问责制度。江苏淮安等地在社会稳定风险评估工作中,建立了以目标管理为核心的问责制度。把社会稳定风险评估工作纳入各地各部门年度目标责任状和社会治安综合治理考核体系,考核结果直接计入年度目标总分。同时还坚持把社会稳定风险评估工作纳入干部队伍政绩考核,坚决实行干部任用稳定工作"一票否决制"①。

在甘肃酒泉的创新中,将上述两方面的创新做了更加精细化的部署。

第一,七个主体,稳评责任具体化。

按照"谁主管、谁负责""谁决策、谁负责""谁审批、谁负责"和"属地管理"的原则,市委、市政府研究制定了《酒泉市社会稳定风险评估工作指导目录管理制度(试行)》,明确了决策提出部门、政策制定部门、改革牵头部门、项目申报部门、活动组织部门是社会稳定风险评估的责任主体,明确了市维稳办具体负责本级社会稳定风险评估的组织、协调、督促指导和检查督查等职责。

对市、县、乡党委和政府作出决策的,由党委、政府指定的部门作为评估责任主体,具体实施评估;

党委和政府有关部门作出决策的,由该部门或者牵头部门指定的机构作为评估主体;

涉及多个部门组织实施的事项,由同级党委、政府指定主要部门牵头组织社会稳定风险自评工作;需要多级党政机关作出决策的,由初次决策的机关指定评估主体,不重复评估。

市、县两级分别成立了由政法、综治、维稳、法制、信访等部门和有关社会组织、专业机构、专家学者,以及决策所涉及群众代表等参加的评估小组,具体负责对重大决策事项中存在的社会稳定风险进行科学、全面、客观地分析研判和预测论证,并对项目的风险等级和

---

① 张小明:《我国社会稳定风险评估的经验、问题与对策》,《行政管理改革》2014年第6期。

防范建议给予评估意见。

通过明确评估主体责任,把稳评责任分解细化到了各级党委、部门责任人的头上,以责任制的落实确保稳评工作的具体化。

第二,制定联席会议制度。

市、县两级均建立起了由纪检、监察、组织、宣传、信访等单位和评估实施主体发改委、建设、人社、教育、卫生、环保、国土、交通八大重点部门负责人参加的联席会议,通报评估工作情况,分析不稳定风险形势,研究协商防范化解对策。

第三,责任查究,考评结果公开化。

各级党委、政府将社会稳定风险评估工作纳入平安酒泉建设的一项重要内容,加大指标权重,加强考核考评。

确定由市、县维稳办牵头,按照"五个不放过",即评估责任不落实不放过、评估工作不全面不放过、评估工作不深入不放过、评估机制不健全不放过、引发不稳定事件或重大矛盾纠纷不放过,对评估责任主体是否做到应评尽评、评估程序是否规范到位、评估队伍是否建立健全等方面进行综合协调和督导检查,并检查考评结果及时公开,并作为年底维稳工作综合考核的重要依据。

对重视不够、消极应付和安排部署不到位、工作任务不落实的,及时进行通报,限期整改;对评估工作不力,引发重大不稳定问题的,依据《甘肃省社会稳定风险评估责任追究办法(试行)》和《酒泉市社会稳定风险评估责任追究实施细则(试行)》,严格实行责任查究,确保社会稳定风险评估工作真正做实、做细、做深,切实做出成效。①

这些有益的创新尝试,确能起到主动防御社会稳定风险和提升科学管理水准的实际效果。

☞ **实例35:校园安全稳定风险的"主动防、科学管、立体化"**

自2010年以来,笔者与北京大兴区教育系统维稳工作办公室合作,共同设计与建立"主动防、科学管、立体化"的校园安全风险管理

---

① 《酒泉市"六化"方案实现稳评工作"大转变"——务实之举、预防之策》。

体系,针对学校风险管理,从风险特征、管理对象、管理主体、媒体和社会等多个维度,创新风险治理,建立健全科学管理体系,实现精细化校园风险管理,全面维护学校的安全和稳定。

"主动防、科学管、立体化"的校园安全风险管理体系,是精细化政府风险管理创新,精细化政府风险管理强调在规范化基础上优化风险管理的全过程,设置全面的风险管理要求。校园安全"主动防、科学管、立体化"的体系对风险管理的整体流程与重点环节进行全面精细化的风险内控。通过"主动防"创新风险评估(风险识别、分析与评价)与风险预防环节;通过"科学管"创新风险应对等环节,促进风险管理的精细化;通过"立体化"促进内部系统的责任连带和引入外部社会资源的立体联动。

一、全方位风险防治的策略

校园安全"主动防、科学管、立体化"的体系,从内外结合的精细化风险管理角度对校园安全风险管理体系提出相关创新策略,一方面有效落实校园风险的责任,另一方面有效满足社会安全的需求。

(一)内部责任一体化,强化风险意识

校园安全风险管理的创新,需进一步加强内部的责任一体化,将责任管理与分级管理相结合,实现系统内部有效的横向与纵向联动,包括各风险责任部门的内部上下联动,也包括不同层级与类别风险责任部门之间的上下联动。

从风险管理的机理上,内部的责任一体化,具体表现为责任管理与分级管理相结合的"立体网格化"体系。该体系适用于人性化阶段的政府风险分级与联动,是系统内部的横向与纵向联动,包括各风险责任部门的内部上下联动,也包括不同层级与类别风险责任部门之间的上下联动,实现"纵到底、横到边",形成"立体网格化"。如图6-2所示:

第六章 社会稳定风险内部控制

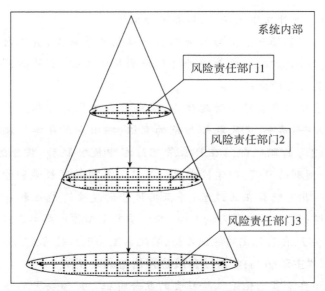

图 6-2 内部责任一体化的"立体网格化"示意图

(二) 外部利益一体化,提高风险技能

校园安全风险管理的创新,还需重视外部的利益一体化,综合考虑与统筹外部各利益相关群体的利益。在此基础上,提高风险技能,提高风险应对的能力与水平。

从风险管理的机理上,外部的利益一体化,根据利益相关程度的大小形成由中心的"最核心利益相关者"向外围的"核心利益相关者—重要利益相关者—一般利益相关者—旁观者"扩散的环状体系。在该体系中,利益相关程度越低,利益损失风险越小,利益相关者的风险管理动力越小。如图 6-3 所示:

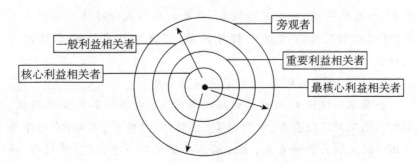

图 6-3 外部利益一体化的环状体系示意图

(三) 内外立体化联动,培养风险文化

在内部责任一体化与外部利益一体化的基础上,实现内外立体化联动,在此基础上,培养内外部环境的风险文化,有效防范和避免应急处置滞后的问题。

对于校园安全风险管理体系,风险管理文化的培养主要从以下三方面入手:第一,风险联动防范的意识,突出表现在学校风险的防范需要相关的职能部门在日常管理过程中提前联动、联合防范;第二,风险预测的习惯,即学校需要针对日常各项教育教学和管理事务提前预测其可能存在的风险,并根据风险的发生可能性和危害程度进行分级;第三,风险学习的习惯,在校园安全工作中要形成风险应对的自觉学习、自动优化的组织习惯,实现风险管理系统的良性运转。

二、"主动防":全面提升风险评估与风险预防

风险要素多元化是风险社会的显著特征。风险要素的多元化意味着风险事件的多元化,在校园安全风险管理实践中,自然灾害、安全事故、暴力事件等风险事件一旦发生,可能导致学生群死群伤,社会影响恶劣。为了尽可能避免风险事件发生,必须将风险管理的关口前移,全面识别各项风险要素,排查风险隐患,及时发布风险预警,主动防范风险。

"主动防"——主动防范风险是风险管理体系创新的前提,分为全面识别风险、分类分级评估风险、风险预防预警三部分。在校园安全"主动防、科学管、立体化"的体系中,校园安全的"主动防"通过校园风险月历来全面提升风险评估与风险预防。风险月历是通过对典型案例、季节特征、地域特征、法规制度等因素的梳理,所形成的一年中 12 个月的高危、频发风险列表,是在对校园风险规律总结的基础上,对校园风险进行有效识别与评估,实现学校危机的事前预防预警。

(一) 全面识别风险,及时更新风险要素

全面识别风险并及时更新风险要素,是主动防范风险的前提。面对多元化的风险要素,校园安全"主动防、科学管、立体化"的体系利用学校风险月历的方式,通过汇总典型风险事件,按季节规律、地域规律梳理,找出风险规律,完成全面的风险识别。

针对新增的风险要素及现有风险要素的变化,学校教委结合实际工作情况,综合分析校园安全风险的新形势,以月报的方式定期发布校园风险月历的更新,实现与时俱进的风险识别,如表6-5所示:

表6-5 中小学学校风险月历(以1月份为例)

风险等级	风险类型	风险构成因素
高危风险	流行性疾病	1.冬季气温低,空气流通性差,人体免疫力下降,易发流行性疾病。 2.校园人员集中,学生群体易感染发病。 3.寒假期间,学生外出、走亲访友等,可能加剧流行性疾病的蔓延。
	校园火灾	1.冬季低温寒冷,校园电器使用量增加,用电负荷大增。 2.师生违规使用大功率电器,易引发火灾。 3.冬季风干物燥,火灾隐患大,易诱发各类火灾。 4.因未按规定及时清理食堂烟道,易引发火灾。
	学生中毒事故	1.冬季采暖,室内通风不畅,学生在家庭及出租屋等校外场所易出现煤气中毒。 2.冬季人体免疫力弱,学校食堂、周边餐馆的菜品质量问题易引发食物中毒。
	教师故意侵害学生	1.国内外曾出现过极个别教师对学生进行性骚扰、强奸等性侵害。 2.教师暴力侵害学生,社会影响恶劣。
中度风险	学生遭遇暴力与侵害	1.学生作为弱势群体易成为侵害目标。 2.学生在上下学路上,或者出入网吧、游戏厅等公共场所,有可能遭遇抢劫、恐吓勒索等暴力行为。
	学生实施暴力与犯罪	1.中小学生易受到暴力影视作品、游戏及社会不良行为等影响,以不当方式处理人际矛盾。 2.西方校园枪击案的负面示范,可能诱使极少数学生持械犯罪。
	学生交通事故	1.冬季多发雨雪冰冻,多出现道路积雪、结冰、湿滑,易发交通事故。 2.中小学生如搭乘非法运营车辆,加之路况不佳,更易发生交通事故。

续表

风险等级	风险类型	风险构成因素
低危风险	学生意外伤害	冬季易出现摔伤、烟花爆竹炸伤、运动猝死、高空坠物等意外事故。
	学生自我伤害	个别学生因期末考试压力较大,加上自身和家庭问题,易出现自残自杀等极端行为。
	校园侵扰	学生、社会人员可能违规进入学校,出现破坏校内设施、盗窃财物等事件。

注:根据校园安全"主动防、科学管、立体化"风险管理体系相关资料整理。

（二）分级分类进行风险评估,保持动态更新

风险分析在风险识别的基础上进行,对风险要素进行分类,再通过定量或定性分析方式,对风险发生的概率、风险影响和后果进行估量。风险评价,即通过相应的指标体系和评价标准,对风险等级进行划分。

在校园安全"主动防、科学管、立体化"的体系中,校园安全风险评估主要采用经验判断法和专家咨询法,进行定性分析,并根据风险责任、人员伤亡、社会影响的程度,将风险要素划分为高危风险、中危风险、低危风险三个风险等级,实现对校园安全风险的准确描述,并将其作为后续风险预防预警工作的依据。

学校危机的规律性特征既有时间、地理环境等自然因素的客观影响,也有主观模仿的作用。学校危机的主观模仿是指因为新闻报道或者小说电影中的描述而导致的一连串同类学校危机事件的爆发。一方面,模仿效应具有负面性,人为学校危机事件,尤其是舆论关注的恶性事件,经媒体不当报道后可能产生负面示范作用,一些危害学校安全的新形式新方法可能被潜在犯罪分子"复制",导致同类事件在其他地区爆发;另一方面,模仿效应呈现国际化的趋势,即国外一些人为学校危机事件经报道和传播后,也可能在国内出现模仿者,导致国内同类学校危机事件的发生。因此,学校风险月历需要在总结客观规律的基础上,结合当地实际情况,综合分析学校风险的新形式,进行动态更新。

（三）完善风险预防，发布风险预警

风险预防是常态下的风险防范手段，目的在于消除或减少可能引发损失的各种因素。在校园安全"主动防、科学管、立体化"的体系中，风险隐患排查是风险预防的主要措施，重点排查，对可能存在的学校潜在风险进行重点排查，通过应急工作的关口前移，有针对性地开展危机防范。由基层单位根据上级部门下发的风险评估表进行自查自改，能处理的风险隐患及时处理，基层无法处理的风险隐患则上报领导，会商解决。针对重点单位和特种设备，建立风险隐患台账和特种设备明细台账，对于暂未处理完毕的风险隐患，先采取"挂账"措施，在下一次排查时核对清查，确保每一处风险隐患都得到有效解决。安全校园管理的实践需要定期开展安全风险隐患大排查、大整改活动，力图发现各类校园安全风险隐患，并完成整改，或剩余风险隐患"挂账"，通过倒逼销账的方式，在之后整改完毕。

风险预警是危态下的风险防范手段，针对即将发生的突发风险事件进行预测和报警。风险预警的主要方式是上下级部门间的风险沟通和舆情监测。上下级部门间的风险沟通双向进行，各单位通过网络平台，及时向上级部门汇报新增风险点；北京市政府部门根据需要，不定时组织基层单位召开安全风险会商会议，预测风险走向，提醒辖区内各个单位加以注意。学校在安全校园舆情监测系统中，参照校园安全风险月历，从各个维度构建媒体舆情监测关键词体系，搜索相关的媒体舆情，并对媒体舆情内容进行识别分析，即时发布风险预警，防患于未然。同时，准确发布，通过恰当的方式和渠道向学生、家长、教师等群体及时有效地发布合适的、精确的预警信息，达到防止危机发生、减少危机损失的效果。

三、"科学管"：风险应对的规范化与科学化

风险运营机理十分复杂，主要体现为：风险的连锁反应，次生反应难以控制；风险责任所有权不明确，多个责任主体职责交叉。面对复杂的风险运营机理，必须建立规范化的风险管理流程，厘清风险责任界限，强化风险应对能力并纳入绩效考核，减少风险应对中的失

误,科学管理风险。

"科学管"——科学管理风险是风险管理体系创新的基础,分为明确风险责任所有权、提升风险应对能力、制定标准化风险应对流程三部分。在校园安全"主动防、科学管、立体化"的体系中,通过"科学管"实现风险应对的规范化与科学化,力争失误的最小化。

(一)明确风险责任所有权,消除风险责任空白

明确风险责任所有权是科学管理风险的前提。在开放性风险环境下,可能多个风险责任主体共担责任,权责交叉;可能有部分风险责任无人承担,成为风险漏洞。所以,必须科学化划分各个风险责任主体的责任界限。在校园安全"主动防、科学管、立体化"的体系中,对于校园安全的风险责任,将风险责任主体分为高层、中层和基层风险责任主体,承担不同的风险责任。

(二)提升风险应对能力,确保有效承担风险责任

提升各个风险责任主体应对风险的能力,是科学管理风险的保障。不同风险责任主体承担责任不同,需要有针对性的提升风险应对能力,做到能力与责任相匹配,确保各责任主体都能承担起相应责任。

高层风险责任主体需要具备风险识别能力、研判预警能力、应急决策能力、应急处置能力、系统规划能力、统一协调能力等;中层风险责任主体需要具备风险预警能力、风险防范能力、应急决策能力、应急处置能力、属地资源调配能力、信息传达能力等;基层风险责任主体需要具备风险预警能力、风险防范能力、先期处理能力、报警能力、自救互救能力等。

风险应对能力的提升主要依靠专家培训、以会代培、应急避险疏散演练等培训活动开展。为确保风险应对能力提升落到实处,校园安全"主动防、科学管、立体化"的体系将校园风险应对能力培训成果纳入绩效考核体系,教委、应急办、地震局、消防支队联合成立专项工作验收小组,不定期对各校园应急避险疏散演练情况进行检查、督导、验收。

第六章　社会稳定风险内部控制

（三）制定标准化风险应对流程，减少应对失误

科学化风险应对流程，是科学管理风险的核心。风险应对不当，可能会产生次生风险，扩大损失。所以，必须制定科学化、规范化的风险应对流程，各责任主体严格按照流程，积极应对风险。

在校园安全"主动防、科学管、立体化"的体系中，风险应对流程包括常态防范与先期处置、科学决策与部门联动、决策执行与系统更新三个模块。第一个模块，常态防范与先期处置，即基层单位以上级下发的风险评估为指导，开展常态化的风险防范工作，并在风险事件爆发时及时开展先期处置，上报信息。第二个模块，科学决策与部门联动，上级部门在接报后，对风险事件进行研判，并形成决策方案，联动相关职能部门应对，并向有关执行单位下发任务。第三个模块，决策执行与系统更新，有关执行单位根据上级决策进行处置，同时事件处置结果列入年度绩效考核，事件处置过程中欠缺的相应技能及时反馈至能力提升规划，直接转化为下一次培训的需求，促进"主动防、科学管、立体化"风险管理体系的持续更新。

（四）设计风险应对指南，快速阻止与全面降低危害

在校园安全"主动防、科学管、立体化"的体系中，通过对历年国内外学校危机案例、同季节多发危机、同地域共性危机等的研究，在归纳学校危机的相应规律的基础上，总结危机处置的经验教训，发布风险应对指南，旨在快速阻止危害的扩大、全面降低危害的影响。

1. 迅速砍断连锁反应

危机演变具有连锁反应的特征，是由危机自身发展或应对不当而引起的危机蔓延和危害扩大，即单一危机的爆发往往引发连带性危机、次生和复合性危机。学校危机的连锁反应表现在两个方面。第一，事件本身的发展可能引发连锁反应，如学校周边发生突发危机事件，事件在物理范围自然扩散时，可能危及学校内部。第二，学校应对不当可能引发连锁反应，学校危机事件发生后，学校如处置不及时或应对不科学，容易主动引起连锁反应的发生，导致事件升级和危害扩大。因此，减少学校危机的损害需迅速切断连锁反应。

2. 科学的现场处置

迅速切断连锁反应、全面降低危害影响的根本途径在于提高现场处置的科学性。一方面，要加强应急处置决策的科学性。学校应急处置的科学决策提出了三方面的要求。一是要及时、有效地控制事态的发展，学校需防止危机蔓延和事态的扩大，主动减少危害带来的损害；二是要全面、妥善地处置危机和善后事宜，学校需持续关注危机现场师生以及家长等相关利益群体的行为和心理，避免人为次生危机的发生；三是要有效阻止校外危机的蔓延，通过物理隔离、转移学生等方式，避免校外危机影响学校的安全。在校园安全"主动防、科学管、立体化"体系中，教委向各学校发放风险应对指南，针对学校日常工作中风险项目的高危频发风险，提供了防范和应对的建议，包括预警风险点、防范措施、风险规律、处置建议、法定职责等内容。

另一方面，要重视危机现场的救助，积极发展和壮大第一反应人队伍。"第一反应人"是指第一个到达现场，平时接受过救护培训并获得培训相关证书，能够为伤者提供紧急救护的人。国内外许多灾难证明了第一反应人在现场早期实施的初步救治措施对减轻危机损害有重要作用。

校园安全"主动防、科学管、立体化"的体系，在精细化政府风险内控的基础上，与人性化外防相结合，该体系要求"立体化"，在内外联动的基础上达到运转高效、配合协调，同时加强管理体系中内外部相关人员中每个个体的风险技能提升、风险意识强化与风险文化培养。

四、"立体化"：校园安全风险管理体系的内外结合

在校园安全"主动防、科学管、立体化"的体系中，"立体化"的风险外防的内外结合具体可分为系统内部纵向联动、党政部门间横向联动、政府与社会公众全面联动三部分，保障责任联动与利益共存，保证风险管理工作的运转高效和风险管理团队的配合协调。

（一）系统内部建立分级责任体系，实现纵向联动

系统内部纵向联动，首先需建立系统内部"纵到底"的风险责任

网络体系,具体分为高层风险责任主体、中层风险责任主体、基层风险责任主体三级,各层级规范化管理,实现定岗定责。其次,在工作中,应根据实际需要不断完善"三级网格(基层风险责任主体)自查自改、二级网格(中层风险责任主体)互查促改、一级网格(高层风险责任主体)督查督改"的全员安全风险责任体系,实施各级网格重大隐患会商制度、各级网格情况通报及责任倒查制度,形成三级网格各司其职、相互联动、综合管理的工作格局。

在校园安全"主动防、科学管、立体化"的体系的校园安全工作中,校园安全风险责任体系划分为教委、各级政府教委办、学校三级校园安全风险责任网格,实行分级管理,实现了网格划分在空间上无空白;实施"定岗定责""一岗双责"制度,确保教育系统内部风险责任明确,有效配合协调。

(二) 党政部门之间建立责任联系,实现横向联动

党政部门横向联动,首先需要构建党政部门"横到边"风险责任网络体系,明确风险责任的所有权,确保风险责任划分上无空白。其次,需开展部门间合作与联动,定期举行跨部门的联席会议,并建立健全部门协调机制。

针对校园安全问题,校园安全"主动防、科学管、立体化"的体系将教育、公安、司法、行政、建设、交通、文化、卫生、工商、质检、新闻出版等部门的力量整合起来,以保障学生的健康和安全为核心,共担责任,协同配合,促进校园安全。

(三) 社会公众参与风险管理,实现内外全面联动

社会公众全面联动,首先需要加强风险沟通,培养社会公众的风险管理意识,鼓励社会公众参与风险管理。其次,需明确社会公众在风险管理中的作用,即对政府的风险管理工作进行监督、提出建议与积极配合,在突发风险事件发生时积极应对。最后,要通过制度规范,确保社会公众有效参与风险管理。

在校园安全"主动防、科学管、立体化"的体系中,学校由家长、社区志愿者等组成"护校队",参与到安全校园风险管理中来。此类举措一方面提升了学生家长对于校园安全风险应对的信心,另一方面

也更有效地保障了校园安全,实现了政府与社会之间的全面联动。

来源:唐钧:《政府风险管理——风险社会中的应急管理升级与社会治理转型》,中国人民大学出版社2015年版。

第三节 工作规范:标准化处置,增强防范力

一、规范的机理:标准化处置减少失误,规避责任事故

规范化在社会稳定风险管理过程中,通过标准化管理的创新,尽可能减少失误;同时又能在最大程度上规避责任事故。因此规范化对于全面增强社会稳定风险的防范能力,发挥着重要作用。

表6-6 规范的机理

定位	规范的风险干预	对风险定级的贡献
事前	科学决策	规避责任事故;化解矛盾;高危中危降级;低危保持
事中	标准化处置,ISO等标准化管理等;规范化管理,廉政风险防控等	规避责任事故;保持低危,不易升级为中危、高危
事后	总结和推广有效经验等	防止今后出现责任事故;化解矛盾;保持低危

注:根据通常情况设定,具有相应的误差。

(一)规范的体现是形成程序规范的工作模式

工作模式是确保社会稳定风险评估和管理的纲领。以甘肃酒泉为例,在深入推进社会稳定风险评估和管理的过程中,该市紧紧围绕重大事项对群众切身利益影响程度这个核心,在深入调查研究、积极探索、认真总结的基础上,形成了符合酒泉实际的"6477"模式。①

第一,坚持六项评估原则:坚持以人为本、多管齐下、关口前移、重心下移、预防为主、标本兼治六项评估原则。

---

① 《酒泉市"六化"方案实现稳评工作"大转变"——务实之举、预防之策》。

第二,遵守四个评估要求:遵守重大决策事项的合法性、合理性、可行性、可控性四个要求。

第三,明确七类评估重点:国有企业改制、城市建设、"三农"、社会保障、机构改革、环境保护、民族宗教问题等七类重大事项。

第四,按照七个方法步骤:确定评估事项和制定评估方案、征求意见、客观评估、确定风险等级、作出评估结论、制定风险化解方案、跟踪督查。

为规范具体的稳评工作流程,增强稳评工作的科学性、规范性和可操作性,酒泉市维稳办还结合实际,专门绘制了《酒泉市社会稳定风险评估工作流程图》和《酒泉市社会稳定风险评估报告样本》,下发各县(市、区)及市直相关部门参照执行。

(二)规范的作用是规避责任事故

责任事故在社会稳定风险管理中,通常是指责任主体对事件负有主要责任,违法违规并造成恶劣后果和社会负面影响的社会事件。可分为两类:第一类,自致型事件,是指当事人或者主管部门未尽到责任造成的事件,确实属于责任事故。第二类,不可抗力型事件,是指当事人或者主管部门由于事件过于复杂或者责任部门权限不够造成的事件,一般不列入责任事故。

责任事故的研判标准,可参考五类指标:第一类,自致型事件;第二类,事件责任主体的违法违规行为或主观不作为;第三类,事件责任主体未履行对事件结果采取相应措施或作出回应的责任;第四类,事件责任主体未履行对相关主体进行监督和管理以避免事故发生的责任;第五类,事件责任主体未履行督促相关主体对事件造成的结果进行处理和解决的责任。

责任事故的实践操作,可根据辖区的实际情况,通过风险归因,综合形成研判结果。

表6-7 社会风险归因与责任事故研判(示例)

风险领域	风险版块	风险项	风险归因（参考）	责任事故研判（参考）
1. 公共安全"危"	1.1 恐怖袭击致死伤	1.1.1 恐怖袭击致死伤	不可抗型	否
	1.2 突发事件中群死群伤	1.2.1 自然灾害处置问题	自致型	是
		1.2.2 安全事故处置问题	自致型	是
		1.2.3 社会安全事件处置问题	自致型	是
	1.3 公共场所死伤风险	1.3.1 基础设施不善	自致型	是
		1.3.2 安全隐患的处理问题	自致型	是
	1.4 公共卫生问题和致命传染病	1.4.1 疫苗管理问题	自致型	是
		1.4.2 致命传染病处置问题	自致型	是
	1.5 危害公共安全罪和食品危害	1.5.1 危害公共安全罪	自致型	是
		1.5.2 食品危害	自致型	是
	1.6 校园血案	1.6.1 校园暴力致学生死伤	不可抗型	否
		1.6.2 校园血案致老师死伤	不可抗型	否
	1.7 医院血案	1.7.1 医患纠纷导致血案	不可抗型	否
2. 社会秩序"乱"	2.1 治安秩序"乱"	2.1.1 治安犯罪猖獗	自致型	是
		2.1.2 警察维护秩序的过失	自致型	是
		2.1.3 医疗秩序混乱	自致型	是
		2.1.4 校园秩序混乱	自致型	是
		2.1.5 文物破坏	自致型	是

续表

风险领域	风险版块	风险项	风险归因（参考）	责任事故研判（参考）
2. 社会秩序"乱"	2.2 社会环境秩序"乱"	2.2.1 社会环境秩序被破坏	自致型	是
		2.2.2 城管维护秩序的过失	自致型	是
	2.3 经济秩序"乱"	2.3.1 企业经营秩序混乱	自致型	是
		2.3.2 银行、保险、证券问题	自致型	是
		2.3.3 地方政府债务问题	自致型	是
	2.4 新闻秩序"乱"	2.4.1 新闻秩序混乱	自致型	是
3. 生态环境"脏"	3.1 空气脏	3.1.1 雾霾导致百姓遭殃	不可抗型	否
		3.1.2 废气粉尘祸害群众	自致型	是
		3.1.3 机动车尾气管理问题	自致型	是
	3.2 水脏	3.2.1 污水乱排放	自致型	是
	3.3 土壤问题	3.3.1 土壤污染影响种植	自致型	是
	3.4 生态破坏	3.4.1 偷猎和滥采问题	自致型	是
4. 公共服务"难"	4.1 生活"难"	4.1.1 医疗难问题	自致型	是
		4.1.2 教育难问题	自致型	是
		4.1.3 民政服务难问题	自致型	是
	4.2 办事"难"	4.2.1 办事审批难问题	自致型	是
		4.2.2 政府网站服务难问题	自致型	是
		4.2.3 银行、保险、证券服务难问题	自致型	是
		4.2.4 公积金提取、借贷难问题	自致型	是
	4.3 出行"难"	4.3.1 公共交通问题	—	
		4.3.2 民航问题	—	
	4.4 维权"难"	4.4.1 维权难问题	自致型	是

续表

风险领域	风险版块	风险项	风险归因（参考）	责任事故研判（参考）
5.官员素质"差"	5.1"贪"	5.1.1 贪污受贿	自致型	是
		5.1.2 消极腐败	自致型	是
		5.1.3 隐性腐败	自致型	是
	5.2"渎"	5.2.1 滥用职权	自致型	是
		5.2.2 玩忽职守	自致型	是
		5.2.3 决策失误	自致型	是
		5.2.4 慵懒散	自致型	是
	5.3"色"	5.3.1 性丑闻	自致型	是
		5.3.2 强奸	自致型	是
	5.4"假"	5.4.1 火箭提拔	自致型	是
		5.4.2 被影响	不可抗型	否
		5.4.3 造假造谣	自致型	是
	5.5"枉"	5.5.1 暴力执法	自致型	是
		5.5.2 遭遇暴力抗法	自致型	是
		5.5.3 作风粗暴	自致型	是
总计 5大领域	24项	55项	自致型 88.7% 不可抗型 11.3%	—

注：有些风险归因待细化研判，用"—"表示，未计入本次统计。来源：唐钧主编：《形象危机应对研究报告2013—2014》，社会科学文献出版社2014年版；唐钧主编：《形象危机应对研究报告2012》，社会科学文献出版社2012年版。

表6-7的统计表明：责任事故中，自致型占到88.7%之多，而不可抗仅占11.3%；因此，责任事故实际上在很大程度上是可以通过规范化等措施，予以规避和杜绝的。官员的廉政风险防控，就属于防范责任事故的典型创新。

实例36：问题官员的社会影响恶劣，廉政风险防控规避官员犯错

官员形象是指各级各类公职人员在工作和生活中向群众展示的形象汇总，官员形象是政府形象最直接的体现，备受社会关注。而官员形象风险是指官员因违法违规、违背德、能、勤、绩、廉的标准，不符合群众对官员公正廉洁、勤政爱民等预期；造成恶劣影响和损害公信力的危机。官员形象风险，尤其是高危风险，一方面是极个别官员的个体行为产生恶劣的社会负面影响；另一方面也可能是群众对官员的不满意或不理解而造成的差评或恶评。

表6-8 官员问题导致的负面社会影响

风险类型	风险项	风险描述	社会负面影响的风险
1."贪"	1.1 贪污受贿	包括贪污、受贿、行贿、挪用公款等	易引发质疑和指责廉洁奉公等社会风险
	1.2 消极腐败	主要为公款滥用问题，包括公款吃喝、公款旅游、公车私用等	
	1.3 隐性腐败	包括"赞助费""会员卡"等不易被发现的腐败形式	
2."渎"	2.1 滥用职权	故意逾越职权或者不履行职责	易引发质疑和指责秉公办事等社会风险
	2.2 玩忽职守	不认真不负责地对待本职工作，包括冤假错案等	
	2.3 决策失误	因决策失误造成负面影响	
	2.4 慵懒散	工作懒惰松懈	
3."色"	3.1 性丑闻	包括嫖娼、包养情妇等生活腐化问题	易引发质疑和指责人品和道德等社会风险
	3.2 强奸	强奸妇女、幼女等	
4."假"	4.1 火箭提拔	官员提拔速度过快、任职资格作假	易引发质疑和指责公平公正等社会风险
	4.2 被影响	包括被家属牵连等问题	
	4.3 造假造谣	发布虚假消息、捏造事实等	

续表

风险类型	风险项	风险描述	社会负面影响的风险
5."柱"	5.1 暴力执法	粗暴执法,在执法过程中使用暴力	易引发质疑和指责权力滥用等社会风险
	5.2 作风粗暴	包括打人、杀人、醉驾、雷语等问题	

来源:唐钧主编:《形象危机应对研究报告 2013—2014》,社会科学文献出版社 2014 年版;唐钧主编:《形象危机应对研究报告 2012》,社会科学文献出版社 2012 年版。

廉政风险防控正是为了规避官员们犯责任事故,从而在决策方面减少失误,降低社会损失;在社会影响方面,减少社会的质疑和指责,全面降低社会稳定风险。

表6—9　以廉政风险防控规避社会稳定风险

防控类型	防控风险的内容	对社会稳定风险管理的贡献
1. 防控"三类风险"	1.1 防控思想道德风险:由于理想信念不坚定、工作作风不扎实和职业道德不牢固,以及外部环境对正确行使权力的影响,可能诱发行为失范的风险等。	廉政风险防控的风险类型,几乎囊括了民众对问题官员有意见的所有风险,并且更全面、更深入,有助于从根源上防范问题官员。
	1.2 防控机制制度风险:由于规章制度不健全、监督制约机制不完善,可能导致权力失控的风险等。	
	1.3 防控岗位职责风险:由于权力过于集中、运行程序不规范和自由裁量幅度过大,可能造成权力滥用的风险等。	

续表

防控类型	防控风险的内容	对社会稳定风险管理的贡献
2.四个环节	2.1 计划环节要界定具体的廉政风险内容,并制定相应的工作方案和风险防范措施。 2.2 执行环节要实施风险防范措施,使风险防范体系得以有效运行。 2.3 检查环节要对风险防范措施的有效性和廉政风险防范管理工作的开展情况进行综合评估。 2.4 行动环节要总结经验,纠正工作中存在的问题,优化工作目标,提高廉政风险防范管理工作水平,夯实下一步工作基础。	廉政风险防控的四个环节,应用了风险管理的PDCA模型,形成良性循环的风险预防和治理流程,便于可持续地优化制度和提升廉政成效,有助于在实际工作中全面提高廉政效果。
3.四项流程	3.1 查找廉政风险。通过自己查找、群众评议、专家建议、案例分析和组织审定等方式,重点查找权力行使、制度机制和思想道德等方面存在的廉政风险。 3.2 评定风险等级。根据权力的重要程度、自由裁量权的大小、腐败现象发生的概率及危害程度等因素,按照"高""中""低"三个等级进行评定,并经单位领导班子集体审定。对不同等级的廉政风险实行分级管理、分级负责、责任到人。 3.3 制定防控措施。针对廉政风险和风险等级,依据法律法规、政策规定、廉政要求、工作职责、工作标准,制定有针对性、可操作性、具体管用和切实可行的防控措施,特别要突出对高等级风险的防控。 (4)实施预警处置。通过巡视、审计、干部考察、述职述廉、舆论监督、电子监察、效能监察、执法监察、纠风治理、信访举报和案件分析等,全面收集廉政风险信息;对可能引发腐败的苗头性、倾向性问题进行风险预警;综合运用风险提示、诫勉谈话、责令纠错等处置措施,做到早发现、早提醒、早纠正,及时化解廉政风险。	廉政风险防控的四项流程,突出了风险内控和提前预警处置,有助于早发现、早提醒、早纠正,及时化解廉政风险,从而有效减少问题官员,降低民众的质疑和指责,提升公信力,增强支持度。

注:根据中纪委《关于加强廉政风险防控的指导意见》等材料整理。

二、规范的应用：科学决策和管理，增防范力

社会稳定风险管理的规范化应用，需要建立健全关于社会稳定风险评估的指导思想、基本原则、内容范围、责任主体、评估程序、目标要求、督查考评、责任查究等诸多事项的一系列制度，并与时俱进，确保社会稳定风险评估和管理的实效。

以甘肃酒泉为例，通过七项制度，推进稳评工作的日常化。[①] 根据中央先行试点，同步推进，开展社会稳定风险评估工作的要求，2011年至2013年，在市委、市政府研究制定关于建立健全社会稳定风险评估《机制意见》、《实施办法》、《考评办法》和投资项目咨询《管理办法》的基础上，2015年根据中稳发〔2014〕1号文件精神，市委、市政府又先后制定出台了关于进一步加强社会稳定风险评估工作《具体意见》和报告、报备、联席会议、督查通报、培训交流、专家库管理办法"六项制度"、《酒泉市社会稳定风险评估工作指导目录管理制度（试行）》和《酒泉市社会稳定风险评估责任追究实施细则（试行）》，共形成九个规范性文件，坚持和完善社会稳定风险评估七项制度。

一是项目报备制度。各县（市、区）、各部门年初建立了重大事项社会稳定风险评估档案，并将每年年初确定的拟稳评事项报同级维稳办备案，重大决策事项进行社会稳定风险评估后，评估单位、决策部门依次填写《社会稳定风险评估报备表》报同级维稳办，年中新增的事项随时报备。

二是检查通报制度。市县维稳部门采取月分析、季通报、年总结等方式，对社会稳定风险评估工作质量和效果、存在的问题进行跟踪掌握，定期不定期检查督促，及时总结经验做法，对工作中存在的问题及时督促整改。今年以来，市县维稳办分析研判稳评工作22次，下发通报10余份。

三是考核奖惩制度。采取定性与定量结合的办法，从组织领导、

---

① 《酒泉市"六化"方案实现稳评工作"大转变"——务实之举、预防之策》。

制度机制建设、评估程序、质量和效果、责任追究等方面,对各级各部门及有关责任主体开展社会稳定风险评估情况进行考核评价,并将考评结果作为年度维稳工作考核的重要依据。

四是业务培训制度。坚持将社会稳定风险评估工作培训纳入党校和维稳工作培训内容,适时组织培训交流和学习观摩,结合2015年开展的"社会稳定风险评估机制建设年活动",5月份,以社会稳定风险评估与网络舆情为重点内容,对市级维稳成员单位和县(市、区)综治、维稳、防范邪教等200多人进行了培训,解决了"谁来评""评什么"和"怎么评"的问题,有效提升了工作人员的业务素质。

五是专家库制度。市县两级均建立了由各行业领域、科研院校和专家学者组成的社会稳定风险评估专家库。目前止,市县两级分别建立了60人、30人以上的社会稳定风险评估专家库,为稳评工作提供强有力的专业支撑和人才支持。

六是联席会议制度。市、县两级均建立起了由纪检、监察、组织、宣传、信访等单位和评估实施主体发改委、建设、人社、教育、卫生、环保、国土、交通八大重点部门负责人参加的联席会议,通报评估工作情况,分析不稳定风险形势,研究协商防范化解对策。今年以来,先后召开联席会议2次,对两起因建设项目可能引发的社会矛盾进行了分析研判。

七是档案管理制度。对实施社会稳定风险评估的重大事项一事一档,市县维稳部门在做好事前报备和《评估报告》备案的同时,加强对责任单位风险评估资料档案规范化管理的检查指导,将评估档案作为评估结论应用的责任追究基本依据。

以甘肃酒泉为例,应用四项举措,推进稳评工作常态化。① 全市各级党委、政府高度重视社会稳定风险评估工作,坚持将社会稳定风险评估工作作为加强和创新社会治理、践行群众路线、维护群众合法权益、从源头预防社会矛盾的重要举措来抓。

一是专题研究部署。各级把社会稳定风险评估工作与党委、政

---

① 《酒泉市"六化"方案实现稳评工作"大转变"——务实之举、预防之策》。

府年度重要工作任务进行同安排、同部署、同落实。市委常委会先后2次,市政府常务会先后3次对社会稳定风险评估工作进行安排部署,并提出明确要求。中央维稳领导小组《关于贯彻落实中办发〔2012〕2号文件的具体意见》下发后,7月15日,市委常委会专题学习并研究加强社会稳定风险评估工作,会议要求"各级党委、政府要高度重视社会稳定风险评估工作,把社会稳定风险评估作为源头防范化解矛盾的重要举措,列入党政机关目标责任书考核体系,纳入重点工作督查检查范围,对工作开展情况进行重点督查。各级政府要切实落实行政'一把手'负责制,全面推行社会稳定风险评估工作;各级组织部门要将社会稳定风险评估考核结果作为党政领导班子和领导干部综合考核评价的重要依据,严格考核奖惩,确保工作责任和任务落实到位"。

二是健全组织机构。成立了由市委常委、常务副市长任组长、市委常委、政法委书记任副组长,市发改委、市监察局、市建设局等23个市直部门主要领导为组员的市社会稳定风险评估工作领导小组。7个县(市、区)、37个市直部门、76个乡镇(街道)均成立了稳评工作领导小组,形成了"党委政府统一领导、主管部门组织推进、责任主体具体实施、维稳部门指导督查、社会各界积极参与"的稳评工作运行机制,为推进全市社会稳定风险评估工作常态化提供强有力的组织保障。

三是靠实工作责任。市县两级将社会稳定风险评估工作考核纳入目标责任书,层层签订责任书,基本形成了主要领导全面抓、分管领导具体抓、其他领导配合抓的工作局面。

四是明确刚性要求。市委书记、市长等主要领导多次就社会稳定风险评估工作作出重要批示,要求全市各级部门既要担负发展的任务,也要承担维护稳定的责任,在各项重大决策事项实施出台前,必须组织进行社会稳定风险评估,切实做到"五个一律":对未经评估的重大决策,一律不上会研究,一律不出台实施;对未按照要求进行评估的重大项目,一律不审批招投标,一律不开工建设;对因稳评工作不到位引发重大涉稳事件的,一律要追究有关人员责任。2015年以来，先后对 236 项重大事项进行社会稳定风险评估，作出暂缓实施 1 项、不予实施 1 项。

通过制度化和常态化，甘肃酒泉自 2015 年以来，凡经过稳评的重大决策事项，未发生重大不稳定事端，大量苗头性矛盾问题在稳评过程中提前得到化解，有效地从源头上预防和遏制了各类社会矛盾纠纷的发生，最大限度地减少了不和谐因素。

因此，规范化在服务于社会稳定方面的创新，可通过科学决策、信息管理、研判预警、科学处置、绩效考核、知识管理等多个系统，形成体系创新。内部优化管理降低失误，外部倾听民意疏导矛盾；从而全面增强社会稳定的防范力。

实例 37：北京朝阳的维稳创新：科学决策和科学管理

科学决策和科学管理，对于社会稳定风险管理而言，不仅是用全套标准化来规避失误，更是在建立健全适应社会风险规律的管理体系。

自 2009 年起，笔者与朝阳区政法委合作，共同设计与建立朝阳区科技维稳体系平台："一网、两库、三关"社会维稳的风险治理与科学管理体系。该体系是社会维稳体系的创新，是精细化风险内控的实践产物。该体系以研究构建维护社会稳定的"一网、两库、三关"为核心内容，即风险信息网、基础资料库、应急决策支持库、研判预警关、科学决策关、督导考核关。

一、"一网、两库、三关"社会维稳体系的主要内容

（一）"一网"：风险信息网络

"一网"是指建设以保障科学决策为目标，以全面整合、共享风险信息资源为基础，以实现对涉稳情况信息实时侦控为核心功能的风险信息网络。具体包括三方面创新：

一是建立一体化的风险信息网络，即全面整合信息资源，实现信息网多层级无缝衔接。建设三个层面的信息网络。第一层面为本级政府层面，由维稳工作相关机构牵头，负责整体统筹本级政府管辖区

域信息的交流、交换工作,实现信息在本级政府层面上的综合利用和共享,实现全区信息资源的纵向统筹。第二层面为本级政府机关下属职能部门和下级政府层面,在原有公安信息网络、信访排查网络等部门网络的基础上,建立部门与部门之间、部门与下级政府之间、下级政府与下级政府之间的沟通机制,实现信息资源的横向沟通。第三层面为在基础层面,建立覆盖本级政府管辖范围内各社区、村、企事业单位、社会团体的维稳信息员队伍,实现对各类维稳信息的全面掌握。通过建立"纵向到底、横向到边"的三级信息网络,有效避免信息收集主体因条块分割造成各自为政的局面,实现信息的无缝衔接,形成整体统筹调度、部门归口报送、资源共享利用的一体化信息体系。

二是建立全方位、立体化的实时监控,即全面整合信息收集途径、手段,实现立体化实时监控。在通过三级信息体系实现内部维稳信息有效收集的同时,信息网全面纳入互联网、手机通信等新型媒介,电视、广播、报刊等传统媒体以及政府服务保障系统(政府热线、110、119、120、999)在内的信息来源,全面整合各种方式的技术手段,实现人力信息与技术信息的有效结合,公开措施与涉密措施的有效结合,传统方法与现代科技手段的有效结合,网络监控与落地查实的有效结合,全面拓宽信息搜集的广度和深度,实现对风险信息的立体化实时监控。

三是建立高效率的动态运行机制,即全面加强机制建设,实现信息传递的动态运行。信息在各级层面的及时传递是实现信息价值的必要要求。按照这一要求,信息网络通过建立培训机制全面提升信息人员素质;通过设置考核奖惩、责任追究等机制,全面落实各项工作责任制;通过完善报送机制,明确信息的收集类别、保密级别、传递时限、报送方式等内容。通过完善工作机制实现信息传递工作的规范化、制度化,为信息高效、动态运行提供坚实保障。

(二)"两库":基本情况库和应急决策支持库

"两库"是指建设以实现维稳工作长效管理为目标,以储备维稳资料为内容,以辅助科学决策为核心功能的基本情况库和应急决策支持库。

建立以全面系统掌握各类维稳资料及相关知识为内容的基本情况库,在决策时提供全面准确的资料支持:以建设重点人情况资料库、重点矛盾纠纷资料库、公共安全基本情况资料库等三个子库为内在基础,以生成社会风险地图直观反映全区维稳动态为外在表现方式,具有资料留存、查询、比对等项功能,如图6-4。

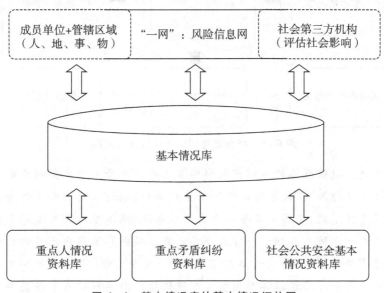

图6-4 基本情况库的基本情况拓扑图

基本情况库具有两方面特点:一是全面实现对重点人、重点矛盾纠纷及全区水电气热、广电通信、交通运输、食品供应、卫生医疗等公共安全相关情况的全面收集、详实记录、合理分类、动态更新。二是将各类风险资料通过技术手段转化形成社会风险地图,实现全区社会维稳总体情况的直观反映,为各级党委政府全面掌控维稳形势提供支持。

基本情况库的主要功能,是建立社会维稳的动态风险地图,如图6-5:

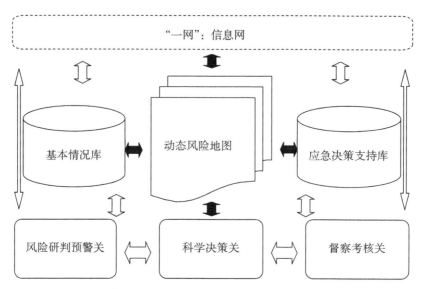

图 6-5 社会维稳的动态风险地图机理

建立以规范化的案例收集和标准化的应急处置为主要内容的应急决策支持库,在决策时提供可借鉴的辅助依据:以建设群体性事件决策支持系统、突发公共事件决策支持系统、媒体应对决策支持系统等三个子系统为基础。一方面分类收集掌握世界范围内已有的各种涉稳事件的典型案例,总结其发生原因、处置过程、成功经验和失败教训。另一方面根据各类典型案例提炼总结形成针对各类涉稳事件能够采取的若干种标准化、规范化的处置方法,以及各种处置方法可能产生的效果和可能造成的负面影响。在以上两方面内容的基础上,通过数据、内容的不断更新和技术支持,实现同类搜索、经验提示等功能,起到为政府科学决策提供支持的作用。

案例库的操作设计,三个方法:同类搜索;经验提供;教训提示。案例库的长期运行与维护设计,见图 6-6。

图 6-6 社会维稳事件案例库运行维护

"两库"是整个体系的知识辅助系统,它通过数据的动态更新、经验的持续积累、处置方法的不断完善服务于整个体系,并对"一网""三关"的运转产生影响。

(三)"三关":风险研判预警关、科学决策关与督察考核关

"三关"是指建设以对风险信息的有效鉴别为基础,以实现涉稳事件的标准化处置为核心功能,以落实维稳责任为保障的"三道关"。

1. 风险研判预警关

建立分级评定风险程度,科学研判信息,准确分析趋势走向的信息研判预警关:一是以目前世界上通用的风险等级评定标准为基础,全面结合不同地区的实际情况,对以往维稳事件的信息预警进行规律性研究,建立一套符合区域特点的信息风险指标评定标准。

在标准的基础上,通过设定发生可能性程度、境内外舆论关注程度、人员规模程度、发生地点敏感程度、引发关联性程度、动因影响程度、防控难度等一系列量化指标,将风险程度定为三个类别,即第一类为"不能容忍应立即处置的风险"、第二类为"可容忍需重视的风险"、第三类为"应关注需跟踪的风险",如图6-7:

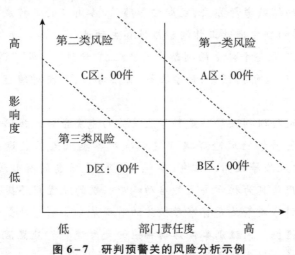

图6-7 研判预警关的风险分析示例

2. 科学决策关

建立处置流程标准化、决策机制规范化、体系运行制度化的科学决策关包括两个方面。根据风险研判预警关所确定的风险等级,设

计一套完善的标准化处置流程,该流程明确不同级别事件的处置责任主体、处置时限、工作标准。在发生不同风险等级的涉稳事件时,各级责任主体按照流程要求自动启动处置工作,形成各司其职、各负其责、责任明确、流程规范、机制完善、整体联动、高效运转的处置模式。同时,针对标准化处置流程无法解决的个别重大突发紧急事件,建立专家评审分析、情况会商等一系列研判机制,确保对特殊类涉稳事件的科学决策。

3. 督察考核关

建立实绩与政绩挂钩,责任与后果明确,奖励与处罚分明的督察考核关:建立一整套贯穿体系始终,涉及信息网络建设,风险信息预警研判,以及涉稳事件的决策处置等各个方面的督察考核机制。

一是建立责任追究机制,通过确定后果等级和责任等级,对因决策失误、政策制定失误、指挥失当、措施不到位、人员不到位等原因造成严重后果的,分门别类明确处罚标准,在进一步明确维稳工作责任的同时,明确因工作失职、渎职所要承担的后果,起到事前警示作用。二是建立绩效考核机制,以全面应用绩效管理理论为基础,通过建立科学完善的绩效考评办法,定期对各部门、各街乡的工作成效进行考核,用科学的制度提升工作的积极性和主动性。

"三关"是整个体系的判断决策系统,它通过"一网""两库"的全方位支持,通过研判预警,科学决策,督察考核,实现对维稳风险的科学管理。

一是风险研判预警关是科学决策关的先决条件。风险研判预警关通过设置科学的风险等级评定标准对各类风险信息进行有效研判,筛选出风险等级高的信息,实现对"海量"信息的有效过滤,过滤出来的有用信息为科学决策关启动相应级别的处置程序提供依据。

二是科学决策关是督察考核关的前提基础。科学决策关在体系运转时会根据不同级别事件启动相应的处置流程。处置流程明确了相应级别的处置责任主体、处置时限和工作标准,各部门是否按照流程要求开展工作将会成为督察考核的重要内容。

三是督察考核关是整个体系运行的责任保障。由于督察考核关建立了完备的责任追究机制和绩效考核机制,形成了强大的警示作用和监督作用,使体系的各项工作始终处在一种严格的责任管控之下,确保体系的正常、高效运转。

三、"一网、两库、三关"社会维稳体系的运行机制

"一网、两库、三关"的社会维稳体系,在静态模型的基础上,需形成智能化的动态运行,包括以"信息网"和"风险研判预警观"为中心的信息机制、以"基本情况库"为中心的风险机制、以"应急决策支持库"为中心的知识机制、以"科学决策关"为中心的应对机制、以"督察考核关"为中心的绩效机制这五大机制的动态运行。

(一) 以"信息网"和"风险研判预警关"为中心的信息机制

信息机制的运行机理如图6-8:

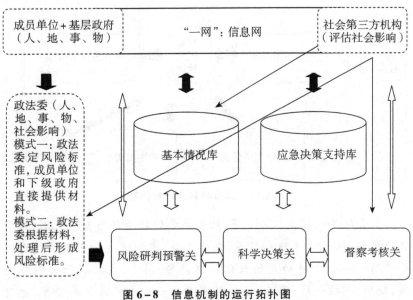

图6-8 信息机制的运行拓扑图

情况信息网的数据来源包括两个方面:一是政府根据人、地、事、物、社会影响,处理成员单位和下级政府的数据上报问题;二是社会第三方机构,根据社会影响的指标,全面综合互联网络、社会舆情信息,向情况信息网提供数据。

情况信息网的数据应用于三个方面:第一,"风险研判预警关"的操作,支持形成风险分类。第二,"基本情况库"的操作,支持形成社会风险地图。第三,"应急决策支持库"的操作,支持现成案例库。

信息机制智能化的关键在于两点:一是维稳风险的标准形成与定期更新,包括在技术方面,修正过滤系统;调整敏感程度;修正数据指标;调整精确程度。二是维稳风险的科学分类,形成供决策用的三类风险类型。

(二)以"基本情况库"为中心的风险机制

风险机制的运行机理如图 6-9:

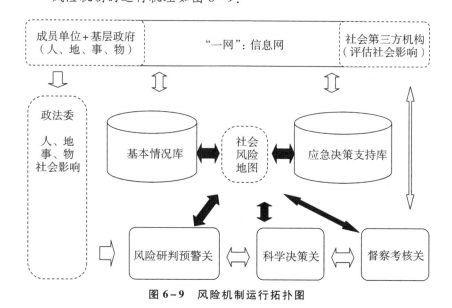

图 6-9 风险机制运行拓扑图

社会风险地图是人、地、事、物等要素的风险动态分布地图,按照风险级别,红、橙、黄颜色显示,每月更新,滚动运行。它的运行有三个作用:第一,支持动态的确保研判预警;第二,支持现场的科学决策,精确,把控全局;第三,支持督察考核。可以实时开展督察,也可以事后进行总结。

(三)以"应急决策支持库"为中心的知识机制

知识机制以"应急决策支持库"为中心,涵盖"一网"与"两库",其运行机理如图 6-10:

第六章　社会稳定风险内部控制

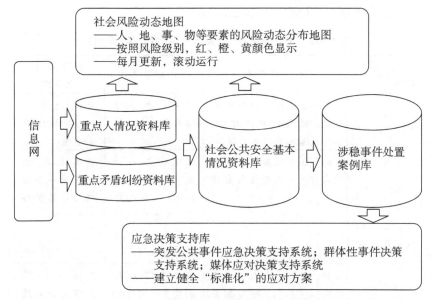

图 6-10　"一网"与"两库"的运行机理拓扑图

知识机制的运行,包括以下三方面内容:第一,经验积累,为维稳和应急的现场紧急决策提供支持。第二,知识培训,向全区涉及维稳工作的部门培训,向全区党政部门的培训,科学应对,避免惹祸。第三,能力提升,全面提升处置和应对涉稳事件的能力。

（四）以"科学决策关"为中心的应对机制

应对机制以"科学决策关"为中心,包括三方面内容:第一,基本情况库中,社会风险动态地图的应用;第二,应急决策支持库中,标准化应对体系的应用,在现场紧急决策时,科学应对;第三,应急决策支持库中,同类案例的调用,避免失误,吸取经验。

（五）以"督察考核关"为中心的绩效机制

绩效机制以"督察考核关"为中心,包括就绪状况识别、培训与能力提升、绩效管理三方面内容。通过这"三重"保障科学的督察考核。

在绩效机制的实际运行中,包括以下三方面内容:第一,根据"社会影响"的指标体系,对相关部门进行督察考核;第二,根据"社会风险地图",对相关部门进行督察考核;第三,根据"维稳标准化操作体系",对相关部门进行督察考核。

若发现苗头,明细操作见表6-10。

表6-10 发现苗头的"督察考核关"操作图(示例)

态度	因素	群体性事件	袭击破坏事件	建筑物危机事件
发现苗头但没采取措施	主观责任	坐视群体性事件蔓延属行政不作为,深究不作为的原因	严重失责,属于渎职行为	坐失处置良机,任由建筑物受毁
	客观现实	区分现在人员与负有领导责任人员的责任	客观现实:一为发现苗头不采取措施,但及时报告,二为发现了苗头不采取措施也不报告	客观现实:没有尽到一个公职人员甚至公民的责任
	责任追究	造成重大人员损伤后果的,对负有责任人员进行责任追究,严惩不贷	责任追究:视后果情况严肃追究责任	责任追究:后果损失小的进行思想教育,损失大的进行行政处罚等
		建议红牌警示		
发现苗头但措施不到位	主观责任	是否充分进行了协调沟通,警力是否调整到位,现场指挥是否得当	是否充分调动了人力、物力,指挥是否得当,估计情势是否恰当,采取措施是否得力	是否已采取了必要的措施,人力、物力是否调整到位,指挥是否恰当
	客观原因	群众规模过大,群情激愤难以沟通,群众提出条件苛刻	体制、机制是否已落后,技术是否过时,控制能力是否欠缺	人力、物力是否充足,技术是否足够支持
	对策	及时报告,派专业指挥人员,讲究调停技巧	加强信息沟通,迅速增援力量,及时遏制到位	切实保障人、财、物、技术充足保障
	责任追究	视事件扩情况给予批评、警告等	视事件破坏情况进行批评、警告等	视建筑物损坏情况进行批评警告等
		建议黄牌警示		

续表

因素 态度		群体性事件	袭击破坏事件	建筑物危机事件
没有发现苗头	主观责任	平时排查不到位，掌握数据不充分，对人民内部矛盾不了解	对事件的发生没有前瞻性，马虎大意，不注意蛛丝马迹	平时疏于检查，致使漏过隐患，建筑物危机敏感度不够
	客观原因	新生矛盾，人力不够，技术欠缺	袭击的酝酿大多隐蔽，技术支撑不够	建筑物未表现出危机信号，信息不畅通，技术力量不足
	对策	从主客观方面双管齐下努力	加强关于识别能力的学习，整合提高责任心	归口负责建筑领域隐患排查
	责任追究	批评教育	批评教育	批评教育
		建议白牌提醒		

若防范处置，明细操作见表6-11。

表6-11 防范处置的"督察考核关"操作图（示例）

因素 事态		人员保障	物质、资金保障	技术保障
事件根本控制不住	对策	急报本级与上级党委政府，本级政府派出工作组，必要时请求上级政府支援；信息事关主动，注意报告事项和情态预测的准确，并尽可能的投入人力减缓事件蔓延	基层先行投入，各级政府同时调动物质、资金；物质是基础，注意确保物质资金及时超量到位	基层现场人员提出技术请求，市、区政府提供技术保障；技术是关键，注意技术的熟练、迅速应用
	责任追究	判断明显失误，人员行动懈怠，物质保障不到位，技术欠缺，报告不及时等，红牌警示		

续表

事态 \ 因素		人员保障	物质、资金保障	技术保障
事件不能迅速控制	对策	基层政府及时上报本级党委政府,并设法控制局面使其不至于蔓延,本级政府迅速派工作组援助妥善解决,注意信息及时报告,事件情态的全面掌握和准确的预测	基层政府能调动的物质马上调动,不能等靠要本级政府调动物质、资金到位再行动,注意对需物质资金做准确预测,预多不预少,事件结束再统一核算核销	基层政府第一时间报告需要支援的技术设备,本级政府迅速派遣到位,注意做好技术实施前的准备工作
	责任追究	能控制却使事件失控的,人员保障缺乏的,投入人力、物力解决不够,技术不足,报告不及时的,视后果进行批评、教育等,黄牌警示		
事件能迅速控制	对策	由基层政府控制,妥善解决,并将结果上报;平时注意人员的训练有素;事发时招之即来,来之能战,战之能胜	由基层政府调动物质、资金解决,并将结果上报;平时注意物质、资金的充足及准备到位;事发时能迅速到位	由基层政府负责并将结果上报;平时及时跟进技术的更新与检测;事发时技术能真正发挥作用
	责任追究	无		

四、"一网、两库、三关"社会维稳创新的成效

"一网、两库、三关"社会维稳的风险治理与科学管理体系借助高科技、职能化的科技维稳体系,通过一网、两库与三关建设,形成科技维稳体系,综合利用现代信息技术,构建出科技维稳管理平台,从精细化风险内控的角度出发,实现真正的科学性风险管理,为社会维稳工作产生实效性的改进效果。

在民主与法制网的《科技维稳如何成就"平安朝阳"》报道①中，朝阳区基层工作人员、科技维稳体系负责人员与政法委领导等对该体系的操作与效果给予介绍与评价。

第一，"一网、两库、三关"社会维稳的风险治理与科学管理体系实现规范化与精细化的风险管理。

第二，"一网、两库、三关"社会维稳的风险治理与科学管理体系实现信息的共享与传播。

第三，"一网、两库、三关"社会维稳的风险治理与科学管理体系重视社会舆论与公众需求，实现科学决策。

第四，"一网、两库、三关"社会维稳的风险治理与科学管理体系明确责任归属与风险所有权，形成科学绩效考核与责任管理机制。

"科技维稳体系平台运行以来，成功处置了多起群体性纠纷事件，不仅提高了各部门的工作效率，更重要的是缩短了百姓的维权路，真正保障了百姓的根本利益"。"利用高科技对社会问题进行科学管理是社会的大进步，特别是采用 GIS、远程视频等先进的技术手段，创建的风险地图，可以实时对风险进行预警、远程指挥，大大提高了危机事件的应对效率"。"同时，辐射到街乡层面的信息平台也是更直接获取社情民意的便捷通道，为更及时有效地解决百姓诉求奠定了基础。"

第四节 综合治理：防范风险和减轻损害，增强应急力

一、综治的机理：防范综合风险

综合治理（以下简称：综治）围绕平安建设要求，采取"疏、防、控、打"等多种措施，切实起到了防范社会综合风险的作用。争取从"被动维稳"向"主动创稳"转型。

---

① 《科技维稳如何成就"平安朝阳"》，民主与法制网，http://www.mzyfz.com/cms/minzhuyufazhizazhi/jujiaoyuzhuanti/html/696/2012-02-15/content-291595.html，下述引文均来自该报道。

表 6-12　综治的机理

定位	综治的风险干预	对风险定级的贡献
宗旨	在各级党委和政府的统一领导下,以政法机关为骨干,依靠人民群众和社会各方面的力量,分工合作,综合运用法律、政治、经济、行政、教育、文化等各种手段,惩罚犯罪,改造罪犯,教育挽救失足者,预防犯罪;维护社会治安,保障人民幸福生活,保障社会主义现代化建设顺利进行	化解矛盾;高危中危降级;低危保持
体系	加强基层综合服务管理平台建设,逐步在乡镇(街道)推进建设综治中心	保持低危,不易升级为中危、高危
考核	严格落实综治领导责任制,把社会治安防控体系建设纳入综治工作(平安建设)考核评价指标体系,将考核评价结果作为对领导班子和领导干部考核评价的重要内容	化解矛盾;保持低危

注:根据通常情况设定,具有相应的误差。

☞ 实例38：综合治理切实防治社会稳定风险

综治在实践操作中,通过整治、排查、督查等多种方式,扎根基层,落到实处,切实能起到社会风险防治的成效,因此也成为全面降低社会稳定风险的重要举措。

表 6-13　以综治防范风险和减轻损失

任务项	风险防治措施
1. 抓打击,强整治,不断促进人民安居乐业	(1)严厉打击各种犯罪活动。始终坚持严打方针,根据"红袖章巡防"活动要求、"百日大走访"活动精神,结合实际,开展专项斗争和重点整治相结合,明察暗访与突击行动相结合,高密度、全方位的治安巡防活动,树立政法干警良好形象,切实严厉打击各类犯罪活动,严厉打击镇霸、村霸和街霸,打击盗窃机动车为重点的侵财犯罪,打击"麻将"等形式的赌博活动,积极开展"平安镇""平安村(社区)""平安企业"等创建活动。 (2)全力抓好"五项整治"专项行动工作,与派出所联合召开工作部署会议,周密部署,统一行动,村、社区书记参与排查。

续表

任务项	风险防治措施
	(3)将重点地区、重点人员的监控落到实处,做到村组排查有台账,工作细致有抓手。深入开展"三调联动"工作。 (4)充分发挥镇村维稳协会作用,人民调解、行政调解、司法调解相结合,调处各类矛盾纠纷。 (5)开展交通安全整治。以预防道路交通安全事故为主线,加大对机动车辆排查整治力度,交通安全隐患得到及时整改。 (6)成立学校周边环境整治工作机构,及时有效协调学校周边环境,为学校提供了良好的教学环境。
2.抓排调,强防控,全力维护社会大局稳定	(1)狠抓矛盾纠纷排查力度,做好集中处理信访突出问题和群体性事件工作。对信访工作进行集中梳理化解、对信访户进行了解释和教育,对突发群体性事件制定了三个工作预案:信息工作预案、劝访工作预案、处置工作预案,使矛盾最大限度地化解在基层。 (2)进一步加强对重点地区的防控工作。通过建立镇村两级巡防队,逐级逐层、针对性地进行巡防,保障全镇治安稳定。进一步加强司法服务、社区矫正和安置帮教工作。 (3)通过积极落实捆绑帮教,案情帮教、访谈帮教等措施,实现全年无帮教对象重新犯罪。 (4)深入开展防范和处理邪教问题。坚持"以防为主,打防结合,标本兼治,长抓不懈"的方针,形成弘扬科学、崇尚文明、扶正祛邪、扬美抑丑的良好风气,对邪教组织和人员进行重点摸排,及时把苗头消除在萌芽状态,绝不让邪教盛行。
3.抓督查,强考核,全面落实综治工作责任制	(1)观念上,始终把社会治安综合治理工作作为头等大事来抓。 (2)通过与各部门、企业、村(社区)签订综治目标责任书,落实综治责任,实行责任追究。 (3)强化督查,实效明显。健全综治月例会制度和日常督促机制,有效促进工作的开展。 (4)年终考核,对组织有力、工作扎实、成效显著的单位予以表彰,对工作措施不到位的单位予以通报批评、黄牌警告。

注:根据湖南等地的社会管理综合治理工作总结汇编,具有相应的误差。

二、综治的应用：全面增强综合风险应对力

综治在社会稳定风险防范方面的应用,不仅停留在严打和应急力,更将拓展为通过深化社会治理,全面增强综合风险的应对力。

表 6-14 以综治工作全面增强综合风险应对力

任务项	增强综合风险应对力
1. 以积极推进经济为目的,抓好政法综治工作重点方向	切实履行责任,主动服务,为经济社会发展提供优质的法律服务和良好的社会环境。
2. 以机制建设为龙头,着力维护社会稳定	(1)严格落实维护稳定工作各项责任制度,完善不稳定因素排查化解机制、社会预警机制和应急处置机制,提高保障公共安全和处置突发事件的能力。 (2)进一步健全完善矛盾纠纷排查调处工作机制、工作制度和工作网络,构建人民调解、行政调解和司法调解相互衔接配合的大调解工作体系,形成党委、政府统一领导,维稳、综治组织协调, (3)以司法所为依托,纪检、综治、信访、派出所等部门参加的矛盾纠纷排查调处中心。 (4)规范群众利益诉求机制,积极预防和妥善处置群体性事件。
3. 以"平安"建设为抓手,着力提升社会管理水平	(1)进一步完善社会治安防控体系,深入开展基层平安创建工作。 (2)加强社会面防控网络、治安卡点堵控网络、单位内部防控网络、农村治安防范网络及重点人群和重点部位防控网络建设。 (3)加强社区和村级综治维稳室建设,有效整合和优化治安防范资源。 (4)做好对特殊群体的工作,努力从源头上预防和减少犯罪。 (5)做好刑释解教人员安置帮教工作,摸清刑释解教人员底数,健全安置帮教网络,加强就业指导和职业技能培训。 (6)加强监督检查和考评,不断推进综治工作向纵深发展。

续表

任务项	增强综合风险应对力
4.以确保国家政治安全为重点,着力做好防范和处理邪教工作	(1)深入开展反邪教宣传教育,进一步深化对斗争长期性复杂性和尖锐性的认识。 (2)重点抓好各级各类学校的反邪教教育。 (3)要始终保持高压态势,依法打击邪教组织的违法犯罪活动。 (4)坚持预防为主、专群结合,构建社会面"大防控"工作格局,努力实现防范控制工作"无在当地进行非法公开聚集滋事事件、无重大恶性反宣案件、无规模性团伙活动案件"的目标。
5.以专项斗争和集中整治为手段,进一步增强人民群众的安全感	(1)深化"打黑除恶"和打击"两抢一盗"专项斗争,遏制系列犯罪的发展蔓延,继续加大打击经济犯罪的力度。 (2)适时开展集中整治活动,治理突出治安问题和治安混乱地区。 (3)落实宽严相济的刑事司法政策,最大限度地遏制、预防和减少犯罪。
6.加强社会治安防控网建设	(1)加强社会面治安防控网建设。 (2)加强重点行业治安防控网建设。 (3)加强乡镇(街道)和村(社区)治安防控网建设。 (4)加强机关、企事业单位内部安全防控建设。 (5)加强信息网络防控网建设。
7.加强乡镇(街道)和村(社区)治安防控网建设	(1)以网格化管理、社会化服务为方向,健全基层综合服务管理平台,推动社会治安防控力量下沉。 (2)把网格化管理列入城乡规划,将人、地、物、事、组织等基本治安要素纳入网格管理范畴,做到信息掌握到位、矛盾化解到位、治安防控到位、便民服务到位。 (3)因地制宜确定网格管理职责,纳入社区服务工作或群防群治管理,通过政府购买服务等方式,加强社会治安防控网建设。 (4)到2020年,实现全国各县(市、区、旗)的中心城区网格化管理全覆盖。

续表

任务项	增强综合风险应对力
7.加强乡镇(街道)和村(社区)治安防控网建设	(5)整合各种资源力量,加强基层综合服务管理平台建设,逐步在乡镇(街道)推进建设综治中心,村(社区)以基层综合服务管理平台为依托建立实体化运行机制,强化实战功能,做到矛盾纠纷联调、社会治安联防、重点工作联动、治安突出问题联治、服务管理联抓、基层平安联创。 (6)到2020年实现县(市、区、旗)、乡镇(街道)、村(社区)三级综合服务管理平台全覆盖,鼓励有条件的地方提前完成。 (7)深化社区警务战略,加强社区(驻村)警务室建设。 (8)将治安联防矛盾化解和纠纷调解纳入农村社区建设试点任务。
8.严格落实综治领导责任制	(1)把社会治安防控体系建设纳入综治工作(平安建设)考核评价指标体系,将考核评价结果作为对领导班子和领导干部考核评价的重要内容。 (2)坚持采用评估、督导、考核、激励、惩戒等措施,形成正确的激励导向,推进社会治安防控体系建设工作落到实处。 (3)对社会治安问题突出的地区和单位通过定期通报、约谈、挂牌督办等方式,引导其分析发生重特大案(事)件的主要原因,找准症结,研究提出解决问题的措施,限期进行整改。 (4)对因重视不够、社会治安防范措施不落实而导致违法犯罪现象严重、治安秩序严重混乱或者发生重特大案(事)件的地区,依法实行一票否决权制,并追究有关领导干部的责任。

注:根据中办国办《关于加强社会治安防控体系建设的意见》;湖南等地的社会管理综合治理工作总结汇编,具有相应的误差。

☞ 实例39:广东某镇的综治成效

2013年11月7日,石排镇2013年度平安建设及社会管理综合治理工作,接受了市检查考核组的考核。据了解,2013年石排镇全年共投入综治经费6117万元,占财政总支出的11%,成为该镇财政支出的最大项目。此外,该镇还专门设立了总额为40万元的见义勇为奖励金,对见义勇为和治安有功人员进行表彰奖励。2013年度共发放见义勇为奖励金6.3万元。

警务运行:村(社区)一级监控系统覆盖率达50%

据介绍,2013年石排镇大力推行警务前移、警力下沉,实施网格化管理,推行警犬驻所养护和统一调度巡逻模式,强化交巡警"一警多能"机制,最大限度地将警力摆上路面。2013年以来,该镇共立刑事案件1516宗,较去年同期654宗上升131.8%,受理治安案件1104宗,较去年同期629宗上升75.5%。

2013年石排镇实施了治安联防组织管理体制改革,招聘了符合招聘条件的526名辅警队员,提升基层治安防范打击能力。并建立了各村(社区)警务室室长挂任村(社区)副书记制度,明确警务室室长在村(社区)辅警队伍的领导地位。

石排镇今年的警务信息化进程得到进一步推进,治安系统以"大信息"平台为载体,全面采集"人、屋、车、场、网"等各类有效信息400.38万条。今年石排镇内新增了9个镇级治安卡口系统,建成4个村的视频监控系统,规范改造全镇8家银行117台自助设备,规划新建103个镇级高清治安视频监控点,目前该镇已经完成5条村的视频监控系统建设,另外还有5条村的视频监控系统正在筹建中,预计年底可投入使用。

严打犯罪:今年打掉犯罪团伙15个

2013年以来,石排镇始终保持对各类犯罪活动的高压打击态势,深入开展各项严打整治专项行动,重拳打击各类违法犯罪活动。该镇深入开展了"粤安13"、扫黄禁毒、"雷霆扫毒"、夏秋破案新攻势等一系列严打整治专项行动,加强串并案,重拳打击故意伤害、"两抢一盗"、诈骗等涉众型普遍犯罪。今年石排公安分局打掉犯罪团伙15个,成功侦破了"4·18"持枪绑架案、"5·3"故意伤害案、"6·1"入厂盗窃案等大要案件。

与此同时,石排镇还大力推进扫除"黄赌毒"、"打四黑除四害"等专项行动。对群众反映强烈的"老虎机"等赌博问题,公安部门将其作为政治问题予以重拳打击,严格问责,深挖幕后的源头和庄家,严惩"保护伞",并积极实行有奖举报,确保举报核查率100%、处理率100%。

2013年石排镇还广泛开展禁毒宣传活动,严厉打击涉毒违法犯罪活动,严密吸毒人员管控工作,强化对涉毒场所管理,共强制隔离戒毒58人,破获毒品案件20宗,查处吸毒人员191人。该镇工商、公安、新莞人中心等部门,还定期组织开展集中打击行动。今年以来,共捣毁取缔传销窝点4个,其中刑事拘留7人,行政处罚1人,驱散传销参与人员20人,解救被骗人员9人。

专项整治:多部门联合开展数十次行动

加强公共复杂场所、重点单位、特种行业的监管,是石排镇平安建设的一项重要内容。今年该镇整合工商、经贸、公安、供销社等职能部门,对违法经营、安全隐患较大的进行查处取缔,一年来共开展联合专项行动19次,检查废品收购站点81户次。相关部门今年共检查车辆销售企业7个次、汽车配件销售门店31户次、汽车维修单位43户次,未发现违法经营行为。今年相关部门共联合检查通信器材销售市场16次,出动142人次,检查手机店123间,责令整改6间,严厉打击无证照经营行为及销赃行为。

为打击食品药品安全违法犯罪行为,该镇共开展了39次食品安全整治专项行动,督促食品经营户建立健全食品准入、不合格食品召回和食品安全内部管理等制度。石排食品药品监督站共查处餐饮服务食品安全方面案件4宗,罚没1万元;配合上级查处药品安全方面案件3宗,查处涉案货值0.383万元,共罚没1.693万元。

平安细胞:多领域开展平安建设

据介绍,2013年度石排镇以"平安细胞"建设作为推进平安建设的重要抓手,制定具体创建工作方案,明确了平安校园、平安公交、平安家庭、平安市场等创建任务,并抓好平安校园、平安村居重点工程。

该镇选取了石排中学等16所学校作为平安校园创建试点,通过全面摸排"五无"安全隐患和"七类重点人员"、开展校园及周边治安环境整治工作、完善校园安保设施、强化校园保安培训、加强防溺防火、防拐防骗与防灾防病教育,做好消防隐患排查、落实法制副校长工作制度,有效推进平安校园创建工作。目前,平安校园创建工作已初见成效,广大师生安全意识明显增强,校园周边治安环境持续改善,2013年以来未发生一宗涉校安全事故。

该镇还将中坑村列为"平安社区"试点单位,投资50万元建立了石排镇首个村级治安视频监控室,24小时监控村内治安状况,此外,村内各大小出入口设置封闭半封闭治安岗点8个,并落实人员把守。同时,该村按照"以屋管人"的工作思路,安排村新莞人服务站管理员严密巡查辖区内的出租屋,检查租住人员登记状况。

社会管理:关注特殊群体、动员公益力量

为进一步加强社会管理综合治理,石排镇充分发挥团委、关工委、公安分局等部门力量,组织动员心理学专家、社工、志愿者等各方社会力量帮教82名有经常旷课、打架斗殴不良行为的青少年及15名有吸毒等严重不良行为青少年,落实结对帮教、定期联系、回访、强制性短期矫治等措施,帮助青少年改正不良行为。

不断完善安置帮教和社区矫正工作制度,落实"一人一案、一事一策"工作措施。目前全镇刑释解教回归在册人员17人,社区矫正在册对象7人,全部落实了帮教和矫正措施,实现了对刑释解教和矫正对象衔接管理率100%、帮教率100%、安置率100%的目标。

该镇还积极完善社区医疗服务体系,设立农(居)民重大疾病专项基金,对于重大疾病、危重病人实施及时救助;成立石排镇关爱新莞人子女志愿服务队,结对帮扶新莞人子女;加大对孤寡老人、精神病人等弱势群体的帮扶力度。

调解纠纷:镇维稳中心调解成功率98.06%

石排镇将调解工作与法律诉讼工作,作为依法解决社会矛盾纠纷缺一不可的解决途径,整合行政调解、人民调解、司法调解、仲裁调解四大调解资源,形成"大调解"工作格局,与司法诉讼体系无缝对接,从而高效、节约、公正解决好各类矛盾纠纷,推动了法治社会建设。

石排镇综治信访维稳中心2013年度综治信访维稳工作平台,共受理矛盾纠纷和群众诉求案件414宗,调解成功406宗,调解成功率为98.06%。全镇共建有村(社区)人民调解组织42个,调解员610

人,其中村(社区)调委会19个,专业性行业性调委会3个,工业园调委会1个,企业调委会19个,另外,企业调解小组41个,企业联络员276人。今年以来,村级调委会共受理各类矛盾纠纷128宗,调解率100%,成功率达98.4%。

该镇人力资源分局以劳动仲裁调解为重点,坚持以首访调解和村级接访为主要形式,推动信访工作重心下移,关口前移,提高镇村两级的调解率。今年以来,石排全镇共受理1482宗劳动争议案件,其中村(社区)人力资源服务站成功调解1230宗,村级调解成功率为95%,调解率逐步提高。

石排法庭则贯彻"调解优先"的审判原则,全年调解撤诉案件845宗,调撤率达到67.79%,最大限度化解当事人之间的矛盾纠纷,大大减轻诉讼结案压力。今年前三季度,石排法庭总案件为1675宗,同比下降30.12%,总体结案率为76.3%,上诉改判率仅为3.51%。

来源:《平安建设综合治理成效显著——市考核组检查石排平安建设及综治工作》,《东莞日报》,东莞时间网,http://epaper.timedg.com/html/2013-11/12/content_1223357.htm。

第七章 社会稳定风险外部合作

社会稳定风险的外部合作,是指为提升社会稳定风险的承受力,责任方和相关管理方,对外积极开展公共关系、动员群防群治、落实矛盾化解、主动舆论引导,从而切实提升以公信力为核心的风险管理成效。

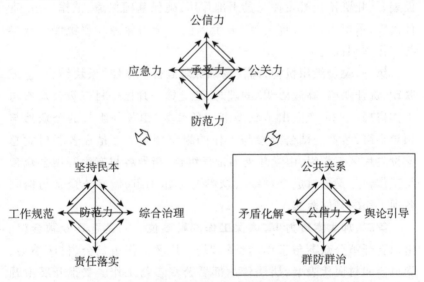

图 7-1 社会稳定风险外部合作及其定位

第一节 公共关系:加强风险沟通,减阻力增助力

一、公共关系的机理:加强沟通,降低稳定风险

公共关系在社会稳定风险管理过程中,是在做好管理工作的基础上,以民众为中心,建立畅通有序的诉求表达机制,达到问题能反

映、权益有保障等目的。

表7-1 公共关系的机理

导向	公共关系的风险干预	对风险定级的贡献
由内而外	创新工作方式方法,用群众能够接受的方式方法,切实做好群众工作	化解矛盾;高危中危降级;低危保持
由外而内	规避群众反对意见大的"负面清单";提升公信力	保持低危,不易升级为中危、高危

注:根据通常情况设定,具有相应的误差。

以北京大兴对公众参与环评稳评的全面落实为例,①随着北京大兴国际机场环境影响评价和社会稳定风险分析公众参与工作的全面展开,礼贤镇积极发挥党员干部作用,确保基础保障、工作部署、责任落实、示范引领、考核监督"五个到位",全力保障环评稳评公众参与工作顺利推进。

第一,健全组织机构,确保基础保障到位。按照"条块结合,上下联动,责任明确,高效协调"的理念,建立镇—片区—村三级公众参与工作格局。一是成立由镇党委书记任政委、镇长任组长的公众参与领导小组,负责全镇公众参与工作的组织领导。二是在各联村党总支设立片区工作组,由党总支书记任组长,指导各村有序开展公众参与工作。三是各村成立村级公众参与工作小组,做好公众参与期间各项工作的具体落实。

第二,加大宣传力度,确保工作部署到位。一是召开专题会议。组织召开镇公众参与工作动员培训会、片区工作组长会、村两委会、党员会和村民代表会,层层传达部署公众参与工作。二是开展主题活动。利用农村文化大院、农民文艺团队等文化建设阵地,围绕公众参与工作开展"小手拉大手""公众参与一堂课"等宣传活动,营造全镇上下齐动员共参与的良好氛围。三是组建专职队伍。按照500人以下村设置3名,500—1000人村设置4名,1000人以上村设置5名

---

① 中共北京市大兴区委组织部:《礼贤镇"五个到位"全力保障环评稳评公众参与工作顺利推进》,《大兴组工动态》2014年第2期(总第481期),http://dxdj.bjdx.gov.cn/web/dj/djdt/zgdt/604890.htm。

的标准,组建村级宣传员和信息员队伍,向群众宣传公众参与的重要意义,加强正面舆论导向,同时摸排掌握各类意见建议。

第三,完善工作制度,确保责任落实到位。 一是建立维稳会商制度。针对公众参与期间出现的可能影响整体工作开展的重大问题,召开镇领导小组全体会进行集体研究会商。二是建立信息反馈制度。由各村专职信息员每天15点前就工作开展情况向镇领导小组办公室进行反馈。三是建立值班值守制度。制定值班表,明确专人负责做好群众来电、来人的记录、接待工作。四是建立应急处置制度。对公众参与期间出现的突发事件,按照工作流程和职责分工进行快速稳妥处置,将负面影响降到最低。

第四,加强队伍建设,确保示范引领到位。 一是发挥党支部书记"领航员"作用。明确党支部书记为第一责任人,全面抓好村级公众参与工作方案制定、动态宣传、信息收集、反馈和应急处置等工作。二是发挥党员干部"宣传员"作用。实行网格化责任分区制,采取村"两委"干部包街巷、党员和村民代表包户的形式,就公众参与工作对普通群众进行正面宣传引导。三是发挥包村干部"指导员"作用。镇党委抽调机关精干力量为每村配备两名包村干部,指导各村做好公众参与工作,帮助把好程序关。

第五,建立奖惩机制,确保督导考核到位。 一是成立监督小组。由镇纪委牵头成立纪律监察组,负责做好公众参与工作的督导检查和对违纪行为的监察查处。二是明确纪律规定。组织镇机关工作人员、村两委成员签订公众参与工作纪律承诺书,要求党员干部自觉做到"六个不准",即不准袒亲护友,不准做反面宣传,不准弄虚作假,不准私搭乱建,不准设置障碍,不准聚众闹事。三是制定奖惩办法。对完成公众参与工作较好的村和党员干部,镇党委拿出专项资金进行表彰奖励。对违反"六个不准"的党员干部,视情节给予其组织处理和党纪政纪处分,涉嫌犯罪者,移送司法机关追究刑事责任。

☞ **实例40:核争议与公共关系**

2013年7月4日,南方某市政府向社会发布了一份社会稳定风险评估公示,征集拟在当地建设中核集团核燃料项目的公众意见,公示期为十天。

不料公示激发公众强烈反对,7月12日近千名群众高喊"誓死反核""要生命,不要GDP"等口号,在市政府门口"集体散步",直到7月13日该市顺应民意,以下发红头文件的方式正式宣布取消核燃料项目,事件方才得以平息。

从"稳评"公示发布到项目终止,只有短短不到十天的时间,却造成投资约370亿元的国家重大建设项目戛然而止,直接经济损失上亿元,政府公信力受到影响。①

表7-2 核争议中的公共关系失误总结

失误项	失误的具体表现
1. 科普宣教范围窄、时间短	科普宣教是引导公众理性认知的基础,公众本能抵制核燃料项目在很大程度上是由于缺乏核能环保常识造成的。 2012年年底至2013年年初,中核集团先后三次组织当地党政干部和村民考察内地宜宾等地的核燃料厂。 2013年1月,当地政府邀请清华大学核能专家在当地举办核燃料科普讲座,均取得不错的效果。 但是由于地方政府急于推进项目进程,科普宣教各项准备工作不足,当地民众对于核燃料知识知之甚少,就连列席讲座的当地干部也是一知半解,由此造成对核燃料厂心存疑虑,出现大量反对声音。 更为关键的是,当地政府将利益相关者局限于本地,忽略了周边城市公众核知识的科普宣教,而本次"核争议"的主要反对力量就来自外围地区,本地人反而很少参与。
2. 信息发布不够公开、透明	由于初期地方政府信息披露工作不够及时、公开,缺乏透明度,所以带来了许多误解。 2012年12月该市与中核集团签订了投资意向协议。 2013年3月在北京举行核燃料项目合作协议签字仪式。虽然随后当地的媒体、政府网等发布了相关消息,但是大部分公众缺乏关注,对此并不知情。

---

① 董泽宇:《"核争议"中的政府公众沟通》,《学习时报》2015年04月13日,http://edu.cssn.cn/zzx/ggxzygl_zzx/201504/t20150413_1583790.shtml。

续表

失误项	失误的具体表现
2. 信息发布不够公开、透明	直到2013年7月"稳评"发布后引起轩然大波,该项目才被公众初步了解。网民们提出种种疑问,公开质疑当地政府的做法,最后汇集成网络"八问",通过微博、微信、QQ群、论坛等方式迅速传播开来。 例如,中核集团依据国家规定在厂址兴建的气象观测塔被网友指证为项目开工的主要依据,实际上该塔只是为了在前期工作中进一步搜集气象等环境评价资料,离项目开工还有很长的距离。
3. 公众沟通行动迟缓,缺乏互动	"稳评"公示发布以后,在当地与外围地区立即招致大量反对声音,在网络上事态逐步升级。 但是当地政府不仅应对缓慢,只在公示第二天召集媒体对项目基本情况进行了说明与回答,此后便不再公开回应民众关切,而且在沟通方式上主要采取宣讲会和核知识讲座等"单向告知"模式传递信息,没有与公众进行互动沟通,也没有将其意见纳入到风险决策过程中,以致无法取得公众的真正信任。直到在公众"反核"情绪持续发酵近一周后,该市才真正意识到问题的严重性。 从7月9日起,当地政府先后通过网络回复了网友"八问",在政府信息网上发表九篇"挺核"文章,邀请核专家宣讲并接受多家媒体采访,组织各部门官方微博发布核电安全知识,邀请国家级、省内以及境外媒体进行座谈等。 但是,这些姗姗来迟的公众沟通举措为时已晚,未能等到落实,7月13日当地政府便宣布彻底放弃核燃料项目。
4. 沟通方式错位,技术专家意见与公众主观风险感知存在巨大差异	传统的风险管理观念认为,"风险=事件发生的概率×特定后果的规模大小",风险的大小取决于可能性和危害程度两种因素。 但是随着人们对于风险认识的不断深入,风险水平不再局限于技术层面,还取决于主体对风险的主观感知。 专家倾向于从技术角度理性地阐释风险的实际大小,而公众往往是从主观的角度去感知与理解未知的风险。

续表

失误项	失误的具体表现
4.沟通方式错位,技术专家意见与公众主观风险感知存在巨大差异	在"稳评"公示期间,多位专家反复强调核燃料项目的极高安全性,但是在大众舆论面前,专家们的观点显得十分苍白无力。有的专家就曾无奈地表示,该项目"已经说得很明白了,你们为什么就是不相信呢"?凸显政府与公众沟通方式出现较大偏差的困境。

来源:董泽宇:《"核争议"中的政府公众沟通》,《学习时报》2015年4月13日。

此次"核争议"是典型的"邻避运动",民众虽然承认可能有生态风险的公共设施是必要的,但是居民不希望垃圾处理场、核电站、变电站等"厌恶"类设施建在自家附近区域,往往通过游行示威等激烈的方式反对项目规划与建设。这类事件并不是中国独有的现象。随着公民环保意识不断觉醒,20世纪西方发达国家多次发生激进的环保运动。随着"邻避运动"的发展,西方发达国家逐渐形成了通过经济补偿和风险缓解两大手段解决"邻避"问题的成熟经验,其中公众沟通等方式是更为有效的途径。

表7-3 核争议中的有效沟通建议

建议项	具体内容
1.合理划定利益相关者范围	科学准确地界定利益相关者范围是做好科普宣教、信息公开、公众沟通等工作的必要前提。 如果利益相关者划定范围狭窄,将损害公众的知情权与潜在利益,激发社会矛盾。 反之,如果范围过大,则会浪费政府行政资源,提高企业运营成本。 针对重大工程建设项目,为了避免与减少社会稳定风险,防止在项目规划与建设初期政府工作部署定位出现重大偏差,应当超越传统的行政区划视野,将所有受到项目潜在影响的地区和人群都纳入到利益相关者的界定范围,采取有针对性的社会稳定风险预防措施。

续表

建议项	具体内容
2. 积极开展公众科普宣教	由于涉核项目对周围环境具有风险溢出效应，项目的顺利实施离不开公众的理解与支持。 2000年11月在美国与欧洲核学会ANS/ENS国际会议上，美国核管会主席认为"公众的态度对决定核技术能否面临21世纪的挑战并成为能源技术的一部分，将起到至关重要的作用"。 实际上，在"核争议"中许多持反对意见的公众掌握的核能知识近乎空白，只是出于对核项目的恐惧心理，不容辩解地加以反对，甚至出现歇斯底里的宣泄行为。 为了引导公众理性认知与看待核能项目，一个很重要的途径就是由政府主导长期开展核知识科普宣教活动。
3. 健全政府信息公开机制	现代政府治理理念认为，"正义不仅应当被实现，还应当以看得见的方式被实现"，只有通过"看得见"的方式，公开透明地披露政府相关信息，自觉接受公众的公开监督，在阳光下实现正义，才能保障政府的公信力。 2008年国务院颁布实施的《政府信息公开条例》明确规定，行政机关应当通过"政府公报、政府网站、新闻发布会以及报刊、广播、电视等便于公众知晓的方式"主动公开"涉及公民、法人或者其他组织切身利益的"政府信息。 政府部门应当增加重大项目的透明度，选择可信的第三方评估机构发布独立的分析报告，提高公众对政府的信任度。
4. 加强政府与公众的风险沟通	风险沟通是缓解公众风险感受水平的重要方面。对于政府部门来说，公共危机不仅来自于突发事件本身，更来自于公众对突发事件接受、解释与反应的方式与过程。 有效的公众风险沟通可以帮助人们充分理解风险的实际状况，降低人们对于核能项目的风险感知水平，及时化解民意积怨。为了充分沟通信息，化解公众抱怨与抵触情绪，政府应当搭建有效的公众沟通平台，将邻避设施的选址方式从"决定—宣布—辩护"的传统形式转变为"参与、自愿、合作"的形式，通过听证会、座谈会、新闻发布会、电视辩论、新媒体等各种渠道，

续表

建议项	具体内容
4.加强政府与公众的风险沟通	为政府、项目执行方与普通大众之间提供表达意见与互动交流的机会,重视发挥"意见领袖"的带领作用,广泛凝聚社会共识,最大限度地减少社会不稳定现象的发生。

来源:董泽宇:《"核争议"中的政府公众沟通》,《学习时报》2015年4月13日。

争议中的公共关系,关键是在"做好"的基础上"说好",改变"官本位"作风,转而以民众为中心,用符合民众接受规律的逻辑和表达方式,打消其顾虑和担忧。

表7-4 符合民众接受规律的"十问核电安全性"

问题	简答	详答
1.核电站的一般构造如何?	包括核岛与常规岛	核电站一般分为两部分:利用原子核裂变生产热量的核岛(立式状半球形建筑)和利用热量发电的常规岛(烟囱等常规建筑)。
2.核电站中核岛(反应堆)有哪些安全保障?	核岛拥有四大安全屏障	第一道安全屏障:核燃料棒的材料uch陶瓷块;第二道安全屏障采用优质的锆合金;第三道安全屏障为压力壳;第四道屏障:安全壳。在这种情况下,核电站释放出的辐射量是极其微量的,并在技术标准允许的范围内。
3.核电站放出的辐射剂量固然很小,但这些剂量危险吗?	不危险	如果你在核电站旁边枯坐一年,你所受到的辐射比乘波音飞机从纽约到洛杉矶往返一次所受的辐射还少。
4.核电站内的核反应会突然不受控制而不可逆吗?	不会	反应堆像"不倒翁",设计上具有固有安全性。

续表

问题	简答	详答
5.既然核电站安全性极高,为何还会发生切尔诺贝利、三哩岛核事故?	切尔诺贝利核事故是技术落后和人为原因的结果;美国三哩岛核事故并未造成人员伤亡和实质性影响	切尔诺贝利核事故是当时研究人员在做一次安全实验,切断了反应堆所有的安全措施,却又启动了反应堆,这个实验方案严重违反了安全规程,这是事故的人为原因。事故的技术原因是苏联开发的这种石墨水冷堆具有较大的缺陷,它有一段正温度系数的正反馈工作区,这在反应堆的设计上是不能允许的,另外,切尔诺贝利核电站没有绝大多数核电站具有的安全壳。
6.核电站会不会像原子弹一样爆炸?	不会	核电站和原子弹的反应原理相同,都是利用核燃料在中子的轰击下产生链式反应放出能量。但原子弹会爆炸,核电站不会。
7.核反应堆多建在海边,是因为人烟稀少,利于疏散吗?	不是	从核电站的发电原理来说,核裂变产生热量,不直接发电。核裂变在核岛内产生大量热量,通过特殊管壁的接触把热量传到常规岛中的蒸汽汽轮机中,通过蒸汽轮机发电。这样,蒸汽汽轮机的余热比较多,其需要大量经过净化的水来冷却。一般一座100万千瓦的压水堆核电站,其每小时需要冷却水约40万吨。这也是核电站大多建在海边的原因。冷却水冷却的是常规岛中的蒸汽汽轮机,而非直接冷却核反应堆。而冷却水也经过净化处理后才排向江海。
8.那么核电站是不是有百利而无一害?	不是	核废料和热污染是两大难题。目前,大部分处理手段是将核废料进行固化后,暂存在核电厂内的废物库中,经过5—10年后运往国家规划的放射性废物库贮存或处理。但到现在为止,还没有一个国家能够找到安全、永久处理高放射性核废料的办法。但核废料无法处理仅仅意味着无法在短时间内消灭,其本身在储存过程中的安全性还是有保障的。

续表

问题	简答	详答
8.那么核电站是不是有百利而无一害?	不是	核电站的另一个问题是热污染。受制于常规岛内的用于发电的现有蒸汽汽轮机热效率较低,因而其比一般化石燃料电厂会排放更多废热到周围环境中,故核能电厂的热污染较严重。
9.谁都无法否认灾难的可能性,不怕一万就怕万一,谨慎一点难道不好吗?	人们对可能的灾难性后果的忧虑总是非理性的	核电安全性=飞机安全性,核电站事故的概率约为100个核电站运行2500年,可能会发生一次事故。只是由于可能发生的灾难性后果将恐惧放大,把"可能"变成"必然"。
10.在最近的将来,有没有其他能源来取代核能?	目前没有	目前为止仍然没有其他能源能够取代核能的地位,其他能源在经济和效率上也无法匹敌。现代工业化的世界有的能源依靠石油和天然气,而这两种都正在减少。煤炭资源的大规模开发要求大量基本投资,并带来环境污染问题。太阳能、风力和地热能都只能在今后十到二十年内,才会有起码的贡献。所以在任何要求工业增长大于零的工业国家内,核电站别无选择,绝不是可有可无的。

来源:网易针对公众对核电站的恐惧,认为是由于对核电站的不了解造成的,特此制作此网页,http://news.163.com/special/00012Q9L/hedian20100617.html。

在实践操作中,争议中的公共关系方式,可采取"社会协商"等多种方式,见表7-5。

表7-5 "社会协商"的公共关系方式方法

方式	公共关系方法
请进来	(1)邀请记者团、民众代表团、人大/政协代表团、专家团等的参观活动; (2)定期开放活动; (3)邀请"意见领袖"的社会监督; (4)通过电视、网络等媒体对现场进行报道,组织"虚拟参观"等。

续表

方式	公共关系方法
走出去	（1）媒体公示； （2）宣讲活动； （3）展览会； （4）学术论坛； （5）专家座谈会； （6）相关责任部门的联席会； （7）走访活动； （8）通过网络等媒体宣传科普知识等。
辩起来	（1）听证会； （2）评审会； （3）社会名流的宣传解释； （4）第三方权威的论证等。

来源：唐钧：《政府公共关系》，北京大学出版社2009年版。

二、公共关系的应用：创新公关机制，减阻力增助力

公共关系需要创新机制，保障信息公开的落实，拓宽民众参与的途径，畅通风险沟通的渠道。从而听取民意、摸排社会稳定风险，并确保民众拥有知情权、发言权、参与决策权。在此过程中，责任单位和属地相关管理部门，应全面深化创新公共关系机制，做好沟通宣传工作，并切实增强民众的认可度。

☞ 实例41：北京城管全面深化创新公共关系

自2011年以来，笔者与北京市城市管理综合行政执法局开展全面创新公共关系的合作；实施了多项公共关系的创新，并逐步起到了获取民众支持、增强社会认可的成效。

（一）切实提升民众需要的公共服务，夯实公共关系的基础

在北京市城市管理综合行政执法局网站的报道《树立公共关系

理念　构建北京城管公共服务平台》①中,对于城管立体化形象改革与公共关系建设的效果,从城管公共服务职能的角度出发给予评价。

"城管公共关系的出发点和立足点是服务群众。通过公共关系的改善,提高舆论引导能力,面对人们在思想认识、价值取向等方面的多元性,和社会转型期矛盾日益凸显的社会背景,使城管部门的声音、主张、政策与行动得到顺畅的传播与广泛的认同"。

"公共服务是满足人们生活、生存与发展的某种直接需求,能使人民受益或享受。因此,城管公共服务首先要体现在加强与公众的联系,经常接待公众前来参观、座谈,鼓励城管执法人员参加公益社团的活动;二是要定期了解公众对城管执法工作的意见和要求,发动和组织公众以多种形式积极参与到维护我们的城市环境工作中来;三是要深入社区,向公众发布城管执法的工作目标,取得的成就和存在问题,向居民及企业主提出危及城市管理相关的因素,并提出改进的办法"。

城管公共服务平台以96310城管热线服务体系为主要依托,以城管网站为主要载体,向市民提供包括热线电话、互联网站、手机平台、短信服务、城管岗亭、城管广播在内的多渠道公共服务技术支撑。通过整合城管现有为社会公众服务所需的信息资源,为社会公众提供信息公示、执法反馈、城管地图、政民互动及市民体验等全方位服务,实现城管监督举报社会化,执法信息依法公开化,充分展现执法为民、建立和谐社会的具体内涵。强化城管与公众的双向沟通、市民体验及社会参与,建立市民参与、社会协同共建、共享、共治的城管信息服务平台,塑造城管良好的公众形象。通过整合、优化、服务和提升,强化应用,实现面向行动、支撑一线、精确管理、敏捷反应,市民参与、社会协同,服务导向、以人为本的城市管理再创新,重塑城市管理。

通过"城管地图"服务系统,打开城管执法基础数据向公众公开

---

① 《树立公共关系理念　构建北京城管公共服务平台》,北京市城市管理综合行政执法局网站,http://www.bjcg.gov.cn/kjcg10/kjjs10/t20110613_392751.htm,下述引文均来自该报道。

和与社会公众互动的窗口,以地图为依托,既可以将面向街道、社区的执法信息,从各种维度直观地展示给公众,加强公众对城管执法的认知和体验,又可以让居民在地图上直接将本社区城管执法方面的相关问题进行报告和反馈,实现城管监督举报社会化。既提高公众参与的积极性,又增加参与过程的趣味度,通过有效地发动公众力量,推动城管执法工作上台阶;通过城管网站,架起公众与城管执法部门及一线执法人员沟通的桥梁,广泛吸引公众的关注和参与;通过公共服务平台的搭建,进一步促进各部门执法业务面向公众的无缝集成,深化"一站式"服务。

(二) 全面规范管理,提高执法工作的社会支持度

第一,区分执法类别,建立岗位责任制。将城管执法岗位分为行政许可和行政处罚两大类,并将行政处罚类岗位按职能细分为十三类。制定《城管执法人员责任手册》,将岗位职责、工作标准、奖惩措施落实到人,形成以职定岗、以岗定责、岗责细化的工作格局。

第二,严格法定程序,明确执法质量责任制。从八个方面明确规范执法内容和标准:执法权限合法、执法程序合法、违法事实清楚、适用法律标准、执法言行规范、文书填写规范、执法监督有力和档案管理规范。按照《行政处罚法》的规定,进一步细化一般程序、简易程序的执法流程和审批步骤,加强案件办理的审核监督,促进执法质量的提高。

第三,加强队伍的自查自检,强化纠错意识。积极开展岗位风险廉政教育,对岗位廉政风险进行科学化、系统化防控管理,筑牢思想、制度、监督三条防线,推动队伍廉政建设。同时,定期对自身工作进行自查自检,形成文字报告,积累经验,吸取教训,及时发现不足之处。

第四,城管执法过程中,要求做到"六先一后",即敬礼在先、尊称在先、亮证在先、指出违法事实在先、说服教育在先、讲清处罚依据在先、处罚决定在后。注重培养和提高城管执法人员语言表达能力,善于在不同场合,针对不同对象,向管理对象摆事实、讲道理、宣法律,动之以情,晓之以理,着力宣讲当事人行为的违法性和社会危害性,努力让当事人听之心悦诚服,减少对抗。

(三)"全方位、立体化"的沟通宣传,争取民众的认同

第一,宣传的主动化,从被动地应对媒体转为积极引导民众。例如:北京市积极建立市容环境信息公布发布平台,通过平面媒体、广播、电视、网络平台等定期公布市容环境建设信息,使城市管理工作贴近百姓生活,并坚持制度化和常态化,引导民众从关注城市环境、关注自身生活质量,发展为积极主动参与城市管理。

第二,沟通的双向化,从单向的静态传播转变为双向的动态沟通,让民众的问题有回应、意见有反馈、建议有结果,采用多种形式,让民众参与到城市管理和城管执法监督的工作中来。可通过社区宣传栏、网络邮箱、城管热线、信访接待、社会满意度调查、社会公众意见征集等多种形式,通过城管法律顾问、社区城管员、城管特约社会监督员、城市服务志愿者的工作,经常性、主动性地征求市民意见,增加与公众的沟通,及时对民众意见进行信息反馈。

第三,宣传的实效化,从"官本位"的宣传转变为"民本位"的对话,以普通民众的心态来开展宣传,更能深入民心、取得广泛认同的实效。以北京城管的宣传为例,包括:《北京城管》的刊物宣传;民众喜闻乐见的出版物《城管来了》宣传;《城管妈妈》《城管在身边》等影视作品的宣传,加深了民众对城管的知晓、理解和认同。

(四)鼓励民众参与,形成"人民城市人民管"的局面

城市管理亟待全面参与共同治理,通过加强社会组织的自治,动员广大民众参与管理,将文明引导与依法管理有机结合起来,探索自治新形式,有助于切实破解城市管理的难点。以北京市城市管理志愿者协会为例,通过组建协会组织和指导城市管理志愿服务活动,广大志愿者践行"奉献、友爱、互助、进步"的志愿服务精神,积极开展三大类城市管理志愿活动:

第一类,城管执法宣传:志愿者参加城管常规宣传活动和专项执法宣传活动,协助城管队员宣传城市管理法规;

第二类,便民服务:开展城管"城市文明加油站"、城管"高考爱心服务站"志愿服务活动。周末、节假日和重要时间节点,在全市重点地区、旅游景区、繁华商业地区设立活动点位,志愿者在协助城管队员宣传城市管理法规的同时,为市民游客提供指路问讯等便民

服务；

第三类，日常巡查劝导：由志愿者组建社区劝导队，对本居民区乃至周边地区进行巡查，及时发现并劝阻各种违法行为。通过这些城市管理志愿活动，有效营造了"城市管理人人有责、和谐环境人人共享"的氛围，强化了"人民城市人民建、人民城市人民管"的观念，并形成城管执法工作的"缓冲带"，为城市管理和执法减少阻力，增加助力。

综上，北京城管通过全面深化创新公共关系，在做好执法工作的基础上，以民众为中心，以人民城市人民管为主线，广泛开展了积极有效的公共关系活动，并切实起到了减阻力、增助力的成效，值得借鉴和推广。

第二节 群防群治：责任共担，风险自治

一、群防群治的机理：责任共担，优势互补

在社会稳定风险外部合作中，社会主体各有优势和劣势：第一，党委政府有权威性和内部的整合力，但是专业性和人数规模存在劣势；第二，社会组织具有专业性优势，但是权威性和人力资源方面有欠缺；第三，广大民众虽然在权威性和专业性上明显不足。因此，但若能调动民众承担社会责任的积极性，则能充分发挥占人数规模绝对优势的"人海战术"，能有效弥补党政和社会组织的人力不足问题。

表 7-6 群防群治的机理

定位	群防群治的风险干预	对风险定级的贡献
责任切割	根据能力状况，优势状况，来切割和承担风险责任	化解矛盾；高危中危降级；低危保持
责任分担		保持低危，不易升级为中危、高危
风险自治		化解矛盾；保持低危

注：根据通常情况设定，具有相应的误差。

☞ 实例42：北京永善社区的"市民劝导队"

（一）自治力量大

社会管理的创新,公众参与是应有之义。从永善社区市民劝导队的成功,我们看到,正是通过充分发挥居民自治的作用,才使得连政府都很头疼的环境秩序乱、宠物管理、车辆管理、流动人口服务、孤寡老人照顾等一系列难点问题得以迎刃而解。正是因为充分调动了群众的积极参与精神和无限的创造精神,才打破了新型社会生态下,社区之内人与人之间的冷漠,让邻里守望、互相扶助的温情重新回归。

当前,城市精细化管理正在北京大力推进,要解决城市管理中的重点难点问题,提高社区居民的安全感和满意度,提升整体的社会管理水平,最重要的还是要靠广大群众的积极参与和自我管理,以"和谐"的管理方式为和谐社会奠定基础。

（二）"不劝动了您,我们决不撤退"

"您这车真不错,千万别停这儿,这里车来车往的,回头给再您碰喽。"

"我临时停一会儿,办完事就走。"

"万一就这一会儿的工夫,警察来了,给您贴张单子,罚您200,多不值啊。旁边就是地下车库,您就挪一下吧。"

"地下车库要钱,你替我出啊？"

"您说,我这跟您说半天,还不是都为了您好？您要是真在乎那几块钱,我就帮您出了。"

某天,永善社区市民劝导队高副队长跟违法停车的司机师傅又发挥了一把她的"唐僧精神",就凭着微笑、耐心和锲而不舍的执着劲儿,59岁的高副队长愣是把司机给说笑了,乖乖地把车开进了车库。

这样的一幕,在北京市丰台区永善社区几乎天天在上演。自从2007年7月,永善社区成立了北京首支市民劝导队以来,就有一帮大爷大妈们天天戴着红袖标在街上巡逻,看到违法停车、乱摆摊点、店外经营的总要上前说一说、劝一劝。别看大爷大妈们说的都是家常话,可句句在理,久而久之,就把以往被违法停车、乱摆摊点、店外经营闹得杂乱不堪的文体路,"劝"成了一条规范街;把在社区内乱堆乱放、扰乱环境的游商都"劝"进了市场里;也把以往虽说是邻居却素不相识的社区居民们,"劝"成了齐心协力的"一家人"。

(三) 环境脏秩序乱 愁坏了社区居民

2006年年底,为了迎接奥运会,永善社区门前的文体路拓宽并安上了路灯。可让周围居民没想到的是,路宽了,首先迎来的不是畅通,而是违法停车、游商摊贩、露天烧烤、店外经营等一大堆的问题。

"之前,社区也做了很多工作,可治理一阵好一点,过一阵子就又回去了,然后再治理,再反弹,始终解决不了根本问题。居民也有实在看不过,自己出去说的,结果经常是被小贩骂回来。"永善社区赵书记说。

既然单枪匹马不行,那就发动社区群众一起来管。

2007年7月14日,永善社区召开大会号召党员带头,集体组建劝导队,共同治理周边环境。就这样,以党员志愿者为主,由楼门长、居民代表、流动人口及辖区单位等共81人组成的"社区环境秩序劝导队"成立了。

队伍组建得很顺利,然而,这份工作的艰难却是社区赵书记和其他队员都没有想到的。

"这么大岁数了,管什么闲事啊!""你又不是城管,管的着我吗?"类似这样的话,劝导队成立之初,队员们听得多了。

开始劝导还没两天,队里一位70多岁的张大妈就因为劝一个游商到正规市场摆摊,被对方骂得泣不成声,委屈地跟社区赵书记说要退休。要"退休"的可不止张大妈一人,她回忆说,劝导队成立才一周,很多队员就因为实在受不了天天被小贩讽刺、谩骂而纷纷要求退队。一个巨大的难题又摆在了她的面前。

(四) 学理论学技巧 小贩成了劝导员

为了能形成队伍的凝聚力,社区找到了社区治理方面的专家为队员专门解析了"劝导"的含义:"劝"是一种充满善意的提醒,是亲和力的表述;"导"是一种启迪,一种风范,是优雅言行、优质服务、优美形象的统一体。在此基础上,吴刚还帮助劝导队规范了工作守则和劝导技巧,围绕劝导进行了系统的培训,给这支劝导队伍重新注入了活力。

而一次适时的成功,则让这支队伍树立了继续下去的坚定信心。

文体路上曾有一个在流动人口中很有影响的人物,姓窦。这名山东大汉来北京十几年,在文体路中心地段开着一家餐馆,光早点摊就摆了三个,且都摆在了店外的路上。除此之外,他还是很多小贩的房东。

为了能"劝"出成效,劝导队决定先从"硬骨头"啃。

刚开始,窦某看到戴着红臂章的大爷大妈们,根本不当一回事。"你们什么身份,谁让你们来管我的?""我照章纳税,又没犯法,而且这条街上大家都把摊摆外面,凭什么我就得挪进去?"

最初的质疑和反抗,让大爷大妈们没少被顶撞。可大家早就做好心理准备,也不着急,劝一次不行,就一拨接一拨地劝,施展"车轮战术",摆明了就是不达目的绝不罢休。

"这些大爷大妈都挺大岁数了,接触的次数多了,我才知道他们都是不拿一分钱的志愿者。虽然把摊摆进去肯定会影响生意,我也有点不情愿,可劝导队天天上门跟我聊天、拉家常,讲道理谈经验,确实给了我很大触动。"在劝导队的影响下,窦某终于心甘情愿地把摊点搬到了店内。不光如此,他还找到了社区赵书记,主动要求也参加劝导队。

(五)发扬唐僧精神 不听劝就不罢休

随着劝导队伍的成绩越来越明显,队伍规模也逐渐壮大起来。为了规范管理,赵淑伶为队员们安排了值班表,一天三个班次,从早晨7点一直到晚上8点。哪有问题哪就有戴着红袖标的劝导队员。

一天下午,轮到杨某值班,刚到社区就看到胡同口停了一辆装满大葱的马车,她走到卖葱师傅的跟前,和颜悦色地跟师傅说:"师傅,您别把车停在这呀,马车可不让进入这条道路。再说了,您把马车停路上,多影响秩序啊。"

"你们管得着么?你不买我的葱还管我。城管都不管你凭什么管,城管来了我才走呢。"

对于马车师傅的如此反应,杨某早就料到了。可她不急也不躁,慢条斯理地接着说:"师傅,城管就在这院子里,一会儿肯定出来巡逻。您卖菜为了方便我们居民,确实也挺不容易的。再被罚了款,我们心里也过意不去啊。"

"一会儿看见城管的影我们就走!"

"那何苦呢?前面不远就是个集贸市场,你去那卖多踏实啊。这大中午的,小区门口根本没人,你到市场里,说不定还有人买菜呢。"就这样,你一言我一语,卖葱的师傅越听越觉得杨某说得有理,僵持了一会儿还是赶着马车离开了。

这份"唐僧般"的劝导精神,在队员们的身上,被发挥得淋漓尽致。很多游商用很难听的话想赶走劝导队员,但"不劝动了您,我们决不撤退"这份"唐僧精神"让游商最后不得不低头认错。

就像高副队长说的:"跟小商贩沟通不能生气,甭管他们说什么都别往心里去,否则就有生不完的气。要跟小商贩们尽量沟通,动之以情、晓之以理,要跟他们拉家常。"

除了讲话要讲求技巧,社区赵书记还告诉记者,跟相关单位的配合也非常重要。劝导队成立之初,他们就和城管达成了默契,环境秩序等问题他们先劝,反复劝还不停的,再由城管出面处罚。这样一来,环境问题改善了,城管的工作压力也减轻了不少。城管队长曾经开玩笑地对劝导队说:"你们这是打了一场成功的人民战争。"除此之外,她还说,劝导游商摊贩不占道经营,并不是切断他们的生计。相反,为了规范管理摊贩又兼顾居民买菜便利,劝导队还积极协调街道办事处等单位,在社区内设立了便民菜点。

(六)队伍大责任多　温情友爱找回来

永善社区的周边环境改善了,可劝导队员们的工作却没停下来,反而事情还越来越多了,清理小广告、清理楼道垃圾、劝居民文明遛狗,更加闲不住了。

劝导员胡某说:"这份工作干习惯了,不管有没有穿制服戴袖标,不管是不是在值班时间,看见需要帮助的人都会上去问问。连家里人都说,我是越来越热心肠了。"

这份热心肠,不光是她,社区里的每一名劝导员都有。

一年冬天,杨大爷去铲雪时看到路边坐着一个乞讨的老人,冻得瑟瑟发抖。杨少川心里可怜老人,可马路上是不允许乞讨要饭的。于是,他先上前问明了情况,得知老人姓胡,来自吉林,因为丧失劳动能力不得不出来乞讨。听了老人的话,杨大爷一路小跑回了家,拿出一大碗热气腾腾的饺子和几件棉服送给了老人。同时耐心地说:"像您这种情况,咱们的党和政府都有帮助的政策,您到当地的政府问问,肯定能解决您的基本生活问题。"

临走时,杨大爷还将身上所有的钱都掏出来给了老人,让他购买回家的车票。几个月后,他接到了老人的电话,说自己已经找到了老家的政府,现在有吃有住,感谢他曾经帮助过自己。

如今,搬进楼房就老死不相往来的"规律",在永善社区被打破了,邻里之间互助互帮的氛围又找了回来。社区内纠纷减少了,邻里守望的意识增强了,养犬户能够做到文明养犬,小广告能够及时清理,楼道阳台杂物能够自觉清理。"我们安装楼宇对讲时,家家户户都要交点钱,也是我们劝导队员挨家挨户地做工作,最后居民没有一户不支持的。"社区赵书记骄傲地说。

随着劝导队的成绩越来越显著,名气也是越来越大,不仅社区里的居民主动要求加入,甚至周边社区的居民也来到永善社区要当劝导队员。曾经81人的队伍如今一下子充实成了286人的大队伍,除了年龄太大不适宜再上街巡逻的老人外,180多名劝导队员分成了20多个组,自觉按照时间表上勤上岗。

(七)社区民警做好保障　公安局长上门询问

2014年12月,北京公安局长入户"求批评"的活动中,北京市委常委、市公安局傅局长到社区赵书记家,入户求意见。

"劝导队的工作还在坚持吧?有啥难处和意见吗?"聊了几句家常后,傅局长直奔主题,做好了挨批评的准备。

"我真得感谢咱民警,大力支持我们群众工作,大家伙儿一块儿盯着家门口,小区环境大变样啦!"

当听到她提起社区民警时,傅局长赶忙接起话头再次发问:"能天天见着社区民警吗?对社区民警有什么意见?"

"甭管多晚,有居民打电话找社区民警,他都是一句话,'您等着,我这就来'。这样的警察,我们能有什么意见?"

来源:根据以下资料整理:(1)《北京永善社区"市民劝导队"的故事》,法制网,2011年10月29日,http://www.legaldaily.com.cn/zfzz/content/2011-10/29/content_3066799.htm? node=34114。(2)《公安局长入户"求批评"》,《北京日报》2014年12月18日,http://bjrb.bjd.com.cn/html/2014-12/18/content_242244.htm。

二、群防群治的应用:风险自治

表7-7 风险自治的方式与贡献

方式	特征与贡献	典型实例(以北京城管为例)
1.群众组成的风险自治劝导队	利用熟悉的社会关系网络,具有劝说能力;并且利益直接相关,更有积极性	(1)劝导队。北京市丰台区的社区自治劝导队,以党员志愿者为骨干,通过劝说引导的方式,维护社区环境和秩序,逐步建立起居民与执法部门协同治理环境秩序的双主体模式。 (2)妈妈评审团。北京在创评"文明网站"和"文明频道"时,北京网络媒体协会妈妈评审团召开专题会议,号召广大成员"以妈妈的眼光"评选出北京的文明网站,为青少年营造绿色网络空间。
2.行业协会、社会组织等	通过熟悉关系和利益捆绑,具有约束力	老乡会自治。老乡会是社会的重要非正式群体组织,会员积极、自发地参与组织工作,为成员提供信息和服务,策划多种形式活动,强化成员主体意识、集体意识,争取组织成员的共同发展等。
3.第三方机构参与	具一定的公信力,有较强的说服力	(1)第三方机构直接参与。通过直接参与具体事项,其成果或结论较为客观,有较强的说服力。 (2)第三方机构间接参与。通过整体研究或倡导,其成果或结论具有超脱性质,且全面客观,具有很强的说服力。
4.自治自愿者	自律和社会监督,发挥"第一反应人"功能,快速发现、及时上报风险,有助于防范和处置	(1)国内外志愿者的带头示范。大中学生、相关行业协会、民间团体、社区居民的参与。 (2)社会监督员的风险监督。从社会各界热心人士中挑选监督员,对社会风险进行监督、举报、防治等。

注:该表为不完全概括,具有相应误差。

实例43:"村规民约"在基层风险治理中的功能

基层群众在民主管理中经常遇到的问题是承包土地怎么调、村级财务怎么管、建房宅基地怎么划、村内道路怎么建、环境卫生怎么管、秸秆禁烧怎么办等问题,解决这些问题,需要村民事先制定出处理公共事务的程序和规则,这就是平常所说的"村规",同时,在基层民主管理中,还需要用好"民约"来引导、约束村民的行为习惯。村规民约作为介于法律与道德之间"准法"的自治规范,是全体村民共同意志的载体,是村民自治的表现。从致力于"管人",到倾情于"治心",四川省德阳市中江县以村规民约的创新模式,探路基层治理良方,赢得了各方认同。

(一)创造推行"六步工作法"

中江县把建立健全村规民约作为重要抓手,创造和推行"强化领导监督、广泛宣传动员、精心组织起草、反复征求意见、依法表决备案、认真组织实施"的"六步工作法",推进农村基层民主法治建设,全县837个村(社区)全部重新制定实施村规民约。

中江县加强县、乡(镇)、村三级党组织对村规民约制定实施全过程的领导,坚持政府主导,民政、司法等相关部门统筹推进,共同督导。各乡镇成立村规民约工作领导小组,乡镇班子成员包片、联村干部包村,指导和督促各村按程序推进工作;各村也成立村规民约工作小组,制订计划和实施。

全县各级党委、政府和村级组织通过召开工作动员会、培训会、村民会议等多种方式,宣传动员和培训指导,形成"我制定,我签字,我承诺,我执行"的良好氛围。

各村成立专门起草班子,以社会主义核心价值观为指导,结合本村实际,围绕公共事务管理的基本规则和村民道德的基本要求,抓住公共环境卫生、公共安全、公共基础设施、移风易俗等重要事务和热点问题,保证"一村一策","易记、易懂、易行"。

为增强村规民约的民主性,村委会通过公示、印发或广播、电话、短信等方式告知村民,镇村干部下地头、进院坝,深入开展调研,广泛收集意见,回应村民诉求,反复修改后形成村规民约草案初稿,报乡镇政府合法审查后形成草案。

讨论、表决由本村过半数十八周岁以上公民或本村三分之二以上户代表参加,并经参加表决人员过半数同意方予以通过。之后,依法报乡镇政府备案,乡镇政府对审查合格的村规民约出具准予备案通知书。各村将备案后的村规民约张榜公布,保证村规民约的合法性和规范性。

为增强村规民约的权威性和约束力,各级党组织加强统筹协调和监督检查,村组党员带头执行村规民约,并通过村民会议、院坝会议、民主评议等活动,对模范遵守村规民约的村民给予表扬奖励,对违反规定的村民予以批评并督促纠正。

(二) 村规民约的无形力量

村民遵法守法的意识也得以加强,村社干部依法办事的能力得到提高,办事依法、遇事找法、解决问题用法、化解矛盾靠法的法治良序正在形成。东北镇实施村规民约以来,群众的矛盾纠纷大幅减少,今年治安案件比去年同期下降50%,盗窃案件下降75%。村民对各级组织、村集体的归属感、认同感明显提高。在白梨村,村民"等靠要"思想明显转变,自力更生、互帮互助意识大大增强。过去村民想方设法争取低保等救助,如今生活有改善的群众主动要求不再享受救助,还主动捐助有困难的村民,2014年低保人数比去年减少42人。

"我丈夫在2009年因车祸瘫痪了,出事当晚,左邻右舍的乡亲们主动拿着钱来帮助我,乡亲们的关心与帮助让我很感动。2011年,我家拿到了低保。今年1月,我丈夫因病去世了,我就主动申请取消低保,因为我还能劳动,可以养活自己,我想把这一优惠让给生活更困难的乡亲。"四川省德阳市中江县东北镇白梨村村民胡翠琼面对记者时言语朴素。

四川省德阳市中江县东北镇白梨村《2014年低保户花名册》张榜,新的名单里,全村76名原享受低保的村民中,有44名主动放弃了申请低保。胡翠琼便是其中的一个。而此时,距离《白梨村村规民约》公布不到4个月。

"以往大家争低保争得吵嘴打架,不可能有这样的'谦让'。"白梨村党支部吕书记颇有感触。而这一次村民为何会主动退保,他将其归功为"村规民约实施后,人心好了"。

2013年5月,在德阳市中江县委统一安排部署下,东北镇率先试点,于2013年8月正式启动了村规民约制定工作,探索新形势下加强和创新农村社会治理的路子,逐步在全县规范和推行村规民约。

德阳市委副秘书长、市依法治市领导小组办公室廖主任:"从2013年5月开始,通过组织老百姓对村规民约进行讨论、修改和完善,我们建模板、取经验,到2013年12月28日,全县837个村、社区均完成村规民约制订工作,并全面推行实施。至此,中江县成功找到了实现村民自治、加强基层管理的突破口。"

(三)村规民约下的基层治理方式转变

"不允许任何人在公路上晒粮食,更不允许任何人挖路边;不得损坏他人财物,如果损坏按价赔偿,故意损坏的加价赔偿100元至200元"。中江县富兴镇富强村的村规民约让法治四川行的各路记者感受深刻:以法律法规为基础的村规民约,是推进农村基层自治的好办法,"法律进乡村"也得到了推进。

"我们集中民智制定了13条村规民约。"采访团一到村子,富强村党支部周书记就迫不及待地递上一本小册子,这正是富强村村民自我管理的"法宝"——村规民约。在制定过程中,富强村把村规民约与法律法规、社会主义核心价值观和村民日常生活紧密联系,村民自己制定的"法律",村民自觉来遵守。

翻开村规民约,记者看到,13条内容涉及方方面面。在村民建房方面,第7条明确规定:"不得违规乱建乱搭,未经批准乱建乱搭的,责令拆除,造成经济损失的后果自负。"而在赡养和抚养方面,第8条规定:"与老人分开居住的家庭成员,要经常回家看望老人,不得虐待老人和子女,违者经教育不改造成后果的,要承担法律责任。"

在这个村的村民眼中,村规民约就是小范围的"法"。蕴含民意的村规民约是自己制定的,就会共同遵守,有违者,自动受罚,没有怨言,谁都不想背上"背信弃义"重重的壳被乡亲瞧不起,这种约束力比简单的法的说教大得多。

由于"村规民约"对过去村民们争执较多、矛盾积怨较深的事项进行了明确,邻里关系也更加和谐。该村周书记告诉记者,村规民约实行4个月来,村里没发生一起被盗案件,也没发生一起安全事故,富强村治安好了,村民矛盾纠纷少了,村风民风更好了。

(四)村规民约成基层治理法宝

同样的变化也发生在中江县集凤镇石垭子村,该村集中民意制定了"村规民约"16条,对不敬不孝、丧葬陋习、乱搭乱建等行为实行自我约束,对聚居点建设、土地调整等事项实行自我管理,对群防群治、道路维护、环境治理等工作实行自我服务。用村支书田明阔的话说,村规民约的推行,使村民的思想由"等、靠、要"转变为"抢、抓、干",如今,村民沉溺酒桌牌桌的少了,搞产业搞经营的多了;村干部花在调解邻里纠纷的时间少了,有了更多时间和精力抓产业谋发展。

"村规民约提高了村(居)民的法治意识和自我管理、自我监督的能力,增强了村、社区以及化解矛盾的能力。"中江县委刘书记说,截至3月底,全县共收集到群众反映涉及民生、困难群众、稳定工作的问题共14013件,其中个97.1%解决在村(社区),仅有2.9%由乡镇或县上解决。

与此同时,中江县不断总结村规民约工作经验,全方位建立县民公约、教职工公约、交通运输系统等行业公约,进一步完善基层治理体系,提高基层治理能力,依法治县的进程正强力推动。

农村生活方式在变,要"管"的东西越来越多。"农村有很多事情,上升不到法律层面,运用行政手段,效果不一定理想。"德阳市委宣传部刘副部长说,在基层治理尤其是村庄治理中,大家越来越觉得仅靠行政管理这只"有形的手"远远不够,还要借助乡村道德约束这只"无形的手"。中江县村规民约的创新举措,就是要通过村民之间的契约,重构乡村道德、凝聚人心。

来源:根据以下资料整理:(1)《村规民约下的乡村治理方式转变》,《四川日报》2014年5月5日,http://www.sc.xinhuanet.com/content/2014-05/05/c_1110534836.htm。(2)《让"村规民约"成为基层治理范本——全国媒体"法治四川行"聚焦"中江经验"》,内蒙古长安网,2014年8月11日,http://www.nmgzf.gov.cn/xwjj/2014-08-11/3668.html。

第三节 矛盾化解：构建社会秩序，降低民众损失

一、矛盾化解的机理：多措并举，降低民众损失

矛盾纠纷是直接导致社会稳定问题的"导火索"。而矛盾纠纷的化解，则要根据不同的民意类型，以民众损失最小化为目标，多措并举，有针对性地开展。

表 7-8 民意视角的矛盾纠纷和化解策略

类型	特征	风险表现	化解策略及其贡献
1. 反对类民意	对责任事故的不能容忍和负面清单的不容再犯	监督和敦促政府相关部门进行责任倒查和引咎辞职等	用好"负面清单"，规范化管理；将民众损失最小化
2. 需求类民意	对生活质量持续提升的预期	经常与国际最佳相比较，不立足国情，进而质疑和批评等	做好以群众为中心的服务型政府；优先提供群众迫切需要的公共福祉；争取美誉、降低反对度
3. 争执类民意	未达成基本共识的民意	"公共秩序纠结"——"管别人、便自己"，社会秩序必须维持好，但是不要来管我。典型："中国式过马路"	疏堵结合、以疏为主；在先保障行人路权的基础上实施严格的违法必究制度
		"垃圾场困境"——"纯福利、零风险"。典型：垃圾场必须要有、但不能在我家附近的邻避效应（Not In My Backyard）	保护周边居民环境权的前提下开展民主集中制；倡导社会责任，宣传保住公共利益大局、才有个体的私利
		"个体偏好纠纷"——"我反对、你禁止"，我坚定地反对、哪怕不违法，你都必须要终止。典型："狗肉节"争议	应当好裁判和调解员，引导群众相互尊重；积极倡导遵纪守法和求同存异，提倡公德意识和社会责任，既要尊重传统风俗，也要倡导有爱心、重感情

来源:唐钧:《政府风险管理——风险社会中的应急管理升级与社会治理转型》,中国人民大学出版社2015年版。

从社会稳定风险管理的视角,为了稳妥地实施纠纷调解和矛盾化解,责任单位和属地部门应多措并举,在确保民众损失最小化的目标下,因地制宜地开展工作。

表7-9 纠纷调解和矛盾化解方式(以医疗纠纷为例)

方式	特征
医患双方自行协商达成协议	协商简单明了,但容易造成矛盾激化,特别在双方法律知识欠缺,协议书漏洞较多的情况下,往往达成协议后双方再起争端。
卫生行政部门主持达成调解协议	由当事人一方或者双方向卫生行政机关提出申请,在行政机关的主持下,双方达成协议。从目前情况看,这种办法能及时平息事态,稳定双方的情绪。
当争议进入诉讼程序后,可由人民法院主持双方调解达成协议	该协议一经送达立即生效,具有强制执行力,并不得上诉。它的好处是法律效力高,规范性强。但医患双方要经历较长的时间。
人民调解委员会的调解	人民调解委员会的调解是指双方当事人共同向调解委员会申请调解,由后者主持调解达成协议。 这种调解程序规范,达成的协议如果没有法定撤销事由,就成为合法协议,并且不收取任何费用。但目前,调解委员会对调解医疗纠纷争议肯定缺乏经验,需大胆实践。 《人民调解委员会组织条例》规定,人民调解委员会是调解民间纠纷的群众性组织,它不但可以根据当事人的申请调解,也可以主动介入调解。按照最高人民法院的司法解释,人民调解委员会达成的协议具有合同的性质,双方当事人不得随意变更和解除,而且只要协议符合合同的订立原则,协议就是有效的,人民法院将予以确认。人民调解协议的有效条件包括:(1)当事人具备完全民事行为能力。(2)意思表示真实。(3)不违反法律、法规及社会公共利益。

续表

方式	特征
律师参与或见证的医疗纠纷协议	在一方或者双方的律师参与的情况下,双方协商达成协议。其好处是能够制作较为规范的协议书,欠缺的是律师见证行为,不能使协议书具有很强的效力。

注:根据以下资料整理:《医疗事故纠纷的协商调解》,2014 年 10 月 31 日,法制网,http://www. legaldaily. com. cn/Legal _ Guide/content/2014-10/31/content _ 5827222. htm? node = 33642。

☞ 实例 44:民间纠纷调解的方法

民间纠纷调解是指采取协商、说服教育的方式,处理解决一定范围内人民内部矛盾,法律上属法庭外调解。依据《中华人民共和国人民调解法》(2011 年 1 月 1 日实施),人民调解委员会是依法设立的调解民间纠纷的群众性组织。人民调解委员会调解民间纠纷,应当遵循下列原则:(一)在当事人自愿、平等的基础上进行调解;(二)不违背法律、法规和国家政策;(三)尊重当事人的权利,不得因调解而阻止当事人依法通过仲裁、行政、司法等途径维护自己的权利。

表 7-10　民间纠纷调解的十种方法

方法	特征	示例
1. 趁热打铁法	适用单一、事实清楚或双方当事人认识基本一致的纠纷。此种纠纷一旦发生,应即组织人员调解,避免久拖使纠纷扩大或激化。	张某与吴某因口角发生纠纷,双方在抓扯中,造成张某的腹部软组织损伤,花费医药费 6000 元,张某要求吴某全部承担费用,但吴某只愿意承担 4000 元,双方对余下的 2000 元争吵不休。该乡司法助理员得知后,立即赶到,向张、吴二人及旁观者了解情况。经调查分析,弄清了吴某负主要责任、张某负次要责任,提出了吴某赔偿张某 4200 元,张某自行承担 1800 元医药费的调解方案。接过做工作,双方当事人达成了协议。调解人员监督吴某到场兑现,使一起伤人纠纷得以及时平息。

续表

方法	特征	示例
2. 现场调解法	适用于宅基、土地、沟林边界、水利设施、污染等，需要现场取证或明确界限的纠纷。	某块林地的承包纠纷，因边界划分不清楚，经过几年的多次调解无结果，造成村民多次上访。属地政府组织司法、国土、林办等部门人员，深入了解情况后，组织两个村的村民代表，依据历史资料到现场一起丈量，准确地划清了边界，使一起长达多年的山林边界纠纷得以解决。
3. 减压法	适用于打架斗殴、影响生产、阻碍交通等轻微刑事案件中损害赔偿等方面的纠纷。这方面的纠纷要敢调解、快调解，先把事态平息下来，如果控制不力，一旦矛盾激化，就会出大事。	某村人民调解委员会主任侯某，得知本村某家长反对女儿谈对象，发生纠纷。当他赶到现场，看到现场有多人拿着锄头、棍棒，气氛十分紧张。吓得围观群众谁也不敢上前劝阻。侯某冲到双方中间，首先讲《刑法》有关规定，让双方认识到行为的危险性，接着讲《婚姻法》有关规定，阐明婚姻自由，任何人不得干扰。这才把双方劝回家。之后，侯某三次做该家长工作，使他不再阻挠。
4. 循序渐进法	适用于家庭、婚姻、邻里纠纷，即采取步步推进，达到化解纠纷的目的。	某村调委会主任陈某，调解该村村民江某与妻子黄某的纠纷中，首先了解清楚双方矛盾的起因；其次对双方进行家庭义务、道德等教育，逐步使双方认识到自己的错误；最后指出和好的办法。在双方愿意和好的情况下，江某将黄某从亲戚家接回。
5. 化整为零法	适用于一起纠纷涉及几个问题或多方人员的纠纷，采取各个击破，先解决简单的，后解决复杂的方法，最终达到整体解决。	某村与某厂因修排水沟、占地赔偿、卸车费等事，导致该厂与该村、与部分村民的纠纷。起初几个纠纷一起调解，调解多次未成功。该乡领导和司法人员，采取第一步解决厂村纠纷，通过协商达成解决方案。第二部解决村与村民纠纷，通过村民大会讨论，终于解决了因修沟占部分村民土地的赔偿问题。最终使得一起久拖不决的综合性纠纷得以解决。

续表

方法	特征	示例
6. 借用力量法	适用于婚姻家庭、邻里纠纷、数额较小的经济债务等纠纷，即发动纠纷双方当事人的亲朋好友，亲劝亲、邻劝邻、知心人劝知心人，往往会达到事半功倍的效果。	某乡司法助理员龚某，调解某村村民要求儿子赡养的纠纷中，几经调解效果不好，他就发动该村民的亲戚朋友一起做他儿子和儿媳妇的工作，终于使其儿子、媳妇认识到了错误，达成了赡养协议，并由村干部监督落实。
7. 亲身体验法	适用于邻里方面的堵路、用水、污染等纠纷。方法是：让一方当事人亲临现场体验，使其感化，达到矛盾纠纷的解决。	某乡司法助理员李某，调解某村民罗某家门口的路被邻居徐某挖水沟中断，造成绕道进出村的纠纷时，先把徐某找到罗家门口，让其绕道出村，然后问徐某有何感受，徐某认识到了自己的问题。并于当天在罗家门口路的水沟上搭上了石条，使问题得以解决。
8. 联合调解法	适用于影响面大，涉及面宽的水利、山林、厂社、劳资等群体纠纷，当出现较大纠纷时，既不要怕，更不能回避，要立即向上级有关部门汇报，由领导出面组织有关部门人员参与做工作，一面稳定群众情绪，一面派人调查取证，组织协调得力人员，集中时间调解，尽全力化解矛盾。	某镇因修公路，修建方忽视了公路两侧的400多亩农田灌溉问题，涉及两个村的几十户村民集体找到镇领导，强烈要求镇领导出面解决，并扬言，如不及时解决好，他们就到县、市有关部门上访。镇领导立即组织司法、水利、国土等部门人员到现场调查，然后找修建方协商，经过多方努力，达成了由修建方在15日之内修复好灌溉沟渠的协议，并派人现场监督修建方保质保量修好沟渠，避免了一场群体性纠纷发生，确保了两个村春耕用水，受到群众好评。

第七章 社会稳定风险外部合作

续表

方法	特征	示例
9.急事急办法	适用于时间紧、危害大，不及时解决，就可能导致矛盾激化，造成人身伤害。如：打架斗殴、停水断电、水质污染、影响生产生活等纠纷，必须立即解决，使损失控制在最小范围内。	某镇司法助理员方某，得知某村民的木材加工厂，发料水及粪池的污水，直接流入该村李某等的村民的承包地，造成春耕难以播种，同时影响到附近几家的环境卫生，所涉及的村民与罗某发生严重冲突。方某立即赶到现场查实，并把村干部和罗某以及涉及的村民叫到现场调解，督促罗某立即另修110米的排污沟，并加盖水泥盖。此后，方某3次到现场监督，确保罗某把排污沟修好，平息了一触即发的群体纠纷，保证了李某等村民的春耕播种，以及附近几家的环境卫生。
10.个别调解法	适用于婚姻恋爱、名誉、个人隐私等纠纷，可采取单独做工作，如果一方当事人在外地，可采取电话联系、写信沟通的方法，待双方意见基本一致后，组织双方当面调解，以达到预期目的。	可参考4.循序渐进法的案例。

注：根据侯自华：《浅谈十种民间纠纷调解方法》，《人民调解》2005年第4期改编。

二、矛盾化解的应用：疏堵结合，构建"风险秩序"

矛盾化解在实践中的应用，目前应遵循疏堵结合的原则，逐步构建起"风险秩序"，一方面确保民众损失的最小化，另一方面通过维护社会秩序来保障每一位民众的正当权益。

表 7-11 矛盾化解的疏堵结合

原则	机理	对社会稳定的贡献
1.法律原则（堵）	以法摄人：保护合法权益；威慑非法诉求	(1)以法为盾牌：冲突调解,不是无原则的行为,更不是无止境的让步。因此,政府的冲突调解需要以法律法规形成"盾牌效应"。一方面,保护社会公众的正当权益,另一方面,维护政府工作人员的合法权益。 (2)以法定秩序：冲突调解,并不是完全的服务。在此过程中,还要积极应用法律手段,震慑民众的不当诉求和行为,维护司法权威,以此构成冲突调解的秩序。
2.经济原则（疏）	以利诱人：正面激励；负面刺激措施	(1)以利益为"指挥棒"：通过利益的协调,可形成"指挥棒"效应,引导民众趋利避害,实现对矛盾的调控。正面激励措施如奖励举报、为贫困群众免费发放必要的生活物资等。负面刺激措施如高额罚款、丧失机会成本等。 (2)以利益为"调和剂"：通过利益的让度,可形成"调和剂"效应。例如利益弥补公众的损失,补偿公众的"伤害"等等。实践证明这也是行之有效的方式之一。
3.心理原则（疏）	以理服人：宣传、解释、讲道理	(1)解释原理：通过多种渠道,给对象讲道理,解释原理,使其全面了解和理解支持。 (2)第三方证明：通过第三方的中立机构或权威,承担认证和宣讲道理的工作,提高社会认同度。 (3)心理疏导：通过心理工作,把社会问题与民众利益结合起来,"社会问题个人化"；再把个体问题与家人孩子结合起来,"个人问题内部化",从而做通思想工作。
4.管理原则（疏堵皆有）	以规管人：制度化,常态化	(1)追求实效、落到实处； (2)换位思考、解决"短板",既考虑到最弱势群体,还要堵住违法漏洞； (3)常态设计、长期有效。

☞ 实例45：既要依法维护信访秩序，还要切实维护群众利益

一、以"双向规范"维护信访秩序

"双向规范"是信访工作必须遵循的原则。信访活动是互动、双向的过程，既包含信访人采用书信、电子邮件、传真、电话、网上信访、走访等形式提出信访事项的活动，又包含各级各部门依法处理信访事项的活动。"双向规范"强调依法规范信访活动的双方，既要依法规范信访人的信访行为，又要依法规范各级各部门及其工作人员的信访工作行为。信访人有依法信访的权利，但必须在法律规定的范围内行使权利，不能损害国家、社会、集体和他人的合法权益，不得采用法律禁止的方式和行为，要自觉履行义务，维护信访秩序。各级各部门在职权范围内依法处理信访问题，要权责统一，对其行为负责。违反法律、法规规定造成严重后果的，要承担相应的法律责任，并对相关的人员进行责任追究。

"依法维护信访秩序"，指的是公民的建议权和申诉权受法律保护，但公民在行使自己权利的同时，有遵守法律法规的义务，不得损害国家、社会、集体的利益和其他公民的合法权利。建立并维护正常的信访秩序，是畅通信访渠道，保障信访群众合法权益的必然要求。为此，《信访条例》主要从四个方面规定了维护信访秩序的措施：

一是，规定信访人在信访过程中，不得在国家机关办公场所周围、公共场所非法聚集，围堵、冲击国家机关，拦截公务车辆，堵塞、阻断交通；不得携带危险物品或者管制器具；不得侮辱、殴打、威胁国家机关工作人员，或者非法限制他人人身自由；不得在信访接待场所滞留、滋事，或者将生活不能自理的人弃留在信访接待场所；不得煽动、串联、胁迫、幕后操纵他人信访或者以信访为名借机敛财；不得有扰乱公共秩序、妨害国家和公共安全的其他行为。

对于信访人违反上述规定的，可以进行如下处理：第一，由接待信访的有关国家机关工作人员进行劝阻、批评和教育；第二，经劝阻、批评和教育无效的，由公安机关予以警告、训诫或者制止；第三，违反集会游行示威法律、行政法规，或者构成违反治安管理行为的，由公

安机关依法采取必要的现场处置措施、给予治安管理处罚;构成犯罪的,依法追究刑事责任。

二是,规定信访人采用走访形式提出信访事项应当向依法有权处理的本级或者上一级机关提出;信访事项已受理或者正在办理的,信访人在规定期限内向受理、办理机关的上级机关再提出同一信访事项的,该上级机关不予受理。

三是,规定信访人提出信访事项,应当客观真实,对其所提供的材料内容的真实性负责,不得捏造、歪曲事实,不得诬告、陷害他人,并规定了相应的法律责任。

四是,规定信访人提出信访事项,一般应当采用书信、电子邮件、传真等书面形式;信访人采用走访形式提出信访事项的,应当到有关机关设立或者指定的接待场所提出,违反上述规定的,有关国家机关工作人员应当对信访人进行劝阻、批评或者教育;经劝阻、批评和教育无效的,由公安机关予以警告、训诫或者制止。

来源:《信访"双向规范"与依法维护信访秩序》,《青岛日报》2014年1月16日,http://epaper.qingdaonews.com/html/qdrb/20140116/qdrb675068.html。

二、有效化解社会矛盾,切实维护群众利益

2014年2月28日,山西长治郊区召开信访稳定工作点评会议,提出做好下一步信访稳定工作,需要抓住以下四方面:

(一)提高思想认识,层层落实责任

要认真分析信访稳定工作中主观和客观方面存在的主要问题,不断提高组织协调信访工作的能力和处理问题的艺术水平。

要层层落实信访工作责任。各级党政一把手是信访维稳第一责任人,分管信访维稳工作的领导是直接责任人,班子成员实行"一岗五责""五位一体"。

各级党政主要领导要强化"第一责任",在思想上时刻绷紧信访稳定这根弦,亲力亲为,静下心来,沉下身去,集中研究解决一些普通干部和单个部门解决不了的重要问题。

要坚持信访稳定工作"属地管理、分级负责、谁主管、谁负责"的原则,层层明确责任,把责任压实到具体单位、每个人头和岗位,各司

其职、各负其责，共同做好工作。

要落实领导干部接访下访制度。各级领导干部要定期开展接访、下访活动，要带着案件、带着问题深入基层，运用专业知识，通过开展心理咨询、法律咨询等多种渠道，有效化解矛盾。

要完善联合接访运行机制。按照"一站式接待、一条龙办理、一揽子解决"的要求，实行相关部门联合接访，减少群众信访成本，提高工作效率。

要建立健全信访稳定工作机制。建立健全信访联席会议制度、信访零报告制度、信访报告签阅制度、"三跨三分离"信访问题解决制度、信访问题责任倒查机制和信访问题督查机制，对严重不负责任、损害群众利益、造成群众上访的行为严肃追责，深挖信访事项背后的失职渎职和腐败问题，决不姑息。

(二) 加大源头防治，强化事要解决

要深入基层、深入一线、深入到困难和问题最多的地方。

通过下乡驻村入户，摸清底数，严密排查隐患、认真寻找原因、仔细研究方案。

要充分发挥基层组织的作用，把矛盾化解在基层和萌芽状态，最大限度地增加和谐因素、最大限度减少不和谐因素。

各级领导干部，特别是主要领导要带头扑下身子做群众工作，坚决纠正对待群众作风生硬、态度粗暴、漠然置之的行为，从思想上善待群众，从利益上维护群众，从情感上回应群众，从宣传上教育群众，从法律上引导群众。

从群众满意的事情做起，从群众不满意的问题改起，让群众不断感受到干部作风、社会风气的新变化。

要将社会稳定风险评估列为重要决策、重大工程、重点项目前置审批的硬约束，把握好经济利益与社会效益，改革力度与群众可承受度之间的关系，从源头上预防、减少和消除影响社会稳定的重大信访问题的发生。

每个信访案件，都要建立一个班子，制定一套措施，明确一名领导分包，通过责任落实、措施落实，确保化解信访积案工作的落实。

（三）规范信访秩序

要把法律、政策、规定作为判断是非曲直的唯一标准，严守法律底线，让群众知道哪些事能做、哪些事不能做，引导群众自觉把法律作为指导和规范自身活动的基本行为准则，通过法定程序表达诉求，依靠法律手段解决纷争，运用法律武器维护权益。

信访联席会议办公室要认真梳理信访案件，要把涉法涉诉信访问题导入司法渠道解决，进一步完善法、检、公、司信访案件处理制度，对进入司法程序的涉法涉诉信访案件，要把着力点放在依法公正解决群众合法合理诉求上，做到该纠正错误裁决的依法及时纠正、该追究执法过错责任的依纪依法严肃追究，努力让当事人切实感受到只要以法律按程序，就能公正有效解决问题。

（四）采取有效措施，维护社会和谐稳定

领导干部要发挥表率带头作用，按照区委统一部署，深入开展"下访接地气、矛盾大排查"行动，采用定点接访、带案下访、重点约访、专题接访、联合接访等方式，认真解决群众反映的实际问题。

要落实领导干部包片、包系统、包重点措施，组织专门工作组蹲点下访，到地头、进车间、入农户，帮扶救助、重点包保，严防各类信访问题、突发性事件的发生。

要采取管用有效的措施，妥善解决群众反映的问题。对于反映合情、合理、合法，有条件解决的问题，要马上解决，决不能拖；对于不具备条件的，或者解决条件还不够成熟的问题，一定要采取一对一办法，做好教育疏导工作。

各级党委、政府要进一步加大对信访维稳工作的重视程度和支持力度，采取管用有效的措施，妥善解决群众反映的问题，维护社会和谐稳定。

来源：根据以下材料整理：《提高思想认识、层层落实责任、加大源头预防、规范信访秩序、有效化解社会矛盾、切实维护群众利益》，山西长治市人民政府网站，2014年3月4日，http://www.jqzf.changzhi.gov.cn/info/1026/21815.htm。

第四节 舆论引导：保持公信力，弘扬正能量

一、舆论引导的机理：用"责任模型"，保持公信力

在涉及社会影响的实例中，舆论引导要坚守公信力的底线；因为公信力的变化，对社会稳定发挥着直接或间接的深刻影响。

表7-12 舆论引导中的公信力状况评估表

公信力的变化	变化的主因	对社会稳定的影响
公信力减少	领导未兑现承诺等	负面连锁反应，很难甚至不再信任
公信力保持	依法实施，秉公办理	维持了社会秩序，保持了信任局面
公信力增加	兑现承诺，严于律己，为民众谋福利	提升了领导威信，有利于今后的纠纷调解和矛盾化解

注：不完全概括，具有相应的误差。

在舆论引导过程中，保持公信力的能力之一，是能否坚持用"责任模型"来规范化地处置社会风险。

舆论引导的"责任模型"是指根据主体在具体事件中的责任状况，基于责任的不同而差异化地采取相应方式予以引导，见表7-13。

表7-13 舆论引导的"责任模型"

责任状况	建议方式	典型情况	对社会稳定的贡献
无责任	遵循速度原则，速战速决：快速调查和通报情况等。	多发于：(1)媒体误报道；(2)社会谣言等。	快速处置，迅速消除负面影响和扭转不利局面。
完全责任	遵循态度原则，以退为进：公开检讨；采取措施制止事态蔓延；向民众承诺，表明态度，公布整改方案等。	多发于：(1)主体违法违规；(2)证据确凿；(3)已被相关部门处理等。	展现必要的整改态度；取得社会各界的理解和支持。

续表

责任状况	建议方式	典型情况	对社会稳定的贡献
部分责任	遵循信度原则,社会协商:阐明责任归属;第三方证明;"意见领袖"参与等。	多发于:(1)主体和客体都有责任;(2)多年前的"积案";(3)事件性质复杂、涉及因素多等。	展现负责任和积极解决问题的态度,尽量降低民众的损失,保持公信力。

注:不完全概括,具有相应的误差。

二、舆论引导的应用:遵循规律,弘扬正能量

在实践中,舆论引导需要遵循规律,在保持公信力的同时,弘扬社会正能量,持续增强抵御社会稳定风险的社会共识。

表7-14 遵循舆论规律来弘扬正能量

舆论引导规律	弘扬正能量的方法	对社会稳定的贡献
及时发布信息,占领传播高地	可采取"滚动发布"原则。谁第一时间发布新闻,谁就在一定程度上掌握了舆论的主动权和信息的主导权。第一时间发布的信息可以不全面,甚至不精确。最重要的是民众第一时间获得政府的信息。	能给民众带来安全感和树立政府负责的形象。营造和谐舆论环境,维护稳定、恢复秩序。
发布有利信息,占据信息管道	要充分利用"信息管道"权威资源,让正能量信息,尽可能占据整个社会的"信息管道"。	通过媒体澄清事实,最大限度地避免和消除社会负面影响。
积极主动,及时回应民众需求	形成常态应对的工作局面;专人专职、跨部门对接、统一口径等。把握民众需求,主动提供符合民众口味的信息:用事实说话,避免噪音和杂音,领导适时适度地出面和表态等。	体现与社会各界的利益一致性:休戚相关、唇齿相连、同仇敌忾、携手处理社会稳定问题。

注:不完全概括,具有相应的误差。

☞ 实例46：网络谣言已成社会高危风险，亟待全方位防治①

以2014年1月1日至12月31日期间在互联网、移动终端客户端流传的124个谣言典型案例作为研究对象，通过定量和定性的研究方法，分别对网络谣言的特点、产生的社会原因和背景、谣言防治三方面进行分析呈现。

一、网络谣言2014年度风险评估：高危运行

2014年度，网络谣言有涨有落，没有明显的月度规律，整体呈现高危运行状态，具体表现为网络谣言渗透深、主体多、手法全、危害大。

（一）网络谣言类型繁杂，渗透社会方方面面

2014年网络谣言典型案例研究表明，网络谣言主要有时政类、经济类、生活类、娱乐类四种类型。

时政类谣言与时政热点事件紧密相关，权威信息的缺位，给这类谣言留下大量的空白的信息空间，损害信息权威。

生活类谣言内容与日常生活相关，具有较强的迷惑性，严重威胁着信谣群众的健康与生命财产安全。

经济类谣言，涉及的主要内容与经济生活相关，发布者也往往出于经济利益，直接导致经济上的得益或受损，威胁经济秩序。

人物类谣言，内容涉及娱乐界明星或公众人物，损害个人名誉，维权难。

（二）造谣炮制的主体多、原因多、手法多

造谣主体呈现多元化特征，包括个人、企事业单位、官方三方；造谣的原因主要有谋取利益、规避危害、推卸责任三种。造谣的手法主要有杜撰细节、张冠李戴、旧闻新炒、夸大事实、完全虚构五大类。

（三）网络谣言危害的三个等级：轻度谋财害命，中度危害社会秩序，重度社会失范

网络谣言轻度危害在于谋财害命。轻则谋财，带来经济损失；重

---

① 摘自中国人民大学危机管理研究中心课题组完成的《网络谣言2014年度风险评估与2015年度防治报告》，课题组负责人：唐钧，课题组成员：张弓、龚琬岚、李慧杰、王云锋；该报告于2015年1月18日的"第三届中国新闻法治建设学术峰会"发布。

则害命,威胁生命安全。

中度危害在于传播中成为负面标杆,产生潜移默化的示范作用。比如2014年初云南昆明火车站暴恐事件后,与暴恐相关的谣言散布,引发社会恐慌,产生连锁反应。

重度危害在于网络谣言"辟谣困难",澄清之后的事实难以重获信任;各种"官谣",带来政府形象危机和公信力危机;严重恶化了社会环境,损毁社会信任。

二、网络谣言产生的社会原因:权威信息缺位、社会心态与群众需求复杂、社会沉疴未除

网络谣言生成与传播,由三个层面的因素共同导致。

(一)权威信息缺位,网络谣言有缝就钻

大数据时代的权威信息缺位,给网络谣言留出了空间,空出了"档期",也孕育了滋生谣言的环境,具体表现为三点。

1. 断头新闻、断尾新闻,信息不完整;留出谣言空间

信息不完整主要表现为断头新闻、断尾新闻多,不能满足群众的信息需求,这为网络谣言的产生与发展创造条件,让谣言无孔不入。

2. 选择性曝光、发布滞后,信息不及时;空出谣言"档期"

官方信息发布常常出现选择性曝光,发布滞后,导致信息不及时。在引发关注的焦点事件面前,官方发布的权威信息的速度落后于其他普通商业媒体,给网络谣言留出了"档期"。

3. 未"定调子"、欠挖掘深度,公关不科学;孕育谣言环境

官方习惯于对事件本身的表层内容进行简单陈述,缺乏深层次的信息发布,使得公众对事件的了解程度偏低,甚至质疑政府的公信力。具体来说,一是官方未"定调子",缺乏议题设置,没能主动吸引与聚焦社会关注;二是官方在报道中没有注意"深挖掘",尤其是在突发事件与危机公关中,给"信息管道"留出了大量的谣言的空间。

(二)社会心态和群众需求复杂,网络谣言土壤肥沃

复杂的社会心态与群众需求是网络谣言的动因,为网络谣言提供肥沃的社会土壤,具体来说有三点。

1. 正当需求的初衷,却客观上造谣传谣

部分群众在散播谣言的过程中,是出于趋利避害、揭露黑恶现象

或传递爱心的正当需求,却被不良居心分子加以利用,反成为网络谣言的推手。

2. 非法诉求的驱动,主观故意地争名夺利

部分造谣者纯属故意造谣,包括恶意娱乐八卦、恶性商业竞争,以及少数敌对势力或恐怖组织为引起群众恐慌或挑起民族对立情绪。

3. 趋利避害和推责,导致"官谣"驱而不散

一是个别政府部门及官员在面对质疑时,出于趋利避害的本能,急于推脱责任,摆脱嫌疑,迅速进行否认和"辟谣",产生"官谣"。

二是出台相关政策时,相关部门采取"突然袭击",全然不顾之前的承诺,导致之前的官方承诺变为"官谣",这种官谣往往以政府的公信力为代价,比如某市突然宣布限牌。

(三)社会沉疴未除,谣言环境桎梏待破

1. 利益受损和维权困难,"社会倒逼"逼出谣言

现实中,维权成本过高,社会"解压阀"不畅,群众选择用网络谣言的方式"倒逼"党政部门采取措施改善社会状况,为自己谋求权益保护。

2. 服务欠佳和保障不力,"求真相"求出谣言

现实社会中存在的公共服务、社会保障等问题,让群众产生不满和质疑;但是权威信息缺位,官方的信息公开与传播不够,社会公信力较低,这让群众产生极端的"求真相"需求。

3. 社会恐慌和过度担忧,"安全感"不足编出谣言

社会公共安全事件之后,网络谣言甚嚣尘上,反映了社会恐慌和群众安全感不足。

4. 匿名效应和秩序混乱,"连锁反应"带出谣言

虚拟空间具有"匿名效应",再加上目前的监管还不完善,导致秩序混乱。同时一个谣言被炮制出来后,往往产生连锁反应,带出来与之相关的其他谣言。

三、网络谣言 2015 年防治建议:系统治理、全面防治

(一)灭源头:权威信息及时发布,造谣传谣快速查处

改进权威信息的发布与传播,保证信息的公开、透明与及时。一

是积极打造"阳光政府"、确保群众有足够的渠道获取政府信息;二是在突发事件以及群众关注度较高的事件中,确保真实、准确的前提下,第一时间发布权威信息。

快速查处网络谣言。既要对网络谣言的制造者、传播者依法查处,又要对助长了谣言传播、造成恶劣影响的网站依法惩戒。

(二)重法制:明确相关法律法规,重拳打击造谣传谣

加强网络法制建设,形成打击网络造谣的"天网"。既要完善相关法律法规,对网络谣言的性质、责任认定、损害赔偿以及管理的主体、程序、监督等都需要给予明确的界定;同时进一步增强法律法规的可操作性。

(三)优环境:规范虚拟社会秩序,整治谣言的社会环境

面对网络谣言,政府相关部门应该更加积极有所作为。既要努力提高信息公开的能力与水平;又要建立更为有效、更加迅速的举报投诉等控制机制,规范虚拟社会秩序,净化网络空间环境。

完善社会服务与管理,是网络谣言的治本之策。做好公共服务与社会保障工作,防患于未然,完善、疏通群众表达利益诉求与"维权"的正当渠道,充分发挥妇联、工会、消协等社会组织的作用,疏通"社会解压阀"。

总之,网络谣言的治理需要全民参与,共同防治。党政机关尽责尽力,及时发布权威信息,完善相关法律法规,完善现实社会管理与服务,优化虚拟社会秩序,强化风险防治,增强政府公信力与作为度。社会全力配合,网民遵守"七条底线",网络媒介提高管理水平素养,专业机构发挥智囊作用,形成社会合力,协同合作。在社会主义核心价值观的引导下,共同防治网络谣言,打造健康清新的虚拟社会环境,让网络谣言成为"非"常态。

第八章　社会稳定风险评估机制与范本

第一节　社会稳定风险评估与管理机制的顶层设计

国务院总理李克强2015年3月5日作政府工作报告时,再次提出:深入开展法治宣传教育,加强人民调解工作,完善法律援助制度,落实重大决策社会稳定风险评估机制,有效预防和化解社会矛盾。

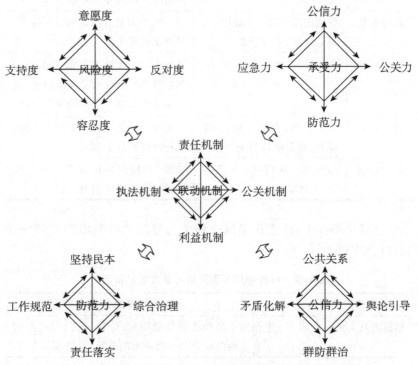

图8-1　社会稳定风险评估与管理机制的顶层设计示意图

在稳评与稳管的理论研究和实践总结的基础上,社会稳定风险评估机制亟待建立健全。理想的社会稳定风险评估机制,是指系统应用风险评估的科学方法,全面评估待评事项可能引发的社会稳定风险,客观预估责任主体和管理部门对社会稳定风险的内部控制和外部合作能力,科学预测相关利益群体的容忍度和社会负面影响,提前预设风险防范和矛盾化解的措施,进而确定该待评事项的当前风险等级,并形成循环。

社会稳定风险评估与管理机制的顶层设计,如图8-1所示,是综合稳评、稳管、内控、外防的整体统筹,由责任机制、执法机制、利益机制、公关机制的联动而成,见表8-1。

表8-1 社会稳定风险评估与管理机制的顶层设计要素

名称	机理	对社会稳定的贡献
责任机制	定责—履责—问责—追责	明确社会稳定风险的责任归属,切实增强风险内控和外部合作
利益机制	利益诉求表达,利益区分,利益分配,利益补偿等	排查调处利益群体的利益纠纷,从根源上化解矛盾
执法机制	依法管理,维护秩序等	及时有力打击违法犯罪,既是保护利益群体的合法利益免受侵害,也是维持民众知法守法的社会环境
公关机制	宣传告知,沟通谈判,心理疏导,观念扭转等	最大程度争取社会稳定的支持度,保持良性的社会氛围
联动机制	横到边、纵到底,责任落实、立体联动	应对"木桶最短板效应",提升整体的社会稳定承受力

在现实操作中,社会稳定风险评估与管理的机制亟待有效联动和有机整合。

表8-2 社会稳定风险评估与管理的机制整合

现阶段的主要整合	对社会稳定的贡献
利益机制+执法机制	保障正当合法利益的同时,维护社会秩序,及时有效地制止企图不当获利的言行,保持长治久安

续表

现阶段的主要整合	对社会稳定的贡献
责任机制＋公关机制	在明确内部责任所有权的同时,通过宣传明确外部的社会责任和公民义务,增强支持度和承受力,形成群防群治的社会氛围
执法机制＋公关机制	在打击违法犯罪的同时,通过教育预防社会稳定风险,增强执法的社会理解和配合,形成良好的社会舆论环境

第二节 社会稳定风险评估和管理机制的创新

一、健全组织,落实责任

(一)建立健全组织机构

组织机构是开展实施社会稳定风险评估的组织保障。以市一级为例,应成立市社会稳定风险评估工作领导小组,由市领导担任组长,政法委书记担任副组长,综治、维稳、信访、公安、发改、环保、消防、监察、住建委等部门主要领导担任组员。县(市、区)、市直部门、乡镇(街道)均应成立稳评工作领导小组。

甘肃酒泉市的经验是成立了市委常委、常务副市长任组长,市委常委、政法委书记任副组长,市发改委、市监察局、市建设局等23个市直部门主要领导为组员的市社会稳定风险评估工作领导小组。7个县(市、区)、37个市直部门、76个乡镇(街道)均成立了稳评工作领导小组,形成了"党委政府统一领导、主管部门组织推进、责任主体具体实施、维稳部门指导督查、社会各界积极参与"的稳评工作运行机制,为推进全市社会稳定风险评估工作常态化提供强有力的组织保障。

江苏淮安的经验是党委统一领导、党政齐抓共管;各职能部门纵向垂直领导、横向分工协作,构建有力的组织保障。

(二)全面推行责任管理

责任管理是有效推行社会稳定风险评估的硬性保障。主要包括:签订责任书、明确各部门的责任性质和类型、分解细化稳评责任、纳入平安建设的考核、加大指标权重;把社会稳定风险评估工作和目标考核、干部考核相结合,严格问责制度。

江苏淮安等地的经验,是建立了以目标管理为核心的问责制度。把社会稳定风险评估工作纳入各地各部门年度目标责任状和社会治安综合治理考核体系,考核结果直接计入年度目标总分。同时还坚持把社会稳定风险评估工作纳入干部队伍政绩考核,坚决实行干部任用稳定工作"一票否决制"。

甘肃酒泉的经验,是落实工作责任。市县两级将社会稳定风险评估工作考核纳入目标责任书,层层签订责任书,基本形成了主要领导全面抓、分管领导具体抓、其他领导配合抓的工作局面。

按照"谁主管、谁负责""谁决策、谁负责""谁审批、谁负责"和"属地管理"的原则,市委、市政府研究制定了《酒泉市社会稳定风险评估工作指导目录管理制度(试行)》,明确了决策提出部门、政策制定部门、改革牵头部门、项目申报部门、活动组织部门是社会稳定风险评估的责任主体,明确了市维稳办具体负责本级社会稳定风险评估的组织、协调、督促指导和检查督查等职责。

对市、县、乡党委和政府作出决策的,由党委、政府指定的部门作为评估责任主体,具体实施评估;党委和政府有关部门作出决策的,由该部门或者牵头部门指定的机构作为评估主体;涉及多个部门组织实施的事项,由同级党委、政府指定主要部门牵头组织社会稳定风险自评工作;需要多级党政机关作出决策的,由初次决策的机关指定评估主体,不重复评估。

市、县两级分别成立了由政法、综治、维稳、法制、信访等部门和有关社会组织、专业机构、专家学者,以及决策所涉群众代表等参加的评估小组,具体负责对重大决策事项中存在的社会稳定风险进行科学、全面、客观地分析研判和预测论证,并对项目的风险等级和防范建议给予评估意见。通过明确评估主体责任,把稳评责任分解细化到了各级党委、部门责任人的头上,以责任制的落实确保稳评工作的具体化。

酒泉市的各级党委、政府,还将社会稳定风险评估工作纳入平安

第八章 社会稳定风险评估机制与范本

酒泉建设的一项重要内容,加大指标权重,加强考核考评。确定由市、县维稳办牵头,按照"五个不放过",即评估责任不落实不放过、评估工作不全面不放过、评估工作不深入不放过、评估机制不健全不放过、引发不稳定事件或重大矛盾纠纷不放过,对评估责任主体是否做到应评尽评、评估程序是否规范到位、评估队伍是否建立健全等方面进行综合协调和督导检查,并检查考评结果及时公开,并作为年底维稳工作综合考核的重要依据。对重视不够、消极应付和安排部署不到位、工作任务不落实的,及时进行通报,限期整改;对评估工作不力,引发重大不稳定问题的,依据《甘肃省社会稳定风险评估责任追究办法(试行)》和《酒泉市社会稳定风险评估责任追究实施细则(试行)》,严格实行责任查究,确保社会稳定风险评估工作真正做实、做细、做深,切实做出成效。

二、科学规划,明确重点

科学规划是指遵循客观规律,应用科学方法,做好社会稳定风险评估的顶层设计。主要包括:设定原则,明确现阶段的评估范围,设定现阶段的评估重点,明确"一票否决"的"负面清单"等。多地的实践操作,提供了可供借鉴的经验。

表8-3 社会稳定风险的科学规划(示例)

名称	主要内容
"四个凡是"	(1)凡是不能使绝大多数群众受益的事情不做; (2)凡是不能得到绝大多数群众支持的政策不出台; (3)凡是未经社会稳定风险评估的项目不审批; (4)凡是经社会稳定风险评估后社会矛盾没有得到化解的不实施,防止在决策、审批等前端环节因工作不当引发新的社会矛盾。
"五个一律"	(1)对未经评估的重大决策,一律不上会研究,一律不出台实施; (2)对未按照要求进行评估的重大项目,一律不审批招投标,一律不开工建设; (3)对因稳评工作不到位引发重大涉稳事件的,一律要追究有关人员责任。

续表

名称	主要内容
"五方面事项"	五类事项必须做风险评估： (1) 与群众切身利益密切相关的重大决策； (2) 关系较大范围群众切身利益调整的重大决策； (3) 涉及较多群众切身利益，并被国家、省、市、县(区)确定为重点工程项目建设； (4) 涉及相当数量群众切身利益的重大改革； (5) 关系广大群众切身利益的社会就业、企业排污、行政性收费调整等敏感问题，以及重大商贸、文体、庆典等活动。
六项评估原则	坚持六项评估原则 (1) 以人为本； (2) 多管齐下； (3) 关口前移； (4) 重心下移； (5) 预防为主； (6) 标本兼治。
七类评估重点	七类重大事项作为评估重点 (1) 国有企业改制； (2) 城市建设； (3) "三农"； (4) 社会保障； (5) 机构改革； (6) 环境保护； (7) 民族宗教问题等。

注：根据相关材料整理，具有相应的误差。

三、设定流程，精细管理

设定流程是社会稳定风险评估的操作保障，通过明确步骤、制定制度，来实现规范化、精细化的风险管理。

表8-4 社会稳定风险评估的流程和制度(以四川遂宁为例)

名称	主要内容
五项制度	贯彻推动工作落实的五项制度： (1)评估报告制度； (2)分级备案制度； (3)联席会议制度； (4)目标管理制度； (5)监督检查制度。
五步工作法	(1)由重大事项责任部门制定评估方案，全面摸清评估对象的基本情况，组织开展好初评，为评估工作做好充分准备。 (2)由责任部门牵头，会同维稳、法制和业务主管部门，对评估事项的合法性、合理性、安全性、适时性逐项进行评估，梳理出该事项存在的社会稳定风险。 (3)通过召开听证会、走访座谈、问卷调查和媒体公示等方式，公开征求群众对评估事项的意见和建议。 (4)召开专家、部门和群众代表评审会，对显性风险、潜在风险和可能诱发风险的因素进行综合研判，按评价办法确定其风险系数，提出四级预警的分类处置意见。 (5)党委政府运用评估成果，进行科学决策。对存在严重稳定风险，可能引发重特大涉稳事件，被确定为一级预警的，不准实施；对存在较大稳定风险，短期内难以调控，被确定为二级预警的，暂缓实施；存在一定稳定风险、但可以控制，被确定为三级预警的，完善后分步实施；对稳定风险较小，被确定为四级预警的，准予立即实施。
五种渠道	(1)党委督查室、政府督查室、党委维稳办等部门通力合作，督促重大事项责任部门及时研究制定评估对象的维稳措施，切实抓好落实。 (2)纪检监察机关通过了解社会稳定风险评估机制的落实情况，人大、政协通过了解社会各方面对重大事项涉稳问题的反映，维稳、信访部门通过工作渠道了解涉稳信息，新闻媒体通过接触群众了解社情民意，对重大事项社会稳定风险评估工作实施全程监督，并及时向重大事项责任部门反馈情况、提示稳定风险，提出调控风险的对策建议。

续表

名称	主要内容
五种渠道	(3)在重大事项责任部门建立涉稳信息直报点,设立有人大代表、政协委员、社会各界人士和群众代表参加的维稳信息直报员,及时发现并向同级党委、政府、维稳办报告重大事项实施中遇到的涉稳问题,研究和制定跟进措施,有效调控稳定风险。 (4)在重大事项出现严重稳定风险的情况下,由重大事项责任部门及时召开联席会议,研判形势,通报情况,会商共同做好防范化解稳定风险的具体措施。 (5)建立落实稳定风险评估化解机制的定期报告制度。
五项纪律	严明五项纪律,实施责任追究: (1)检查述职; (2)一票否决; (3)组织处理; (4)纪律处分; (5)追究刑责。

注:根据相关资料整理,具有相应的误差。

甘肃酒泉市的经验是社会稳定风险评估的"七个步骤、七项制度"。七个步骤是指:(1)确定评估事项和制定评估方案;(2)征求意见;(3)客观评估;(4)确定风险等级;(5)作出评估结论;(6)制定风险化解方案;(7)跟踪督查。

表8-5 社会稳定风险评估的制度(以甘肃酒泉为例)

名称	主要内容
1.项目报备制度	各县(市、区)、各部门年初建立了重大事项社会稳定风险评估档案,并将每年年初确定的拟稳评事项报同级维稳办备案,重大决策事项进行社会稳定风险评估后,评估单位、决策部门依次填写《社会稳定风险评估报备表》报同级维稳办,年中新增的事项随时报备。
2.联席会议制度	市、县两级均建立起了由纪检、监察、组织、宣传、信访等单位和评估实施主体发改委、建设、人社、教育、卫生、环保、国土、交通八大重点部门负责人参加的联席会议,通报评估工作情况,分析不稳定风险形势,研究协商防范化解对策。

续表

名称	主要内容
3. 业务培训制度	坚持将社会稳定风险评估工作培训纳入工作培训内容,适时组织培训交流和学习观摩,进行培训,解决"谁来评""评什么"和"怎么评"的问题,提升工作人员的业务素质。
4. 专家库制度	市县两级均建立了由各行业领域、科研院校和专家学者组成的社会稳定风险评估专家库,为稳评工作提供强有力的专业支撑和人才支持。
5. 档案管理制度	对实施社会稳定风险评估的重大事项一事一档,市县维稳部门在做好事前报备和《评估报告》备案的同时,加强对责任单位风险评估资料档案规范化管理的检查指导,将评估档案作为评估结论应用的责任追究基本依据。
6. 检查通报制度	市县维稳部门采取月分析、季通报、年总结等方式,对社会稳定风险评估工作质量和效果、存在的问题进行跟踪掌握,定期不定期检查督促,及时总结经验做法,对工作中存在的问题及时督促整改。
7. 考核奖惩制度	采取定性与定量结合的办法,从组织领导、制度机制建设、评估程序、质量和效果、责任追究等方面,对各级各部门及有关责任主体开展社会稳定风险评估情况进行考核评价,并将考评结果作为年度维稳工作考核的重要依据。

注:根据相关资料整理,具有相应的误差。

四、维护民众,保障发展

维护民众是社会稳定风险评估的基础,保障发展是社会稳定风险评估的目标。因此,一方面要在机制设计方面,切实维护民众的切身利益,争取"凡是群众不拥护的就不实施,凡是群众不满意的就不开工";确保民众知情权、扩大民众参与、汇集最大公约数;多措并举,积极调解纠纷、主动化解矛盾,维护群众权益。另一方面,要维护社会秩序,依法开展各项工作,在全面推动社会发展的过程中,争取各方都能获益。

表 8-6　维护民众和保障发展的经验

名称	主要内容
"五个到位" （海南）	社会稳定风险评估逐步形成"五到位"的工作标准： (1) 对群众的合理诉求必须切实解决到位； (2) 对群众的不合理诉求必须宣传、解释和对话到位； (3) 对确实存在困难的群众必须包干负责帮扶到位； (4) 对不明真相参与上访闹事的部分群众法制教育到位； (5) 对无理取闹借机制造事端谋取私利的骨干分子依法打击到位。
"两个坚持" （四川遂宁）	(1) 坚持"服务保障"原则：围绕市委、市政府中心工作，盯住全市改革发展的重点领域和重要举措，注重发挥社会稳定风险评估工作的服务保障功能，做到改革推进到哪里，评估工作就跟进到哪里；发展推进到哪里，评估工作就跟进到哪里；群众利益聚焦在哪里，评估工作就跟进到哪里。开展社会稳定风险评估，已成为各级各部门重大决策之前的自觉行动。 (2) 坚持"民生优先"原则：风险评估的目的在于通过与利益相关方的交流互动，统一思想认识、促进相互信任、平衡利益关系、化解矛盾风险。把尊重民意、维护民利、改善民生作为评估工作的出发点和落脚点，评估范围紧扣民生、评估过程保障民权、评估标准尊重民意、评估结果维护民利，推动了评估方法从"袖手旁观"向"主动参与"转变。
"五个延伸" （四川遂宁）	(1) 风险评估主体向下延伸； (2) 风险评估着力点从易引发社会矛盾的重点领域向其他领域延伸； (3) 风险评估内容从初始注重的重大项目向关系群众切身利益的重大决策、重大政策、重大改革、重大活动延伸； (4) 风险评估区域从市、县两级向乡镇、村延伸； (5) 风险评估重心从先进县市区向相对薄弱县市区延伸。

注：根据相关资料整理，具有相应的误差。

综上，社会稳定风险评估机制，实质上是兼有第一章中"大稳评"和"大稳管"的综合体，该机制对于社会稳定风险的管理起着重要功能。

表 8-7 社会稳定风险评估机制的功能

机制设计	风险干预机理及其贡献
1. 健全组织,落实责任	增支持度;提升应急力
2. 科学规划,明确重点	增容忍度;提升防范力
3. 设定流程,精细管理	降风险度;提升承受力
4. 维护民众,保障发展	降反对度,增意愿度;提升公关力,提升公信力

第三节 社会稳定风险评估方案的范本

根据上级关于积极开展社会稳定风险评估的工作意见,为深入贯彻落实科学发展观,正确处理改革发展稳定的关系,着力从源头上预防和减少影响社会稳定的矛盾和隐患,切实维护人民群众根本利益和社会稳定的大局,结合本地实际,制定本方案。

一、指导思想

以科学发展观为指导,坚持稳定压倒一切、稳定优先的原则,建立健全社会稳定风险评估化解机制,通过机制创新,准确预测、提示、规避和化解稳定风险,主动将存在或潜在的不稳定隐患降低到社会可承受的范围,有效防止和克服抓改革发展和抓社会稳定脱钩的倾向,防止和克服因决策、政策、项目、改革的偏差而引发的不稳定隐患,实现由被动保稳定向主动创稳定的转变,最大限度地增加和谐因素,最大限度地减少不和谐因素,确保社会大局和谐稳定,营造稳定的社会环境。

二、评估原则

依法评估。严格按照法定权限和程序,制定全面、科学、规范的评估标准,坚持定量与定性分析相结合,统筹考虑发展需要与承受能力的关系,正确履行法定职责。

科学评估。尊重客观规律,运用科学的方式方法实施评估,做到现实性和前瞻性相结合,使决策符合社会发展规律,切实增强评估的科学性、可行性、权威性。

民主评估。加强调查研究,广泛征求意见,进一步拓宽公众参与决策的渠道。对争议较大、专业性较强、影响面较广的评估事项,要组织相关部门和人员进行听证、论证,做到公众参与、专家论证和政府决策相结合,使决策能够体现和反映广大人民群众的根本利益。

公开评估。除涉及国家秘密、商业机密和个人隐私的事项外,重大决策应当依法向社会公开;并通过网站、新闻媒体等方式进行广泛宣传,确保群众的知情权,进行舆论评估和监督。

三、评估范围和评估重点

(一)评估范围

1. 关系到较大范围人民群众切身利益的社会管理、社会保障等重大决策;

2. 涉及人民群众普遍关心的有关民生问题的政策制定或修改;

3. 关系到产权转让、资产处置、职工安置等重大利益格局调整的企事业单位改革或改制;

4. 有可能在较大范围或较长时间内对人民群众生产、生活造成重大影响的市政规划和项目建设;

5. 涉及诸多利益群体或较大群体利益的行业政策调整;

6. 涉及生产安全、市场安全、食品安全、药品安全、重大疫情、交通安全等重大措施的制定、调整;

7. 其他应当进行社会稳定风险评估的事项。

(二)评估重点

1. 国有、集体企业重组改制、关闭破产中的产权转让、资产处置、人员分流安置和社会保障等;

2. 农村土地、林地经营权转让,项目建设和乡村规划建设中的农民土地征收、补偿和人员安置,基础设施建设筹资酬劳,进城务工人员的劳动就业和社会保障,合作医疗、计划生育、农业生产用水等涉及农民的政策性收费等;

3. 行政区划调整、旧城改造、保障性住房规划和城市基础设施建设中的土地征用、拆迁补偿、居民安置;增加居民、企业负担的城市

公用事业价格和收费标准的调整等;

4. 资源开发和交通、水利、公共服务设施等重点项目建设中涉及群众切身利益的工程选址、实物调查、土地征用、拆迁补偿、移民安置等;

5. 养老、医疗、失业、工伤、生育保险和最低工资标准、最低生活保障、促进就业等政策的重大调整;教育收费标准的调整;重大疫情的预警、防控等;

6. 机关、事业单位改革程序及改革中的人员分流安置、资产处置、社保关系、职工待遇调整等;

7. 环境保护收费标准的制定和调整,可能造成环境现状改变或较大污染物排放的项目建设等;

8. 其他本地近期频繁发生矛盾纠纷或社会影响较大的相关事项。

四、评估内容

(一) 评估合法性

主要分析评估重大事项的制定和出台是否符合党和国家的方针政策,是否与现行政策、法律、法规相抵触,是否有充分的政策、法律依据;重大事项所涉及政策调整的对象和范围是否界定准确,调整的依据是否合法;是否坚持严格的审查审批和报批程序。

(二) 评估合理性

主要分析评估重大事项是否符合经济社会发展规律,是否坚持了以人为本的科学发展观,是否符合大多数群众的根本利益;是否超越当地财力和绝大多数群众的承受能力,是否把改革的力度、发展的速度和社会可承受程度有机地统一起来;是否得到大多数群众的理解和支持,是否兼顾了人民群众的现实利益和长远利益,社会各界和广大群众的反应如何。

(三) 评估可行性

主要分析评估重大事项是否经过必备的论证、听证和公示等公众参与程序;是否经过严谨科学的可行性研究论证;是否符合本地经济社会发展总体水平,能够为本级财力所承受;相关政策是否具有稳定性、连续性和严密性;出台的时机是否成熟;是否充分考虑到时间、空间、人力、物力、财力等制约因素;方案是否具体、详实,配套措施是否完善;所涉资金的投入是否能够到位;重大事项出台后是否会造成相关行业、相邻地区群众的攀比。

（四）评估安全性

是否符合可持续发展的要求,对生态环境有何重大影响;当地群众对该项目建设有无强烈的反映和要求;可能产生环境污染、生态环境破坏的项目,是否有科学的治理和环保配套措施,是否具有相关权威部门的环保鉴定或审批手续;重大事项的制定和出台是否会影响生产、市场、金融、食品、交通等领域安全,是否会引发较大的影响社会治安和社会稳定的事件,实施过程中可能出现哪些较大的社会治安问题;是否会给周边的社会治安带来重大的冲击;重大事项实施前,治安突出问题和混乱地区是否得到有效整治。

（五）评估可控性

主要分析评估重大事项是否存在可能引发不稳定问题和群体性事件的隐患;对可能出现的影响社会治安和社会稳定的问题,是否制定相应的预防预警措施和应急处置预案,是否有化解矛盾的对策措施,是否在可控范围之内。

五、评估责任主体

重大事项社会稳定风险评估责任主体是指有关决策的提出部门、政策的起草部门、项目的报建部门（单位）、改革的牵头部门以及重大事项、重大项目的最终决策、审批部门,以及重大事项方案制定的职能部门。如重大事项是党委、人大、政府制订出台的,由党委、人大、政府指定评估责任主体;如涉及多部门、职能交叉难以界定责任主体的,由党委、政府指定责任主体。重点责任部门的具体分工如下：

发改局负责牵头重大改革决策等方面;

经贸局、体改办负责牵头所属的企（事业）单位改制等方面;

住建局负责重大城镇建设项目的规划、建设、房屋拆迁、小区物业管理等方面;

国土资源局负责因重大建设项目所需土地开发、土地统征、储备和矿产资源开发等方面；

交通运输局负责牵头交通运输等方面；

水利局负责水土保持、水资源利用等方面；

环保局负责生态、环境保护等方面；

人社局负责社会就业、劳动保障、劳资劳务纠纷等方面；

物价局负责物价管理方面；

卫计委、药监局负责公共卫生、医疗服务及食品药品安全等方面；

农业局、林业局负责农业生产、林业生态、林权制度改革等方面；

扶贫局负责做好移民搬迁等方面；

其他各职能部门根据工作职能，负责做好本部门、本系统的重大事项社会稳定风险评估工作。

各级党办和政府办负责本行政区域内重大决策实施、重大政策制定、重大项目主管、重大改革措施的评估责任主体；

各级维稳办、信访联席会议办公室负责做好社会稳定风险评估工作的督促、检查、指导和协调工作。

六、评估程序

（一）确定评估项目

凡属于本《实施方案》确定的评估事项，都要纳入评估范围，严禁漏项。

（二）制定评估方案

评估事项确定后，要合理制定评估方案，明确评估牵头和协助部门责任、评估人员责任等，明确评估责任、内容、方法等，适时组织评估；并建立专项工作档案，做好资料的规范化收集和整理以备查。

（三）广泛征求意见

责任主体要采取走访群众、抽样调查、媒体公示、召开听证会、与利益相关方进行座谈、组织专家分析论证等形式，广泛征求社会各界特别是利益群体的意见和建议，准确把握群众对评估事项的态度，做好宣传解释工作，及时回复社会各界和群众的质疑，对拟做出的重大决策和重大项目进行修订完善。

（四）认真分析预测

根据了解掌握的有关重大事项的第一手资料，按照评估的主要内容，对重大事项确定之后可能出现的不稳定因素逐项进行分析预测，科学、客观地做出评估。必要时，可以邀请相关专家、学者、有关党政领导召开稳定风险评估会和听证会，进行科学论证。特别要对利益群体的意见和建议进行综合分析评估，对可能出现的不稳定因素逐项进行分析，评估预测风险发生的概率，矛盾冲突涉及的人员数量、范围和激烈程度，以及可能带来的负面影响等。对重大复杂疑难事项，要征求上级主管部门的意见和建议。

（五）划分风险等级

责任主体在对科学分析预测和研究论证的基础上，做出风险等级评估，并根据风险等级，提出实施建议。

（六）形成评估报告

评估领导小组要对评估事项实施的前提、时机及后续社会影响、配套设施等进行科学分析和研究论证，做出总体评估结论，形成评估报告。评估报告一般包含以下内容：重大决策或重大工程项目的概括，开展评估有关情况、稳定风险因素分析、稳定风险等级评价、重大事项实施建议、化解风险方案和应急处置预案等内容。

（七）确定实施意见

责任主体根据评估报告提出的意见，确定重大事项是否实施，并按有关决策程序向有权做出决定的组织机构报送重大政策草案、重大项目报告、重大改革方案；评估报告经审批、审议部门审查后，报送本级分管领导审定，对重大事项做出可实施、可部分实施、暂缓实施或不予实施的决定；对存在涉稳重大问题的应报本级党委、政府审定。评估报告一经审定，责任主体应在决定的次日将评估报告及审定意见分别报本级维稳办、联席办备案。

（八）落实应对措施

重大事项出台实施后，责任主体部门要根据分析评估情况，制定和落实化解不稳定因素、维护社会稳定的应对措施。对可能出现的不稳定隐患要制定应对预案，有针对性地做好群众工作，严防影响社会稳定重大事件的发生。在重大事项实施过程中出现新的重大不稳定情况,责任部门要按照预案及时妥善处置,或对重大事项做出适当调整。

(九)坚持全程跟踪,实行动态评估

社会稳定风险评估事项经分析评估付诸实施后,责任单位要不间断地听取相关群众意见反映,及时发现新风险隐患,跟进对策措施。

七、工作要求

(一)加强组织领导

要高度重视重大事项社会稳定风险评估工作,把它作为维护稳定的重要基础性工作抓紧抓好抓落实。要加强领导,认真部署,精心组织,成立专门的工作机构,由党政一把手负总责,分管领导具体负责;要根据本实施方案,结合实际,制定具体实施办法和工作方案。要完善工作机制,建立经常化、规范化的工作流程,确保评估工作有序进行。

(二)严格执行制度

要把社会稳定风险评估作为制定实施重大决策、重大政策、重大项目、重大改革措施的前置程序和必要条件,建立严格的工作制度,坚决杜绝未进行社会稳定风险评估而盲目进行重大事项或项目决策。要充分尊重和运用预测评估结果,科学决策,统筹协调兼顾好国家、集体、个人等各方利益,凡是有损大多数群众利益的事情坚决不做,凡是绝大多数群众不予理解支持的政策坚决不出台,从源头上预防和减少影响社会稳定的问题发生。要认真总结经验,在实践中不断探索创新,逐步完善,真正建立起源头预防、主动维稳、防患于未然的长效工作机制。

(三)加强协作配合

既要按照"谁主管、谁负责""谁审批,谁负责""谁经营、谁负责"和归口管理的要求,统筹落实好本辖区、本系统、本单位的重大事项社会稳定风险评估工作;又要树立一盘棋的思想,统筹兼顾,加强协作,相互配合,正确处理好责任部门和相关部门的关系。要坚持依靠业务部门对作决策、出政策、上项目、搞改革中的稳定风险进行评估,又要坚持维稳部门有重点地主动深入一线了解掌握真实情况,正确处理好维稳部门与业务部门的关系。要正确处理事项专业性和所涉人员大众性的关系,做好专业知识的宣传解释工作。要正确处理多数人意见与少数人意见的关系,做好教育引导工作,防止产生过激和极端行为。镇维稳办、联席办要负责对此项工作的督促、协调和指导工作。

(四)严肃责任追究

维稳办、联席办要加大督促检查力度,把社会稳定风险评估工作纳入年度目标考核,严格兑现奖惩。对应评估而未评估,或在评估工作中搞形式主义、弄虚作假,造成评估失实,或防范化解工作不落实、不到位,以致引发大规模集体上访或群体性事件,给社会稳定造成严重影响的,对有关单位及其主要责任人和直接责任人进行责任追究。对事先经过风险评估,并落实了风险应对措施,但仍引发大规模集体上访或群体性事件,给社会稳定造成严重影响的,酌情减轻责任追究。构成违纪的,依照有关规定给予纪律处分。

八、领导机构和责任人

牵头机构的构成和责任人;
联席机构的构成和责任人;
具体机构的构成和责任人。

九、其他重要事项

第四节 社会稳定风险评估报告的范本

一、管理方对稳评的要求

1. 国家和本地设定的评估范围、评估重点、评估步骤等
2. 国家和本地设定的、发生效力的"负面清单"
3. 国家和本地设定的稳评前置性要求
4. 国家和本地设定的其他相关要求

此部分的详细内容,可参见本书第二章第四节和第八章第一节。

二、待评事项的概况

1. 待评事项的名称
2. 待评事项的建设单位
(1) 建设单位名称
(2) 建设单位概况
3. 待评事项的使用单位
4. 待评事项的性质
5. 建设内容及规模
6. 建设地点和施工区域
7. 投资估算及资金来源
8. 建设周期
9. 社会效益预估

三、"风险点清单"

经过评估准备,可形成同类案例的风险点清单,详见本书第二章。

表8-8 "风险点清单"

风险领域	风险类型	风险点(示例)
常见纠纷引发社会不稳定	住房纠纷	产权纠纷等
	房屋拆迁纠纷	抵制强拆等
	劳动保障纠纷	企业裁员纠纷等
	经济纠纷	涉嫌欺诈项目的纠纷等
	涉法涉诉、涉军	司法纠纷等
	恶性群体纠纷	非正常访等

注:根据近年来的典型案例库归纳而成,属于不完全概括,存在相应误差。

在风险识别的环节,可经过大数据预识别,形成带风险等级的风险点清单,详见本书第三章第一节。

表 8-9　带风险等级的"风险点清单"

风险领域＼风险级别	高危风险	中危风险	低危风险
项目立项	—	规划选址的合理性风险等	立项、审批程序的合法性风险等
项目征地	拆除过程中与群众发生冲突的风险等	土地房屋征收征用范围的合理性风险等	特殊土地和建筑物的征收征用的风险等
外部影响	产生辐射和热辐射的风险等	产生固体污染的风险等	噪音扰民的风险等
项目施工	发生安全事故的风险等	产生劳动纠纷的风险等	—
项目投产	水体污染的风险等	对周边土地、房屋价格产生不良影响的风险等	出现流动人口管理问题的风险等
媒体舆论	项目受到周边群众的舆论反对的风险	项目受到媒体的舆论反对的风险等	—

注：该表为不完全概括，具有相应的误差。

在风险识别的环节，可经过虚拟空间的识别，形成网民意见情况，详见本书第三章第二节。

表 8-10　网民的意见

网民意见的内容	来源	网民态度	网民情绪	网民心态	社会负面影响的状况
网民意见的文本	网站、微博、微信等来源、时间等	四类	四类	七种	

四、现场的风险告知

风险告知范围与利益相关者覆盖范围一致。建议以待评事项的物理位置为中心,以 N(N 视具体情况而定)为一环,形成三级风险告知圈。风险告知范围覆盖约 X 平方千米的地域,基本覆盖所有利益相关者。详见本书第三章第三节。

表 8-11 现场的"三级圈"风险告知(以某项目为例)

(N≈500 米)

风险告知圈	涉及利益群体	告知特征	告知范围	建议告知要求	告知记录
一级告知圈	一级(重点)利益相关群体	全面覆盖	距待评事项的物理位置 0 到 N 的区域	(1)要求至少采用两种以上告知方式,并确保有书面文件。(2)采用点对点的告知方式,确保每户都得到风险告知。	时间、地点、人物;持续时间;告知次数;照片、视频等
二级告知圈	二级(次要)利益相关群体	重点覆盖	距待评事项的物理位置 N 到 2N 的区域	(1)确保每个社区(村)宣传栏张贴有书面告知。(2)以社区(村)为单位,召开(居)村民代表座谈会。	
三级告知圈	三级(一般)利益相关群体	普通覆盖	距待评事项的物理位置 2N 到 3N 的区域	(1)确保书面告知在乡(镇、街道)宣传栏张贴。(2)以乡(镇、街道)为单位,召开专题情况介绍会。	

五、现场的问卷调查

详见本书第三章第三节。

表 8-12 现场问卷调查的"三级圈"

风险调查对象	调查特征	调查范围	调查区域
一级利益相关群体	全面调查	距待评事项的物理位置 0 到 1000 米的区域	敏感所毗邻的社区(村庄)

续表

风险调查对象	调查特征	调查范围	调查区域
二级利益相关群体	重点调查	距待评事项的物理位置1000米到2000米的区域	敏感项目所在的乡、镇、街道
三级利益相关群体	普通调查	距待评事项的物理位置2000米到10000米的区域	敏感项目所在的区、县

注：该表为通常情况下的风险调查设计；根据具体项目需适当调整。

详见本书第三章第三节。

表8-13 周边社区群众态度分布表（示例）

风险调查圈	覆盖地区	支持率	中立率	反对率
一级调查圈	一级调查圈的地区 A			
二级调查圈	二级调查圈的地区 B			
	二级调查圈的地区 C			
三级调查圈	三级调查圈的地区 D			
	三级调查圈的地区 E			
合计	三级调查圈的地区 F			

注：该表为通常情况下的态度分布设计，根据具体项目需适当调整。

表8-14 周边群众反对意见分析表

排序	风险因素（示例）	调查问卷中所占比例	风险所处阶段	风险等级
1	拆迁纠纷		建设期间	
2	噪音扰民		建设期间	
3	影响交通		建设期间	
4	流动人口问题		建设期间和投入运营后	
5	扬尘与大气污染问题		建设期间	
6	…		待研判	

六、"风险分析清单"

通过风险分析环节,可形成"风险分析清单",此处仅提供简单的分析清单。其他详细的风险分析清单,可参见本书第四章第一节至第四节。

表8-15 "风险分析清单"

序号	风险点	涉及部门及责任人	涉及利益相关群体	风险发生阶段	所属风险领域/类型	发生概率	造成损失	社会影响
1								
2								
3								
…								

七、升级预测分析

在风险识别的环节,可经过虚拟空间的识别,形成网民反对意见的升级分析,详见本书第三章第二节。

表8-16 网民反对意见的升级分析

序号	网民的反对意见内容(示例)	风险等级	操作建议
1	召集到现场集会、游行等	高	处置
2	宣传反动思想并有一定的网民规模等	高	处置
3	造谣、传谣并形成一定程度的社会关注等	中	重视
4	宣传违法违规的活动等	中	重视
5	针对亲朋好友的不幸遭遇表示愤慨等	低	关注
6	针对个体的真实遭遇表达不满等	低	关注

通过风险分析环节,可形成"社会稳定的风险升级预测",详见本书第四章第三节。

表 8-17 社会稳定的风险升级预测(示例)

来源	风险行为预测	风险预警	操作建议
现场实地风险分析	(1)现场集体的极端行为	高危	处置
	(2)现场个体的极端行为		
	(3)现场集体的行为艺术	中危	重视
	(4)个体现场的行为艺术		
虚拟空间风险分析	(5)召集现场		
	(6)网上引发较大规模关注	低危	关注
	(7)网上讨论		
	(8)个体网上发帖		

八、联席会议的部门意见

表 8-18 联席会议的部门意见表

表号：

项目名称	某具体部门的意见		
风险因素 \ 风险等级	高风险	中风险	低风险
一、规划选址方面			
二、拆迁补偿及安置方面			
三、环境影响方面			
四、资源开发及配置涉及群众利益方面			
五、施工方面			
六、项目建设涉及群众就业、社保及集体资产处置等方面			
七、项目其他涉及群众利益方面			
八、其他待研判风险项			
本人签字			

九、周边群众反对意见研判

在风险定级环节，可形成"周边群众反对意见研判"，此处仅提供简单的分析清单。其他详细的风险定级工具，可参见本书第五章第二节。

表 8-19 周边群众反对意见研判

	意见所处阶段		对意见的定性			化解意见的可控性		风险定级		
	实施中	建成后	合法性	合理性	特殊性	内部控制情况	外部合作情况	高	中	低
群众意见1										
群众意见2										
群众意见3……										

十、风险定级综合研判

社会稳定风险定级的综合研判,是指依靠科学的评估规划,依据全面的风险识别,结合主观客观、内部外部、静态动态分析,预估风险内部控制和外部合作的状况,并通过内控和外防先行干预社会稳定风险,进而做出风险定级,并在社会稳定风险评估机制的基础上持续运行。

表 8-20 风险等级的综合研判

研判部门:　　　　　　地点:　　　　　　时间:

序号	研判项	研判内容	分析依据	对应本书章节
1	反对度	周边居民的反对事由,反对群体的规模,反对程度等	访谈情况,调查问卷统计报告,虚拟空间的社会影响分析报告,基层组织反馈表等	第三章 第四章
2	意愿度	利好分析,尤其是对周边民众的获益分析	对国家和属地的效益分析,对行业或领域的效益分析,对周边群众的效益分析,市政配套条件	第一章至第四章

续表

序号	研判项	研判内容	分析依据	对应本书章节
3	容忍度	应用"底线思维",排查周边民众不能容忍的风险	对选址、配套设施、交通影响、环境影响、建筑安全、卫生防护安全、消防安全等是否符合本地习俗等,联席会议意见,专家意见	第一章至第四章
4	风险度	意愿度、支持度、容忍度、反对度的综合研判。环评、交评、安评等其他评估报告指出的风险	综合四项要素,开展客观主观分析,内部外部分析,静态动态分析等,联席会议意见,专家意见;分析其他评估指出的分析	第四章
5	责任落实	责任方、属地管理部门的责任分配、落实状况等	"一案三制"的健全状况,责任人的落实情况,部门间的实际联动情况;督查考核、责任倒查、行政问责制度等	第六章
6	矛盾化解	周边居民的矛盾及化解情况,纠纷矛盾的应急预案,突发情况的处置能力等	信访、维稳、综治等部门的评估表等	第七章
7	承受力	领导小组各成员单位,联席会议各成员单位,对预估风险的承受能力等	联席座谈会记录,成员单位评估表	第六章 第七章
…	…			
N	风险等级	综合,定性,定级	上述分析结论,可设置加权,确定定级	第五章

十一、追踪评估与管理

表8-21 风险点动态更新表(示例)

填表单位：_____   填表人：_____

风险点名称	风险点分类	变更说明	可控性情况	备注

表8-22 风险评估与管理的动态更新表(示例)

填表单位：_____   填表人：_____

序号	风险点	风险分类	变更说明	可能性等级		后果等级		风险等级		可控性情况	
				原	更新	原	更新	原	更新	原	更新
1											
2											
3											
……											

十二、督察考核

社会稳定风险评估和管理，必须建立在督察考核的全程绩效管理的基础上，详见本书第三章和第六章。

表8-23 风险识别的督察考核

因素 态度		群体性事件	袭击破坏	建筑物危机
发现苗头但没采取措施	主观责任	坐视群体性事件蔓延属行政不作为，深究不作为的原因	严重失责，属于渎职行为	坐失处置良机，任由建筑物受毁

续表

因素\态度		群体性事件	袭击破坏	建筑物危机
发现苗头但没采取措施	客观现实	区分现在人员与负有领导责任人员的责任	客观现实：一为发现苗头不采取措施，但及时报告，二为发现了苗头不采取措施也不报告	客观现实：没有尽到一个公职人员甚至公民的责任
	责任追究	造成重大人员损伤后果的，对负有责任人员进行责任追究，严惩不贷	责任追究：视后果情况严肃追究责任	责任追究：后果损失小的进行思想教育，损失大的进行行政处罚等
		建议红牌警示		
发现苗头但措施不到位	主观责任	是否充分进行了协调沟通，警力是否调整到位，现场指挥是否得当	是否充分调动了人力、物力，指挥是否得当，估计情势是否恰当，采取措施是否得力	是否已采取了必要的措施，人力、物力是否调整到位，指挥是否恰当
	客观原因	群众规模过大，群情激愤难以沟通，群众提出条件苛刻	体制、机制是否已落后，技术是否过时，控制能力是否欠缺	人力、物力是否充足，技术是否足够支持
	对策	及时报告，派专业指挥人员，讲究调停技巧	加强信息沟通，迅速增援力量，及时遏制到位	切实保障人、财、物、技术充足保障
	责任追究	视事件扩情况给予批评、警告等	视事件破坏情况进行批评、警告等	视建筑物损坏情况进行批评警告等
		建议黄牌警示		

续表

因素\态度		群体性事件	袭击破坏	建筑物危机
没有发现苗头	主观责任	平时排查不到位,掌握数据不充分,对人民内部矛盾不了解	对事件的发生没有前瞻性,马虎大意,不注意蛛丝马迹	平时疏于检查,致使漏过隐患,建筑物危机敏感度不够
	客观原因	新生矛盾,人力不够,技术欠缺	袭击的酝酿太多隐蔽,技术支撑不够	建筑物未表现出危机信号,信息不畅通,技术力量不足
	对策	从主客观方面双管齐下努力	加强关于识别能力的学习,整合提高责任心	归口负责建筑领域隐患排查
	责任追究	批评教育	批评教育	批评教育
		建议白牌提醒		

表 8-24 防范处置的督察考核

因素\事态		人员保障	物质、资金保障	技术保障
事件根本控制不住	对策	急报本级与上级党委政府,本级政府派出工作组,必要时请求上级政府支援;信息事关主动,注意报告事项和情态预测的准确,并尽可能的投入人力减缓事件蔓延	基层先行投入,各级政府同时调动物质、资金;物质是基础,注意确保物质资金及时超量到位	基层现场人员提出技术请求,市、区政府提供技术保障;技术是关键,注意技术的熟练、迅速应用
	责任追究	判断明显失误,人员行动懈怠,报告不及时等,红牌警示	物质保障不到位,技术欠缺,	

续表

事态 \ 因素		人员保障	物质、资金保障	技术保障
事件不能迅速控制	对策	基层政府及时上报本级党委政府,并设法控制局面使其不至于蔓延,本级政府迅速派工作组援助妥善解决,注意信息及时报告,事件情态的全面掌握和准确的预测	基层政府能调动的物质马上调动,不能等靠要本级政府调动物质、资金到位再行动,注意对需物质资金做准确预测,预多不预少,事件结束再统一核算核销	基层政府第一时间报告需要支援的技术设备,本级政府迅速派遣到位,注意做好技术实施前的准备工作
	责任追究	能控制却使事件失控的,人员保障缺乏的,投入人力、物力解决不够,技术不足,报告不及时的,视后果进行批评、教育等,黄牌警示		
事件能迅速控制	对策	由基层政府控制,妥善解决,并将结果上报;平时注意人员的训练有素;事发时招之即来,来之能战,战之能胜	由基层政府调动物质、资金解决,并将结果上报;平时注意物质、资金的充足及准备到位;事发时能迅速到位	由基层政府负责并将结果上报;平时及时跟进技术的更新与检测;事发时技术能真正发挥作用
	责任追究	无		

最新增补案例选编
可扫描二维码查看

后 记

该书的研究是长期的过程,其间开展了一系列的理论研究工作:

社会科学文献出版社的《形象危机应对研究报告》连续出版了2012版和2013—2014版;

中国传媒大学出版社的《政府形象与民意思维》连续出版了2008—2009版和2010—2011版;

中国人民大学出版社的《政府风险管理》(2015版)、《应急管理与危机公关》(2012版)、《公共部门的危机公关与管理》(2007版);

北京大学出版社的《政府公共关系》(2009版、2015版)等。

上述持续性的研究著述,均为本书提供了丰富的知识储备。

该书的研究更是理论结合实践,并在实践中修正理论的科研过程,其间我主持了一系列的课题项目:

国家核应急响应技术支持中心"网络舆情"实操项目(2014年);

北京市城市管理综合行政执法局"全面深化创新北京城管公共关系"创新项目(2011—2015年);

北京市大兴区"安全校园:主动防、科学管、立体化"创新项目(2010—2014年);

北京市科委"朝阳区社会维稳风险治理与科学管理体系"创新项目(2008—2011年)等。

此外,贵州省贵阳市社会稳定风险评估促进会、贵州三专社会稳定风险评估咨询有限责任公司、贵州恒信鑫源社会稳定风险评估咨询有限责任公司、贵州华瑞升社会稳定风险评估咨询有限责任公司、贵州喜凯社会稳定风险评估咨询有限责任公司和贵州三方社会稳定风险评估中心提供了实践案例、风险识别及分析方法，为本书的修订和完善做出了贡献。

感谢参与部分案例编撰的中国人民大学张弓同志、原贵州省贵阳市委政法委熊泳喜同志，为本书整理过部分文稿的中国人民大学龚琬岚同志；其间参与相关科研工作的人员有：中国人民大学的郑雯、黄莹莹、尚远方、饶文文、李慧杰、王云锋、刘念、肖莹莹、马莉、李晓东、李曼、杨慧珊、王中一、侯允山、常宇豪、肖择时、刘慧、张潇寒等，波士顿大学的杨璐宇（Luyu Yang, Boston University），苏州大学的杭天宇，北京邮电大学的王祚等。

感谢北京大学出版社编辑耿协峰、董郑芳等为本书出版所做的辛勤工作。

中国人民大学危机管理研究中心主任　唐钧

风险治理与科学管理网（www.999cn.org）

2015年5月31日